AF372037

Puramente Humanos

El autor de este libro no ofrece consejos médicos ni prescribe el uso de ninguna técnica como forma de tratamiento para problemas físicos, emocionales o médicos prescindiendo de la orientación de un médico, ni de forma directa ni indirecta. La intención del autor solo es ofrecer información de carácter general para ayudarte en tu búsqueda del bienestar emocional, físico y espiritual. En caso de que pongas en práctica cualquier información contenida en este libro, ni el autor ni el editor asumen ninguna responsabilidad por tus acciones.

Título original: PURE HUMAN
Traducido del inglés por Francesc Prims Terradas
Diseño de portada: Editorial Sirio, S.A.
Maquetación: Toñi F. Castellón

© de la edición original
2025 de Gregg Braden

Publicado originalmente en 2025 por Hay House LLC

Fotos e ilustraciones interiores: La imagen de la página 79 es cortesía de Shutterstock. La imagen de la página 146 está adaptada de: Shekh M. Mahmudul Islam. (Octubre de 2012). «Performances of multi-frequency voltage to current converters for bioimpedance spectroscopy». *Bangladesh Journal of Medical Science, 5* (1).

© fotografía del autor
Carl Studna

© de la presente edición
EDITORIAL SIRIO, S.A.
C/ Rosa de los Vientos, 64
Pol. Ind. El Viso
29006-Málaga
España

www.editorialsirio.com
sirio@editorialsirio.com

I.S.B.N.: 978-84-10335-54-7
Depósito Legal: MA-814-2025

Impreso en Imagraf Impresores, S. A.
c/ Nabucco, 14 D - Pol. Alameda
29006 - Málaga

Impreso en España

Puedes seguirnos en Facebook, X, YouTube e Instagram.

GREGG BRADEN

Puramente Humanos

Todos los poderes del universo ya son nuestros.

Somos nosotros quienes nos hemos puesto las manos delante de los ojos y nos quejamos de que está oscuro.

—**Swami Vivekananda** (1863-1902),
monje y filósofo hindú

Índice

Prefacio

Los seres humanos somos una forma de vida antigua y misteriosa. Somos la improbable convergencia de algo invisible –nuestros pensamientos, emociones e imágenes mentales– en una trama de tejidos, huesos y sangre, lo cual nos posibilita efectuar elecciones y recibir sus consecuencias cada día de nuestra vida.

En nuestra enigmática condición de seres humanos, buscamos a otros de nuestra especie para compartir nuestra alegría, nuestro amor y nuestros sueños, así como para aliviar el dolor, el miedo y el sufrimiento que experimentamos en nuestro viaje sensorial por el planeta Tierra.

El objetivo de este libro es ofrecer una lente a través de la cual observar nuestro lugar en la historia, así como también recordarnos que el despertar de nuestra divinidad es la razón de nuestro viaje.

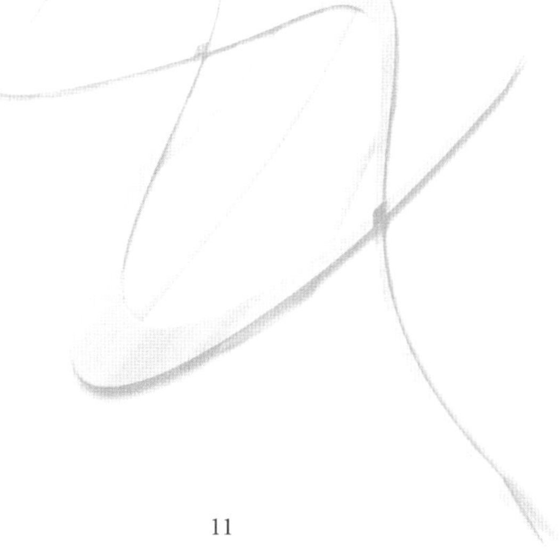

Introducción

Existen momentos en la historia de la humanidad en los que tomamos decisiones que pueden cambiar irreversiblemente el mundo y nuestra vida de formas que podríamos lamentar en el futuro. En la actualidad nos encontramos en uno de esos momentos.

Ahora tenemos al alcance de la mano la tecnología que hace posible alterar nuestra propia naturaleza, a través de reescribir el código del ADN y las redes neuronales que nos definen. Una vez implantados estos cambios, no podrán revertirse, por lo que el ser humano pasará a tener otras características, definitivamente. Además, se nos dice que necesitamos someternos a estos cambios para convertirnos en la mejor versión de nosotros mismos y tener éxito en el mundo.

Es la combinación de estas tecnologías capaces de alterar la vida con el relato de nuestra impotencia lo que hace que esta época histórica sea tan diferente de las otras épocas en las que ha vivido la humanidad.

Las tecnologías que hemos desarrollado los humanos desde que aparecimos en el planeta hace doscientos mil años siempre se han limitado a influir en nuestra relación *con el entorno*. Por ejemplo, hace siglos decidimos quemar madera y carbón para impulsar nuestra civilización, y más recientemente acudimos al petróleo como combustible principal con el que calentar, alimentar y proporcionar energía a las naciones del mundo. Y decidimos aplicar el conocimiento relativo a cómo dividir el átomo, una tecnología relativamente inocua en sí misma, para construir las armas con mayor poder de destrucción de la historia humana. Además, hemos decidido amenazar con usarlas para moldear las políticas y economías del mundo.

Hemos elegido resolver nuestras diferencias en cuestiones de religión, política y gobierno utilizando métodos avanzados de recopilación de información, una vigilancia invasiva que destruye la privacidad, y la alta tecnología militar para lograr los resultados deseados tanto a escala internacional como nacional.

Por importantes y destructivas que hayan sido estas decisiones, su efecto se ha limitado a cambios temporales y, en general, reversibles en el mundo que nos rodea. Hasta ahora. Y es precisamente el final de este impacto limitado lo que hace que la encrucijada a la que hemos llegado resulte peligrosamente inquietante.

Mientras lees este libro, ya se están redactando políticas y aplicando tecnologías que están cambiando permanentemente nuestro mundo interior. Las tecnologías que estamos aceptando hoy en día, como individuos y familias, junto con el marco legal que rige su uso, ya están afectando al funcionamiento de nuestro cerebro. Ya están influyendo en la capacidad que tiene nuestro sistema inmunitario para responder a nuevos virus, bacterias y otras fuentes de contagio. Ya están modificando los lazos emocionales entre amigos y entre padres e hijos. Ya están alterando nuestra capacidad para percibir la energía sutil que utilizamos subconscientemente para comunicarnos entre nosotros, así como con otras formas de vida.

Tal vez lo más preocupante de todo es que ya están cambiando la forma en que sentimos, compartimos emociones y preservamos los valores que apreciamos como individuos, familias y comunidades. En definitiva, están cambiando la esencia misma de la sociedad.

La paradoja que supone utilizar la nueva tecnología de manera generalizada para modificar el propio cuerpo es que las capacidades de nuestra biología natural ya igualan, y en algunos casos incluso superan, las capacidades de la tecnología artificial que se nos dice que necesitamos para mejorar nuestra condición humana.

Los próximos pasos que demos en cuanto a la inteligencia artificial (IA) y la fusión de nuestro cuerpo natural con la tecnología mediante la implantación de chips en el cerebro y la administración de terapias génicas en nuestro organismo marcarán el rumbo que determinará cuánto de nosotros mismos preservaremos y cuánto de nuestra humanidad cederemos para siempre a la tecnología.

La elección es nuestra, y ya la estamos efectuando.

> **VERDAD PURAMENTE HUMANA N.º 1:** Por primera vez en la historia de la humanidad, estamos implementando tecnología que cambia la biología de nuestros cuerpos de manera irreversible.

Si continuamos por el camino tecnológico actual, guiados por las corrientes de pensamiento actuales, para el año 2030 habremos tomado la decisión definitiva: estaremos en camino hacia uno de dos tipos de sociedades. Uno de estos tipos será una sociedad «futurista» formada por híbridos de humano y máquina. En esta sociedad habremos renunciado a ciertas cualidades que aún valoramos —la intuición, la empatía y la creatividad— y a los vínculos que conmueven el alma —el amor, la intimidad y la concepción sexual— en favor de la practicidad de una IA que creará nuestra música, nuestra poesía y nuestro arte, y de realidades virtuales que sustituirán las relaciones personales y el contacto humano.

En el segundo tipo de sociedad habremos tomado conciencia del extraordinario potencial humano natural, inexplorado en gran medida hasta la fecha, y por primera vez sabremos como especie qué significa ser plenamente humano.

> **VERDAD PURAMENTE HUMANA N.º 2:** Para el año 2030, o habremos reconocido que contamos con un potencial aún inexplorado o estaremos en camino de construir una sociedad de humanos híbridos que terminará con la creatividad, la emoción, la empatía y la intuición.

Solo podemos tomar decisiones fundamentadas y saludables sobre cuál de estos caminos queremos si sabemos quiénes somos como humanos y si entendemos toda la magnitud de lo que está en juego.

¿QUÉ TIPO DE MUNDO QUEREMOS?

El inventor y futurista estadounidense Ray Kurzweil ha predicho con acierto en muchas ocasiones la evolución de las tendencias tecnológicas y el tipo de mundo al que darían lugar. Por ejemplo, en 1990 predijo con precisión la adopción generalizada de los ordenadores y el uso de internet en los hogares en general, así como la aparición de los automóviles eléctricos sin conductor controlados por IA.

Ya en 2005, Kurzweil reconoció que la fusión entre humanos y máquinas que hoy conocemos como *transhumanismo* estaba en el horizonte. Tal como estaban evolucionando las normas sociales y la tecnología en esa época, este resultado suponía la convergencia lógica de la búsqueda de la inmortalidad humana y los avances en el campo de la robótica y los ordenadores ultrapequeños. También advirtió de que, a menos que cambiásemos nuestra forma de pensar sobre nosotros mismos, la transición de humanos a híbridos de humano y máquina transhumanistas se completaría incluso antes de lo que muchos esperaban. Dijo que este gran cambio se aceptaría abiertamente como un avance y como el próximo paso en nuestra evolución; además, se produciría sin que estuviesen claras las implicaciones a largo plazo.

En una entrevista que le hicieron en 2013, Kurzweil reiteró que el movimiento hacia las interfaces humano-máquina estaba avanzando con gran rapidez. «Cuando hables con un humano en 2035, estarás hablando con alguien que será una combinación de inteligencia biológica y no biológica», afirmó.[1]

En caso de que Kurzweil estuviese en lo cierto, nuestra generación podría ser la última compuesta por humanos naturales que habite en el planeta Tierra. Nos quedan solo unos pocos años para determinar el futuro de nuestra relación con la robótica avanzada y la inteligencia artificial.

Lo que diferencia el momento actual de otros momentos críticos de nuestro pasado es que si tomamos las decisiones equivocadas ahora, lo que podríamos perder es monumental e irreversible, algo que no tiene precedentes: *nos perderíamos a nosotros mismos*; perderíamos nuestra humanidad y las cualidades únicas que nos distinguen de otras formas de vida.

En última instancia, podríamos perder la parte de nosotros que ha sido la raíz de los mayores triunfos de la historia, el receptáculo de nuestros secretos más profundos y de los aspectos más preciados de nuestra naturaleza humana. Podríamos perder la fuente de la imaginación, la intuición, la innovación y la creatividad. Lo que está en juego es nuestra divinidad, esa parte de nosotros que nos permite elevarnos por encima de nuestras circunstancias y ser más que cualquier limitación y expectativa que hayamos aceptado para nosotros mismos en el pasado.

> **VERDAD PURAMENTE HUMANA N.º 3:** Estamos muy cerca de renunciar a nuestra humanidad, al puente biológico que nos conecta con nuestra divinidad.

Curiosamente, la posibilidad de perder nuestra divinidad no tiene que ver con algo accidental. No es la consecuencia de un avance mal calibrado que tiene consecuencias indeseadas. Nada de esto: es el objetivo de un movimiento que comenzó en el siglo XX con la mirada puesta en transformar a los humanos en una nueva forma de vida que trascienda lo humano. Se trata de obtener una especie transhumana o poshumana. El objetivo declarado del transhumanismo es alcanzar la inmortalidad e incorporar la lógica, la velocidad y la eficiencia de los ordenadores y la IA al cuerpo humano. Los defensores de este movimiento creen que el transhumanismo constituye el siguiente paso en la evolución humana.

El alto precio que pagaremos por tales logros es la creación de individuos desprovistos de emociones, impulsados por la eficiencia, la lógica y los algoritmos, que ya no experimentarán emociones incómodas como la aflicción, el sufrimiento, el corazón roto y la pérdida, que los transhumanistas consideran «defectos» humanos.

En un mundo transhumanista, la inspiración a la que debemos algunos de los mayores logros artísticos conseguidos por nuestra especie, como la tragedia romántica *Romeo y Julieta* de Shakespeare, la profunda poesía de Rumi, la intensidad de la sonata *Claro de luna* de Beethoven, la pasión de *Stairway to Heaven* de Led Zeppelin y la belleza natural de la *Mona Lisa* de Leonardo da Vinci, no será más que un recuerdo lejano para nuestros descendientes, algo perteneciente a otra época.

En última instancia, los transhumanistas buscan la fusión total de humanos y máquinas en una matriz digital unificada llamada *singularidad*. En la singularidad, los humanos estaremos integrados en el Internet de las cosas, entrelazados digitalmente en un vasto complejo de información gestionado y controlado mediante algoritmos impulsados por IA. Nanotransmisores casi indetectables, algunos de los cuales ya se utilizan hoy para usos médicos, circularán por nuestro torrente sanguíneo, permitiendo que nuestros signos vitales y nuestras funciones corporales íntimas sean monitoreados y documentados en servidores remotos.

Sin embargo, esta misma tecnología tendrá un doble propósito, pues también supervisará nuestras elecciones y hábitos diarios —por ejemplo, lo que comemos, lo que compramos, cómo y adónde viajamos e incluso cómo nos sentimos en relación con otras personas— y manifestará consecuencias cuando nos salgamos de las normas socialmente aceptadas.

Kurzweil cree que esta fusión entre los humanos y la tecnología ya se está produciendo y ha identificado una fecha en la que podemos esperar que sea la modalidad de vida predominante en nuestra civilización: «La fecha en la que llegará la singularidad, que representará una transformación profunda y revolucionaria de las capacidades humanas, será el año 2045».[2]

EL ESLABÓN PERDIDO

El camino que prevén Kurzweil y otros entendidos parece sacado de una película de ciencia ficción distópica malísima cuyo tema ya hemos visto antes en filmes de este género. Cuando vemos estas películas de temática oscura o leemos este tipo de predicciones siniestras, la mayoría de nosotros experimentamos una resistencia interna instantánea y nuestras entrañas gritan «¡no!». Este no es el futuro que querríamos para nosotros ni para nuestros hijos.

La razón de nuestra resistencia es que en lo más profundo sentimos que todo esto no es correcto. No es correcto permitir que dispositivos de alta tecnología invadan la santidad de nuestro cuerpo natural. No es correcto sustituir la capacidad natural que tenemos de pensar, imaginar y crear por la eficiencia simplificada y desprovista de emociones de la IA y los microchips. La premisa es errónea en su totalidad porque sabemos instintivamente que nuestra existencia tiene algo muy especial. Aunque rara vez se reconoce o se habla de ello en nuestra cultura, tenemos una fuerza en nuestro interior a la que podríamos dejar de tener acceso si nos entregamos a las máquinas.

Aunque tal vez no podamos señalar exactamente qué es ese «algo especial» que sentimos, sabemos que somos depositarios de un don antiguo y un encargo sagrado que nos corresponde preservar y proteger. Por más disfuncionales que puedan parecernos el mundo actual y las personas que habitan en él, aún sentimos que hay algo especial en nuestra existencia que brilla a través de la disfunción. Es ese algo, ese don extraordinario, lo que vale la pena preservar, y constituye el eje temático de este libro.

Ya lo decían nuestras tradiciones espirituales más antiguas y apreciadas, y la mejor ciencia del mundo moderno lo va avalando: nuevos descubrimientos siguen revelando, año tras año, cada vez más aspectos de la naturaleza única de los seres humanos. Somos incluso más especiales de lo que jamás nos hemos permitido creer. En realidad, precisamente gracias a los poderes casi divinos de la emoción, la empatía, la intuición, el perdón y la capacidad de innovación, ya albergamos los mismos poderes creativos que los transhumanistas creen que solo los híbridos de humano y máquina pueden llegar a tener.

Como descubriremos en los próximos capítulos, las células y neuronas humanas superan en potencia, rendimiento y adaptabilidad a la limitada escalabilidad de los microchips, que contienen unos circuitos rígidos, y a los limitados algoritmos de la IA.

> **VERDAD PURAMENTE HUMANA N.º 4:** En muchos aspectos, las células humanas y las neuronas especializadas presentan un rendimiento, una escalabilidad y una adaptabilidad superiores a los que tienen los limitados algoritmos de la inteligencia artificial y los microchips, que albergan unos circuitos rígidos.

Si bien la tecnología que tratan de integrar en nuestra vida los transhumanistas puede ser seductora, estas innovaciones no hacen sino imitar las funciones naturales que ya están realizando los tejidos vivos de nuestro cuerpo.

EL BIEN Y EL MAL

Para comprender plenamente la magnitud de lo que está en juego al poner en riesgo la humanidad del ser humano con la fusión de los cuerpos con las máquinas, debemos ser muy conscientes del conflicto que se viene manteniendo desde que comenzamos a existir en el planeta Tierra: la batalla atemporal entre el bien y el mal.

Aunque la batalla en sí es antigua, también es actual. Tiene lugar en el escenario global y en nuestra vida hoy en día. No siempre es fácil hablar de esto; quienes lo hacen suelen ser criticados, avergonzados o desacreditados por miembros de su círculo social. Pero la batalla entre el bien y el mal está viva; es una realidad presente. Se encuentra en el núcleo de los conflictos, las guerras, las enfermedades y la desestructuración social que vemos actualmente en las familias, las comunidades y las naciones. Y *el mal también está en el núcleo del movimiento transhumanista que pretende reemplazar la biología natural de nuestro cuerpo por componentes sintéticos.*

Como veremos en el capítulo uno, la divinidad que nos libera de la vulnerabilidad del miedo solo se puede expresar a través del poder del cuerpo humano natural. Desde esta perspectiva, el movimiento que busca reemplazar nuestro cuerpo natural por la inteligencia sintética y unos genes editados es, en última instancia, un movimiento que nos separa de la divinidad que nos capacita para expresar las profundidades de nuestra humanidad.

Estamos muy cerca de renunciar a un legado de doscientos mil años: el legado del potencial humano y de unas capacidades extraordinarias que apenas estamos empezando a reconocer. Nos debemos a nosotros mismos despertar este potencial en nuestra vida y entender quiénes somos en su presencia antes de que nuestro destino se pierda para siempre en el «progreso» y en la idea que tienen otras personas de la evolución tecnológica.

> **VERDAD PURAMENTE HUMANA N.º 5:** Nos debemos a nosotros mismos reconocer la profunda verdad de lo que significa ser humanos antes de entregarnos a la tecnología que está proponiendo el movimiento transhumanista.

El propósito de este libro es ofrecer un recordatorio de lo poderosos, valiosos y sagrados que somos. He escrito *Puramente humanos* para proporcionar orientación y tranquilidad mientras definimos juntos a qué futuro aspiramos y cómo vamos a hacerlo realidad. Nuestra humanidad merece ser preservada. Si alguna vez has querido pensar de manera diferente sobre ti y tus potenciales no explorados, pero te has resistido a hacerlo debido a la falta de pruebas sobre la existencia de estos potenciales, las páginas que siguen te van a interesar.

Espero que este libro potencie en ti, todos los días de tu vida, el reconocimiento de que albergas en cada célula de tu cuerpo el diseño de nuestra humanidad, y que sientas que es un honor y un privilegio ser el depositario* de este tesoro.

Con amor,

Gregg Braden
Santa Fe, Nuevo México

---

* N. del T.: Por razones prácticas, se ha utilizado el masculino genérico en la traducción del libro. La prioridad al traducir ha sido que la lectora y el lector reciban la información de la manera más clara y directa posible.

CAPÍTULO 1

El premio somos nosotros

La batalla por nuestra humanidad

Somos una mezcla de polvo y divinidad.

—Huston Smith (1919–2016),
especialista en estudios religiosos estadounidense

Hay una batalla que se está librando desde hace mucho tiempo. También ahora, delante de nuestros propios ojos.

No te informarán de esta batalla en el noticiero de las seis, ni leerás sobre ella en el periódico de la mañana. No será materia de discusión en ningún debate presidencial televisado ni se la mencionará en ninguna rueda de prensa celebrada en la Casa Blanca. Esta batalla subyace en los asuntos que impulsan los eventos de nuestro mundo, y es constante e implacable.

Si bien es fácil definir esta batalla, *grosso modo*, como la lucha atemporal entre el bien y el mal, en última instancia se pretende conquistar algo que está más allá del ámbito de esta polaridad. El objetivo de esta batalla es dominar una fuerza poderosa que habita en nuestro interior. Dentro de cada uno de nosotros. Esta fuerza es fundamental para que podamos experimentar alegría, éxito y sanación en nuestra vida. Es la fuerza que nos libera del miedo que nos hace sentir pequeños, insignificantes e impotentes de manera continua. En última instancia, es esta fuerza la que decidirá el futuro y el destino de toda nuestra especie.

La fuerza de la que estoy hablando puede condensarse en una sola palabra: *divinidad*. Más precisamente, el objetivo de la batalla de la que estoy hablando es subyugar el poder de la *humanidad* (el componente humano) que nos permite expresar nuestra divinidad en la vida diaria.

¿QUÉ ES LA DIVINIDAD?

En las antiguas tradiciones hindúes, hay una palabra con la que se designa una fuerza misteriosa que no cuenta con un término equivalente en español. Esta palabra es *atman*, y significa el 'eterno divino'. Aunque la palabra *atman* no suele usarse en las tradiciones occidentales, la mayoría de los habitantes de Occidente están familiarizados con la divinidad a la que hace referencia.

En cuanto al significado de la palabra *divinidad*, si bien ha estado asociado históricamente a la religión, la educación religiosa o algún tipo de práctica espiritual, un análisis más profundo de la definición de este vocablo revela algo inesperado y, para algunas personas, sorprendente: una relación empoderadora entre nosotros mismos y nuestro mundo actual, en el que se dan unos contrastes extremos.

Esta es una definición contemporánea para el término *divinidad*:

Una fuerza o poder divinos. Poderes o fuerzas que son universales o que trascienden las capacidades humanas.[1]

Al examinar esta definición, se advierten dos cuestiones positivas. En primer lugar, *trascender* una situación es más que sobrevivir a ella. Es elevarnos por encima de la situación para superar con éxito los retos que tenemos delante. Al hacerlo, nos convertimos en algo más, en algo mayor, que la versión de nosotros mismos que se enfrentó a esos retos.

En segundo lugar, *capacidades humanas* hace referencia a lo que aceptamos que son nuestras capacidades y los límites de estas capacidades, tanto en la actualidad como en el pasado. Sin embargo, ocurre a menudo que los límites que aceptamos para nosotros mismos no son verdaderos límites, de ninguna de las maneras. Son limitaciones *percibidas* que hemos sido condicionados y adoctrinados a aceptar.

> **VERDAD PURAMENTE HUMANA N.º 6:** La divinidad es definida como poderes o fuerzas que trascienden las limitaciones percibidas.

A través de las creencias familiares, las prácticas sociales y la información que se nos proporciona en las aulas y los libros de texto se nos enseña a aceptar unas limitaciones que muchas veces no son reales en cuanto a nuestro rendimiento, nuestra capacidad de sanar y el poder de nuestra imaginación. Un ejemplo perfecto de esto es la capacidad que tenemos de alcanzar estados cerebrales superiores asociados a niveles más elevados de conciencia y percepción, intencionadamente y en todas las ocasiones en que nos lo propongamos.

CUANDO LOS LÍMITES NO SONTALES

En la década de 1990, es decir no hace tanto tiempo, los libros de texto universitarios y los artículos científicos solo reconocían cuatro estados de conciencia posibles para el cerebro humano. Estos niveles de conciencia —que abarcaban varios tipos de estados dentro de la vigilia y del sueño— se basaban en las lecturas de ondas cerebrales obtenidas mediante electroencefalógrafos, que miden la actividad neuronal eléctricamente. En síntesis, los estados reconocidos y sus frecuencias asociadas eran los siguientes (desde el estado de menor frecuencia cerebral documentado hasta el más elevado que se reconocía en esos tiempos): el estado delta, correspondiente al sueño profundo (de 1,5 a 4,0 Hz); el estado *theta*, correspondiente al sueño REM y la meditación profunda (de 5,0 a 8,0 Hz); el estado alfa, correspondiente a la relajación en vigilia (de 9,0 a 14,0 Hz) y el estado beta, correspondiente a la alerta activa (de 15,0 a 40,0 Hz).[2] Dentro de estos cuatro estados reconocidos, se creía que la frecuencia máxima para el cerebro humano era el límite de 40 hercios del estado beta.

Los científicos de la época estaban absolutamente convencidos de que el cerebro humano no podía sostener frecuencias que se encontraran fuera de este rango, y creían que los 40 hercios constituían el límite superior de nuestro rendimiento natural. Este supuesto límite estaba impreso en libros de texto y revistas médicas y se aceptaba como una barrera natural para la experiencia humana. Sin embargo, cuando las ondas cerebrales de unos monjes tibetanos superaron los 40 hercios mientras meditaban en un entorno experimental, en el que sus ondas cerebrales eran captadas de manera confiable, las comunidades científica y médica tuvieron que admitir que los seres humanos somos capaces de más de lo que se había aceptado hasta entonces.

Sin el apoyo de catalizadores externos, plantas medicinales, sustancias químicas ni auriculares que enviaran sonidos electrónicos a sus oídos, los monjes meditadores demostraron ser capaces de alterar la frecuencia de sus ondas cerebrales hasta doblar el límite previamente aceptado y alcanzar un estado cerebral asombroso, correspondiente a 80 hercios. Se tuvo que definir este estado cerebral recién descubierto y hubo que ponerle un nombre que reflejara el nivel al que habían llegado los monjes. Así, se identificó el estado cerebral gamma, que abarca el rango de frecuencia que va de los 40 a los 80 hercios.

Cuando se comprobaron los resultados, incluso los escépticos tuvieron que admitir que esos monjes podían superar lo que se creía un límite humano inmutable; no se había producido un error de cálculo. La comunidad científica se vio obligada a aceptar que había subestimado la capacidad del cerebro humano, al menos en algunas personas.

Al comentar cómo habían logrado alcanzar el estado cerebral gamma, los monjes tibetanos explicaron que utilizando otro tipo de meditación podían superar el límite recién establecido para los estados cerebrales y llevar al cerebro humano más allá del estado gamma, hacia territorios nuevos e inexplorados.

Sin hacer otra cosa que cambiar la manera de respirar, de concentrarse y de estar atentos, los monjes lograron ampliar los límites definidos inicialmente para el estado gamma y alcanzar los 100 ciclos por segundo (100 Hz). Después, con sus técnicas de meditación doblaron ese logro, que ya era asombroso, para alcanzar unos impresionantes 200 hercios y acceder así a un nuevo ámbito de la actividad cerebral, que actualmente se conoce como el estado cerebral hipergamma.

En el momento de escribir estas palabras, los libros de texto indican que el estado cerebral hipergamma es la frecuencia máxima posible para el cerebro humano. Como veremos en capítulos posteriores, muy probablemente este límite volverá a ser superado cuando aprendamos a adaptar nuestro cerebro a los desafíos de la vida de maneras que solo ahora empezamos a reconocer que son posibles.

Lo que quiero poner de relieve es que lo que una vez se aceptó como un límite humano inmutable resultó ser solamente una limitación percibida. Cuando las condiciones de la respiración y la atención se cambiaron y se afinaron más, los límites previos cedieron ante frecuencias más altas de actividad eléctrica en el cerebro, y se alcanzaron estados de conciencia que antes se creían imposibles para los humanos.

Este es un ejemplo de lo que es realmente la divinidad. Es nuestra capacidad de *trascender* los límites de nuestra humanidad que hemos aceptado o nos hemos impuesto a nosotros mismos en el pasado.

EL SECRETO POR EXCELENCIA

Dentro de nuestra divinidad se encuentra el secreto por excelencia. A través de la expresión de nuestra naturaleza divina despertamos una fuerza extraordinaria tan singular, hermosa y poderosa que hay seres y organizaciones en el mundo que harán lo que sea necesario para que no advirtamos su presencia.

> **VERDAD PURAMENTE HUMANA N.º 7:** La batalla entre el bien y el mal es, en última instancia, una batalla centrada en la divinidad humana.

A lo largo de los siglos se han establecido sociedades misteriosas con el propósito de restringir el conocimiento de este poder —nuestra divinidad humana— a unos pocos individuos seleccionados. Las naciones han ido a la guerra entre sí para distraernos de la parte de nosotros mismos que guarda el secreto. Ejércitos han destruido ejércitos, han sido arrasadas ciudades, han colapsado sistemas bancarios, se han desatado enfermedades, se han destruido sociedades, se han manipulado climas y se han elaborado mentiras sobre nuestro origen y sobre nuestra relación con el mundo, con Dios y con nuestro destino final con el único objetivo de distraernos de la verdad que es el extraordinario poder que albergamos en nuestro interior.

Los esfuerzos por distraernos siguen estando ahí. Mientras lees estas páginas, se están manifestando a plena vista en los eventos mundiales actuales.

Pero no todos los eventos que logran evitar que reconozcamos nuestro poder provienen del mundo que nos rodea. En muchos casos, las circunstancias que nos distraen de ver y aceptar nuestro propio poder surgen de dentro de nosotros. Conscientemente, y a veces desde el plano subconsciente, creamos situaciones de adversidad en nuestra propia vida para ocultarnos a nosotros mismos la verdad que es nuestro propio poder sagrado. Creamos relaciones complicadas, dificultades económicas, crisis de salud, fracasos profesionales e incluso situaciones de riesgo vital para mantener ocupada nuestra atención y evitar descubrir el secreto transformador que todos albergamos.

En lo que podría ser una de las mayores paradojas de la vida, son estas mismas distracciones y dificultades las que, a menudo, se convierten en las lecciones que terminan por ser nuestros mejores maestros. Actúan como catalizadores que pueden despertar el poder sagrado que nos fue confiado hace tanto tiempo.

A través de la biología de nuestras células naturales, de nuestras neuronas especializadas y de nuestro ADN, cada uno de nosotros estamos vinculados a algo que existe más allá de nuestro cuerpo físico. Estamos muy bien sintonizados con una parte atemporal de nosotros mismos que es la fuente de nuestra alegría, imaginación, creatividad, innovación y sanación. Si bien esta esencia a veces se da por sentada en contextos informales, hace poco que la ciencia moderna ha reconocido su existencia y el papel que juega en nuestra vida.

Un artículo de 2004, publicado en la revista científica *Journal of Alternative and Complementary Medicine*, afirma lo siguiente en cuanto a la relación que mantenemos con este poder: «Existen pruebas contundentes que indican que el corazón físico está vinculado a un campo de información que no está sujeto a los límites clásicos que son el tiempo y el espacio».[3] En un lenguaje moderno, este artículo de libre acceso y revisado por pares expone cómo la biología del corazón humano hace que constituya un conducto directo —una «línea directa» espiritual— hacia un campo de información, conocimiento y capacidades que no está sujeto a las leyes de la física como las entendemos hoy, por lo que estas leyes no lo limitan.

La capacidad que tenemos de acceder a este campo a través del conducto que es nuestro cuerpo natural —nuestra pura humanidad— hace que los extraordinarios potenciales de nuestra divinidad estén a nuestro alcance. Y es precisamente por eso por lo que la propuesta de fundir nuestro cuerpo natural con la tecnología de los microchips, la inteligencia artificial, diversas terapias génicas y nanopartículas representa una amenaza para nuestra existencia.

Aceptar que nuestro cuerpo contenga tecnología digital bloquearía esta conexión sagrada y nos impediría acceder a nuestros mayores potenciales, ya que el poder de nuestra divinidad quedaría velado.

RECONOCER LA DIVINIDAD

La divinidad es más que nuestros pensamientos. La divinidad es más que lo que creemos. Nuestra divinidad es más que nuestra mente consciente. Y está más allá de nuestro subconsciente. La divinidad es una expresión de una parte de nosotros que se conoce como nuestra *supraconciencia*. Es la parte de nosotros que es permanente, ancestral y atemporal.

Nuestra supraconciencia es la fuente de nuestro conocimiento directo. Es la clave de la intuición profunda, la imaginación creativa y la expresión de los seres humanos. Nuestra autoaceptación y nuestro amor a nosotros mismos tienen su origen ahí y, gracias a esta aceptación y este amor, también es el punto de partida de los estados más profundos de sanación que podemos experimentar.

> **VERDAD PURAMENTE HUMANA N.º 8:** La divinidad es la parte de nosotros ancestral y atemporal, allí donde tienen su origen el conocimiento directo, la imaginación, la creatividad, la autoaceptación y la autocuración.

La siguiente cita es anónima, pero se emplea a menudo porque ayuda a distinguir entre los distintos estados de conciencia: «La supraconciencia es el alma, la fuente, el amor, tu yo auténtico. El subconsciente es lo que eres. Y la mente consciente es lo que haces».[4]

Vemos expresiones de divinidad en el mundo que nos rodea cada día de nuestra vida. A veces, estas expresiones aparecen de maneras inesperadas.

EJEMPLOS DE DIVINIDAD

En 2018 tuve la oportunidad de asistir a las celebraciones de los Premios Grammy, que ese año tuvieron lugar en Nueva York. Entre los eventos y actuaciones que siguieron a la ceremonia de entrega de los premios, hubo oportunidades para conocer a los cantantes, compositores y músicos galardonados.

Aproveché que tenía acceso a tanto talento increíble para hacer la misma pregunta a las diversas personas con las que pude hablar, en el transcurso natural de las conversaciones. Les pregunté cómo obtuvieron esas músicas o esas letras asombrosas. Y todos y cada uno de los artistas me dieron la misma respuesta. Todos afirmaron que las palabras o la música no habían surgido *de* ellos, sino que se habían manifestado *a través de* ellos.

Tuve conversaciones similares con científicos e ingenieros cuando trabajaba en empresas. Cuando un colega informático creaba un *software* maravilloso y eficiente que simplificaba nuestro trabajo o un matemático concebía una ecuación que permitía resolver un problema al que se enfrentaba nuestro equipo, solían decirme que no habían hecho más que entregarse al proceso, que habían dado un paso al lado y habían dejado que la inspiración fluyera a través de ellos.

Pintores, escultores y escritores con quienes he hablado a lo largo de los años sobre sus procesos creativos internos se han expresado en términos similares.

En cada uno de estos ejemplos, es evidente que la inspiración que da lugar a las mayores expresiones de nuestra creatividad surge de un ámbito que no es el de nuestros pensamientos conscientes. Proviene de algo que se encuentra más allá de nosotros, de nuestra divinidad, la cual se da a conocer expresándose a través de la imaginación, la visión y la innovación. Y precisamente por eso se está librando una batalla en torno a nuestra divinidad.

Por potentes que puedan ser nuestras creaciones musicales, visuales e ingenieriles, nuestra divinidad es más que una inspiración visual o la resolución de una ecuación matemática. La divinidad es la esencia de nuestra verdadera naturaleza. *Son las expresiones de nuestra divinidad las que nos liberan del miedo.* Y el miedo es quizá el recurso más valioso del que se dispone en la antigua batalla entre el bien y el mal y en los intentos de controlar individuos, familias, comunidades, sociedades e incluso naciones.

DIVINIDAD ES IGUAL A LIBERTAD

La divinidad nos libera del miedo que nos hace sentir pequeños, insignificantes e impotentes. Nos permite expresar máximamente nuestra humanidad y vivir la versión mejor, más elevada y más poderosa de nosotros mismos.

Cuando estamos expresando nuestra divinidad, encontramos la libertad que nos permite amar sin miedo. Hallamos el conocimiento que nos dice que tenemos opciones en la vida. Recibimos la sabiduría para manifestar estas opciones, a partir de aceptar nuestros grandes dones y nuestro potencial extraordinario. Encontramos la fortaleza necesaria para perseverar en lo que hemos elegido con el fin de llegar a materializar la mejor versión posible de nosotros mismos.

VERDAD PURAMENTE HUMANA N.º 9: Expresar nuestra divinidad nos libera del miedo que nos hace sentir pequeños, insignificantes e impotentes, lo cual nos permite superar con éxito los desafíos de la vida.

En la expresión libre de nuestra divinidad, nos volvemos menos vulnerables frente al miedo que proyectan sobre nosotros otras personas y, en última instancia, es mucho menos probable que los demás tengan poder sobre nosotros y puedan controlarnos. Frente al miedo experimentado en el seno de una relación familiar que nos impide tomar decisiones saludables, el miedo dentro de las estructuras de poder corporativas ante la posibilidad de tomar malas decisiones o el miedo ante las visiones y los planes de nuestros líderes políticos y cómo nos van a afectar, es la expresión de nuestra divinidad lo que nos empodera para vivir con alegría, libertad y autonomía y para cambiar el mundo cuando vemos que debe cambiar.

La clave para triunfar en la batalla por nuestra libertad es pensar y vivir más allá de las viejas ideas de lo que significa *ganar* y *perder*. Ver la vida en estos términos es precisamente lo que nos mantiene atrapados, luchando y en un conflicto perpetuo. Para triunfar debemos superar la dicotomía ganar-perder a través de vivir nuestra divinidad en la vida diaria.

Es amando sin miedo, perdonando sin esperar nada a cambio, ofreciendo a nuestro cuerpo la mejor nutrición disponible y aprendiendo a confiar en la inteligencia innata de nuestro sistema inmunitario (y otros sistemas corporales) como triunfamos sobre la opresión que vemos a nuestro alrededor, en lugar de intentar vencerla luchando *contra* ella. Al celebrar nuestra divinidad y vivir como la mejor versión de nosotros mismos, trascendemos la polaridad del bien y el mal para expresar lo que significa ser puramente humanos.

Hazrat Inayat Khan, filósofo indio del siglo XIX, describió elocuentemente la relación existente entre nuestra humanidad y nuestra divinidad con dos formulaciones muy acertadas. Primero comenzó por identificar la realidad de los límites humanos que percibimos con estas palabras: «Humanidad, limitación divina».[5] Transmite así la sensación ampliamente extendida que tenemos las personas de ser expresiones limitadas de una pequeña parte de la divinidad.

La segunda parte de la declaración de Khan resuelve brillantemente el misterio de esta relación: «Divinidad, perfección humana».[6] Aquí nos recuerda que al vivir la verdad de nuestra esencia manifestamos unas cualidades divinas que constituyen la expresión plena de nuestra humanidad.

Estas seis palabras transmiten que nuestra divinidad es algo más que una parte opcional de nosotros mismos que podemos elegir expresar en determinados momentos de nuestra vida: nuestra divinidad *somos* nosotros. Es la totalidad de nuestro ser. Es imprescindible para que seamos seres completos.

Mediante el acceso a nuestras capacidades divinas —como la imaginación, la intuición, la empatía, el perdón y la compasión— abrimos la puerta a la expresión plena de nuestra sanación física y espiritual y a lo que significa ser humano.

LA DIVINIDAD COMIENZA CON NUESTRO RELATO PERSONAL

Abrazamos nuestra divinidad a través de la manera en que pensamos sobre nosotros mismos, o lo que podríamos denominar nuestro relato personal. Para algunas personas, las palabras *relato personal** evocan una reflexión casual o filosófica separada de la realidad de su vida diaria. Sin embargo, cuando examinamos la cuestión con mayor detenimiento, descubrimos que nada podría ser menos cierto. Está claro que nuestro relato personal es mucho más que un simple aspecto interesante de nuestra vida.

La forma que tenemos de pensar sobre nosotros mismos es la parte esencial de nuestra vida que nos permite avanzar hacia la plenitud y la sanación. Sin esta parte no seríamos seres humanos completos. Vivimos nuestra vida, elegimos nuestra pareja, sanamos nuestro cuerpo, identificamos nuestros valores espirituales y definimos

---

* N. del T.: En inglés, *story* ('historia' en el sentido de 'narración, relato').

nuestra postura política a partir de la forma en que hemos aprendido a valorarnos a nosotros mismos y de las relaciones que mantenemos con las personas y la vida.

> **VERDAD PURAMENTE HUMANA N.º 10:** El despertar de tu divinidad comienza con la forma en que piensas sobre ti: tu relato personal.

La manera en que pensamos sobre nosotros mismos impulsa nuestras acciones y las elecciones que efectuamos a cada momento de cada día. Tanto en lo que atañe a lo que comemos y a la forma que tenemos de organizar la vida diaria como en lo que respecta a la relación que tenemos con el dinero, el amor, la muerte y la salud, es lo que nos contamos sobre quiénes somos lo que determina cómo respondemos a los desafíos de la vida, qué comportamientos tenemos con los demás y, en última instancia, cómo nos relacionamos con Dios.

Cuando examinamos el papel de nuestra autoimagen o relato personal en todo lo anterior, vemos con claridad que se encuentra en la base de todo lo que hacemos, todo lo que soñamos, todo lo que queremos lograr y las experiencias que más valoramos y que más nos emocionan.

Habida cuenta de lo importante que es nuestro relato personal, la forma en que pensamos sobre nosotros mismos es muy significativa por una razón evidente: si cambiamos nuestro relato personal, cambiamos nuestra vida. Si cambiamos nuestro relato colectivo, cambiamos el mundo. Por eso es necesario que nos preguntemos cada día qué historia nos contamos a nosotros mismos sobre nosotros mismos, una historia a la que damos crédito.

CUESTIONAR LA HISTORIA QUE NOS CONTAMOS

Mientras empujaba mi carrito de la compra por el pasillo de las frutas y verduras en uno de los primeros días del nuevo año, una mujer pensó que me había reconocido a partir de una serie de vídeos que había visto en YouTube. Se acercó a mí con cautela y me preguntó con voz dubitativa:

—¿Eres Gregg Braden?

He aprendido a ir con cuidado al responder esta pregunta, pues de entrada no sé qué impresión le han causado esos u otros vídeos a la persona. Por lo tanto, contesté con otra pregunta:

—No lo sé —dije sonriendo—. Si soy Gregg Braden, ¿es eso algo bueno o malo?

La mujer captó rápidamente mi titubeo y se rio. Me dijo que solo quería darme las gracias por los programas y hacerme saber lo mucho que apreciaba la claridad que aportaban a las discusiones nocturnas que tenía con su familia en la mesa a la hora de cenar.

Resumió su sentir sobre el caos del mundo actual diciendo que algo parecía estar fuera de lugar, que el mundo no parecía estar bien.

—Algo va mal —dijo—. Las cosas están avanzando demasiado rápido. No estamos eligiendo los cambios que se producen en nuestro mundo. No vienen de nosotros, sino que nos están sucediendo. Necesitamos desacelerar, respirar hondo y volver a lo que es básico en la vida. Tenemos que vivir de manera más simple y recordar nuestra relación con la naturaleza.

Todo lo que dijo me llegó al alma. En sus propias palabras, vino a decir que necesitamos replantearnos nuestra forma de vivir y de pensar, o, lo que es lo mismo, que tenemos que cambiar las historias que nos contamos sobre nosotros mismos.

Nuestras historias se configuran a partir de múltiples influencias. Son el compendio de antiguas tradiciones y perspectivas que se nos condiciona a aceptar a lo largo de las diversas etapas de nuestra vida. La base de nuestro relato personal se establece a una edad temprana, a partir de la influencia de nuestra familia inmediata. En esta etapa inicial captamos cómo se relacionan con la vida nuestros cuidadores. Entre otras cosas, aprendemos de nuestros padres qué tipo de individuos son las «buenas» personas del mundo y a reconocer a los «malos». A través de observar sus interacciones, aprendemos a relacionarnos armoniosamente con las personas que nos gustan y las maneras de lidiar con los amigos y vecinos con los que discrepamos.

El modelo de la forma en que pensamos sobre nosotros mismos y lo que creemos que somos capaces de hacer sigue configurándose a partir de nuestras experiencias en el aula y los puntos de vista que encontramos en los libros de texto, más los que absorbemos de la comunidad en la que crecemos, que sostiene determinadas creencias en el terreno religioso. La sociedad en la que nacemos también contribuye enormemente a la configuración de nuestro relato personal. Nuestros amigos y vecinos, el entorno cultural y nuestras experiencias personales contribuyen a conformar, matizar y solidificar la forma en que pensamos sobre nosotros mismos.

Pero nuestro relato personal tiene más aspectos todavía. A través del trabajo de científicos como la neurocientífica y farmacóloga Candace Pert, autora del emblemático libro *Molecules of Emotion*, sabemos que nuestras emociones están generando constantemente sustancias químicas que representan las percepciones que tenemos de nuestras experiencias vitales. Estas sustancias químicas son las moléculas llamadas *neuropéptidos*.

Explicado en términos simples, los neuropéptidos son mensajes químicos producidos por el cuerpo a partir de la forma en que nos *sentimos* respecto a nuestras experiencias. El resalte en cursiva se debe a que la manera en que nos sentimos es la clave para entender el papel que pueden tener los neuropéptidos en nuestra sanación tanto emocional como física. Si bien el carácter de las experiencias mismas es ciertamente importante, los neuropéptidos tienen más que ver con la forma en que nos sentimos respecto a las experiencias y la importancia que les damos que con los hechos en sí.

En realidad, el condicionamiento que conforma la manera en que respondemos al mundo comienza incluso antes de nuestra llegada. Empieza cuando estamos en el vientre materno. Desde el momento en que somos concebidos, estamos íntimamente ligados a las experiencias que tiene, las emociones que siente y las sustancias químicas que genera nuestra madre mientras nos lleva en su cuerpo.

NUESTRO RELATO PERSONAL COMENZÓ EN EL ÚTERO

Los neuropéptidos que produjo nuestra madre a partir de sus experiencias de vida mientras estaba embarazada de nosotros circularon por su sangre y sus órganos y tejidos, y también por los nuestros. Gracias a las sustancias químicas que nos transmitió nacimos preparados para lidiar con las condiciones de este mundo. La naturaleza da por sentado que al menos inicialmente estaremos en el mismo entorno que nuestra madre y que, por lo tanto, en los primeros años de nuestra vida nos encontraremos con los mismos desafíos que ella tuvo que afrontar cuando nos concibió. La percepción que tenemos de nosotros mismos comenzó en el útero materno; ahí fuimos programados ya fuera para sanar y regenerarnos o para manifestar la respuesta de lucha o huida pertinente en el mundo al que estábamos a punto de venir.

Por ejemplo, si nuestra madre se sentía segura, protegida y amada en su mundo, su sensación de seguridad y bienestar les indicaba al corazón y al cerebro que produjeran sustancias químicas sanadoras y revitalizadoras que reflejaran estas sensaciones. Si, por el contrario, nuestra madre estaba en un entorno en el que se sentía amenazada y experimentaba la ansiedad, el estrés y el miedo asociados a la falta de seguridad, su cuerpo producía las sustancias químicas que reflejaban estas percepciones.

En cualquiera de los casos, las mismas sustancias químicas que se encontraban en la sangre de nuestra madre fluyeron hacia nosotros mientras estábamos en el útero e influyeron en muchas de nuestras características, desde el peso y el tamaño de nuestro cuerpo hasta el tamaño de nuestro cerebro y nuestras capacidades cognitivas.

En los últimos años, esta relación ha sido muy bien documentada en campos de refugiados creados para acoger a familias que habían tenido que abandonar su hogar a causa de guerras o desastres.

Una situación que ha dado lugar a algunos de los estudios más exhaustivos ha sido la guerra civil de Siria que se desencadenó en 2011. En la tragedia humanitaria que aconteció en los años siguientes, aproximadamente 5,6 millones de personas huyeron del país en busca de seguridad. Casi el cincuenta por ciento de estas personas eran niños. En el momento en el que estoy escribiendo estas líneas, la crisis persiste. Se ha prolongado tanto tiempo que los niños de toda una generación han sido concebidos en campos de refugiados y han nacido en ellos, y solo conocen las condiciones de vida duras, y a menudo peligrosas, de estos entornos.

Un estudio de 2021 centrado en familias sirias que se reubicaron en Turquía documenta claramente la relación existente entre el entorno que es un campo de refugiados, el desarrollo cognitivo de ambos padres y las habilidades de procesamiento emocional de los hijos. Presentando los padres problemas de salud mental relacionados con la guerra, como estrés postraumático, el estudio encontró que un «alto grado de estrés postraumático en la madre tiene un impacto negativo en el desarrollo de la capacidad de procesamiento emocional de sus hijos».[7] Quizá no sea sorprendente el hecho de que, aunque tanto el padre como la madre pudieran estar sufriendo los efectos de la guerra, fuera el grado de estrés postraumático experimentado por las madres durante el embarazo el que tuvo el mayor impacto en los niños evaluados en este estudio.

Un segundo estudio, publicado por la organización humanitaria World Vision, nos ayuda a entender cómo funciona la relación entre el estrés y el desarrollo cognitivo en los niños. La conclusión es la siguiente:

La falta de atención a los niños afectados por el conflicto y el hecho de que no reciban la estimulación necesaria puede llevarlos a sufrir carencias graves en su desarrollo cognitivo, físico y psicosocial, en lo que es un legado duradero de la guerra. Las consecuencias pueden ser trastornos emocionales, cognitivos y de conducta, ansiedad y depresión, dificultades emocionales e interpersonales, y dificultades significativas en cuanto al aprendizaje.[8]

Los trágicos ejemplos que brindan los campos de refugiados no dejan muchas dudas sobre la importancia que tienen nuestras experiencias prenatales, y las de nuestra primera infancia, en lo que respecta a la forma en que pensamos sobre nosotros mismos.

Si bien no tenemos control sobre el entorno en el que se encuentran nuestros padres antes de nuestro nacimiento, la buena noticia es que las respuestas no saludables que podemos haber heredado al nacer y durante nuestra infancia no están «grabadas en piedra». Utilizando los desencadenantes epigenéticos que presentaré en este libro pueden ser modificadas y revisadas para crear relatos saludables, sanaciones en el presente y respuestas apropiadas a los eventos y situaciones de nuestra vida.

Esta capacidad de modificación es importante porque significa que las circunstancias difíciles del pasado no tienen por qué definirnos en la actualidad. A menos que elijamos que nos definan, por supuesto. La naturaleza nos ha dado la capacidad de cambiar el significado que damos a las traiciones, los traumas y las pérdidas experimentados en nuestro pasado. Cada vez que determinamos un significado diferente cambiamos nuestro relato personal, y con ello cambia el alcance de nuestras posibilidades.

Es por ello por lo que los últimos descubrimientos sobre el origen de nuestra especie tienen un papel tan relevante en la forma en que nos han enseñado a pensar sobre nosotros mismos.

EL RELATO DE NUESTRO LUGAR EN EL UNIVERSO

Mientras que nuestro relato personal comienza en el espacio misterioso que es el vientre de nuestra madre, nuestro relato colectivo comienza en el vientre de la creación con el misterioso origen del universo. La ciencia convencional nos dice que somos el producto de un universo muerto, hecho de materiales estériles e inertes, que comenzó a existir hace 13.800 millones de años aproximadamente con el evento conocido como *big bang*. Se nos dice que después de esta primera liberación de una cantidad de energía ingente se produjeron una serie de eventos tan improbables, y sin embargo tan increíblemente perfectos, que rozan lo milagroso. Pero nuevos descubrimientos están contando una historia muy diferente.

Aunque todavía no se sabe bien qué había antes del *big bang* ni por qué se produjo este, los modelos computacionales actuales del comienzo del universo muestran que la descarga de energía que tuvo lugar con este acontecimiento provocó algo casi inconcebible desde la perspectiva humana. Una de las razones por las que es difícil imaginarlo es la forma en que la energía misma fue liberada.

Cuando pensamos en una explosión convencional, normalmente imaginamos el tipo de detonación que vemos en las películas de acción hollywoodienses, la típica provocada por la dinamita. La explosión comienza con un estallido y un destello de luz, y desde el lugar en el que se producen parte una ráfaga de energía en todas direcciones, como si un cohete de fuegos artificiales estallase a cámara lenta.

Sin embargo, en el caso del *big bang* aconteció un tipo de explosión muy diferente. En vez de producirse *en* un punto específico del espacio, lo que dio lugar al universo fue una explosión *del* propio espacio. El *big bang* creó literalmente el espacio en el que se expandiría el universo y que ahora ocupa. Y el proceso aún no ha concluido. Si los sensores de nuestros satélites están en lo cierto, la expansión de energía y la creación resultante de nuevo espacio están en curso, no han terminado.

Mientras que el origen del *big bang* sigue siendo un misterio, los científicos coinciden en que fue en esas primeras fracciones de segundo posteriores a la explosión inicial de energía que quedaron establecidas las propiedades de la materia, el espacio y el tiempo que estudia el campo de la física. Además, en ese momento toda la energía que terminaría por condensarse en la materia aún estaba unificada en lo que los físicos llaman la *singularidad*: un punto en la historia del universo en el que todo estaba conectado física y energéticamente.

Aunque las matemáticas modernas no logran precisar el volumen de la singularidad ni su increíble temperatura, los datos procedentes de la radiación cósmica de fondo nos dan una idea de las condiciones presentes en ese entonces. Cuando el joven universo tenía solo diez millonésimas de billonésima de billonésima de billonésima de segundo, la temperatura era del orden de 10^{32} grados Kelvin, o 180 millones de billones de billones de grados centígrados. Aunque estas mediciones puedan parecer no tener sentido para algunas personas, y aún tienen asombrados a los científicos que las han revelado, transmiten una idea de lo extremadamente caliente que estaba el universo en las primeras fracciones de segundo de su existencia.

Seguidamente, debido a razones que aún no terminan de estar claras, se puso en marcha una secuencia de eventos improbable y aparentemente milagrosa:

- La energía del joven universo comenzó a expandirse, enfriarse y condensarse *de la manera correcta* y en el momento adecuado para conformar los primeros átomos de materia.
- Estos átomos se combinaron *de la manera adecuada* para configurar los primeros elementos simples de la tabla periódica.
- Esos elementos se agruparon *de la manera adecuada* para formar enormes nubes de gas.
- Estas nubes se condensaron *de la manera correcta* para convertirse en las estrellas y los planetas que podemos ver en el cielo.

EL LUGAR Y EL MOMENTO ADECUADOS

Después de esta serie de eventos ya improbable, nuestro planeta se constituyó de la manera correcta para generar las condiciones que dieron lugar a la vida y, con el tiempo, a la humanidad. Los científicos denominan *zona Ricitos de Oro** de la Tierra a esta serie de condiciones increíblemente afortunadas: la temperatura, la atmósfera y el clima óptimos que hacen posible la vida tal como la conocemos.[9]

En 1961, el físico Robert H. Dicke, de la Universidad de Princeton, reconoció que las condiciones necesarias para que nuestro planeta y la vida que hay en él existan con las características que presentan son demasiado numerosas y complejas, y demasiado coherentes entre sí, como para poder ser fruto del azar.[10] También se dio cuenta de que solo con que uno de estos parámetros se situase un poco por encima o por debajo de los números que presentan en nuestro mundo actual, la vida en la Tierra tal como la conocemos no podría haberse desarrollado como lo ha hecho, y no podría existir con las características actuales.

Por ejemplo, si el universo fuese aproximadamente diez veces más joven de lo que es hoy, no habría pasado suficiente tiempo para obtener la densidad de elementos necesaria para la configuración de pequeños planetas rocosos del tamaño de la Tierra capaces de sostener la vida. Y si el universo fuese diez veces más viejo, muchas estrellas, incluido nuestro sol, habrían avanzado tanto en su ciclo de vida que serían solo restos densos de sus estados anteriores, conocidos como *enanas blancas*.

---

* N. del T.: Ricitos de Oro es la protagonista del cuento *Ricitos de Oro y los tres osos*. La niña llega a una casa en la que viven tres osos, que en esos momentos no están. Prueba varias comidas, sillones y camas y solo elige las cosas correspondientes a la mamá osa que no tienen la rudeza de las del padre ni la excesiva suavidad de las del osezno. Por lo tanto, *zona Ricitos de Oro* hace referencia a la opción intermedia (Stephen Hawking habló a menudo de este principio. Según explicaba, un planeta no debe estar ni muy cerca ni muy lejos de su estrella o del centro de la galaxia para que en él pueda darse la vida).

La cantidad de condiciones ideales varía según el grado de detalle de los informes; aquí identificaré siete de ellas solo para que sepas de lo que estamos hablando y te hagas una idea de lo finamente ajustado que está el universo y de lo que es necesario para que podamos existir en él.

Condición ideal n.º 1: una distancia perfecta respecto del Sol. El agua es esencial para la vida. La órbita de la Tierra la sitúa exactamente en la zona en la que debe estar para que el agua exista y sea accesible para la vida en estado líquido.

Condición ideal n.º 2: un campo magnético perfecto. Nuestro planeta está rodeado por un campo magnético que protege la vida de la radiación cósmica. Este campo es el resultado de que la Tierra tiene un núcleo interno fundido y de que sus capas rotativas (el núcleo externo, el manto y la corteza) se desplazan alrededor de este núcleo interno para producir el magnetismo.

Condición ideal n.º 3: una atmósfera perfecta. Nuestro planeta tiene la mezcla adecuada de gases favorecedores de la vida (incluidos el dióxido de carbono, el nitrógeno y el oxígeno) con un grado de densidad perfecto para que, en efecto, la vida sea posible.

Condición ideal n.º 4: una cantidad perfecta de rocas. Algunos planetas de gran tamaño de nuestro sistema solar, como Júpiter y Neptuno, están compuestos por gases densos y licuados. En cambio, el tamaño de la Tierra y la composición de la corteza terrestre ofrecen estadísticamente la mayor oportunidad para que surja la vida y para que esta manifieste una gran diversidad.

Condición ideal n.º 5: una temperatura perfecta. La temperatura media de nuestro planeta es de quince grados centígrados. A diferencia de las temperaturas que presentan otros planetas de nuestro sistema solar y de otros sistemas, esta temperatura relativamente constante permite que el agua permanezca en estado líquido, condición óptima para la vida.

Condición ideal n.º 6: un sol estable. Los científicos estiman que aproximadamente el ochenta y cinco por ciento de las estrellas que hay en nuestra galaxia conforman sistemas estelares binarios. Esto significa que hay dos estrellas orbitando una alrededor de la otra. El impacto que tendrían dos cuerpos solares en la gravedad de un planeta como el nuestro dificultaría la vida en la Tierra. Aunque haya arrojado grandes llamaradas ocasionalmente en el pasado, nuestro sol es una estrella relativamente estable.

Condición ideal n.º 7: una cantidad perfecta de agua. Se cree que el agua de la Tierra es la consecuencia de colisiones con cometas entre 3.000 y 4.500 millones de años atrás. El resultado es que tenemos más agua que masa terrestre; esta abundancia de agua sostiene la vida.

Si estas condiciones, y otras, fuesen realmente el resultado de eventos puramente aleatorios, entonces nuestro mundo existiría gracias a unos procesos físicos absolutamente afortunados, los más increíbles que sería posible imaginar.

> **VERDAD PURAMENTE HUMANA N.º 11:** Somos más que el resultado de procesos aleatorios. Está más allá de las probabilidades estadísticas que las siete condiciones ideales que hacen posible nuestro mundo y nuestra vida sean el resultado de procesos físicos «afortunados».

¿Adónde quiero llegar con todo esto? Se nos dice que somos el producto de un universo que se creó a partir de una serie de eventos afortunados, un universo muerto desprovisto de cualquier conciencia e inteligencia y que no tiene ningún propósito. Creer este relato tan poco inspirador tiene la consecuencia de que se nos conduce a pensar de manera superficial sobre la vida en general y nuestra vida en particular, así como sobre la relación que tenemos con el mundo que nos rodea y nuestras relaciones interpersonales, y sobre las elecciones que efectuamos a diario.

NUESTRA VIDA REFLEJA NUESTROS RELATOS

Aunque los detalles que ofrecen los científicos respecto a la creación y la existencia del cosmos pueden parecer académicos, y a algunas personas incluso pueden parecerles filosóficos, el caso es que las implicaciones de nuestro relato cosmológico resuenan en el núcleo de nuestra sociedad. Si creemos que somos el producto de un universo muerto, no tenemos ninguna razón por la que venerar y respetar la vida, la naturaleza y los recursos naturales. A la vez, esta falta de veneración y respeto nos hace sentir que tenemos todo el derecho a reescribir los códigos de la vida, hacer ingeniería con el cuerpo humano y explotar el mundo natural.

Esta forma de pensar se refleja en la forma en que la sociedad moderna ha considerado los recursos del planeta como activos naturales que puede aprovechar, en lugar de considerar que debe relacionarse con ellos desde el respeto y protegerlos. Uno de los principales pensadores que ha expuesto cómo nos afecta en la vida diaria el nuevo paradigma científico de un universo muerto es el autor, educador y consultor Duane Elgin. Elgin nos muestra que la manera en que pensamos sobre el universo y nuestro lugar en él está en la base misma de la manera que tenemos de vivir nuestra vida y de resolver nuestros problemas, especialmente en lo que respecta a cómo nos tratamos los unos a los otros.

En palabras de Elgin, expresamos nuestra creencia de que estamos en un universo no vivo «aprovechando lo que está muerto en beneficio de lo vivo. El consumismo y la explotación son resultados naturales de la perspectiva de un universo muerto».[11] La afirmación de Elgin describe la forma en que gran parte de la humanidad ha vivido en el pasado y continúa viviendo hoy. El problema que presenta esta mentalidad es que en última instancia ha llevado al agotamiento de los recursos naturales, a formas insostenibles de producción de alimentos y minerales, y a los conflictos en torno a la escasez de recursos que están en la raíz de muchos padecimientos.

La buena noticia es que los últimos descubrimientos están desafiando el viejo relato cosmológico y podrían llevarnos a una visión radicalmente diferente del universo y del lugar que ocupamos en él.

EL UNIVERSO ESTÁ VIVO

Nuevos descubrimientos están apoyando la visión que tenían del universo nuestros antiguos ancestros. Cada vez hay más indicios de que el universo está lejos de estar muerto o de ser inerte, como se creía. A la luz de las nuevas pruebas, parece ser que no solo está vivo, sino que además, como veremos más adelante en este capítulo, es consciente e inteligente.

La idea de que el universo es consciente ha llevado a una nueva teoría científica conocida como *panpsiquismo*. Esta palabra está formada sobre dos términos griegos: *pan*, que significa 'todo', y *psique*, que significa 'mente' o 'alma'. La esencia del panpsiquismo es que, además de estar asociada a la mente de los seres vivos, la conciencia podría ser inherente a cosas que la mayoría de nosotros no consideraríamos que están vivas.

Según este planteamiento, la conciencia es una fuerza que podría constituir un fenómeno universal, es decir, podría estar presente en todo el universo e incluir los sistemas no vivos. La palabra que algunos científicos están utilizando ahora para describir el universo significa literalmente 'todo mente'. Y esta es precisamente la impresión que nos llevamos cuando examinamos las pruebas que aporta el panpsiquismo.

La creciente popularidad de este enfoque como un campo de estudio científico respetado queda patente en un artículo de investigación de Gregory Matloff, físico que es profesor en el College of

Technology de la ciudad de Nueva York. En el resumen de dicho artículo, cuyo título es, traducido, «El panpsiquismo como ciencia observacional», Matloff manifiesta lo siguiente:

> El trabajo de dos investigadores separados que están estudiando métodos de comunicación con la conciencia de ámbito estelar indica que el astropanpsiquismo experimental podría ser posible, así como el astropanpsiquismo observacional. Cada vez es más evidente que el panpsiquismo podría estar pasando del ámbito de la metafísica al dominio de la astrofísica observacional.[12]

En un ensayo de investigación anterior publicado en el *Journal of Consciousness Exploration and Research*, Matloff aclara las implicaciones de su teoría y lo que significa el panpsiquismo para la cosmología: «Según el panpsiquismo, la conciencia está integrada en el tejido del universo».[13]

Freeman Dyson, uno de los físicos matemáticos más significativos de finales del siglo XX y principios del XXI, se muestra claramente afín al panpsiquismo. En su discurso de aceptación del prestigioso Premio Templeton en el año 2000, afirmó:

> La mente parece desempeñar un papel en tres niveles del universo, por lo menos: el nivel cuántico de las partículas elementales, el nivel humano y el nivel cósmico, en el que las leyes universales parecen estar ajustadas con precisión para permitir la aparición de la vida.[14]

Uno de los factores que han llevado a pasar de la concepción del universo como un sistema muerto a la consideración de que es el sistema vivo e inteligente que describe Matloff es la observación del comportamiento de las estrellas y los sistemas estelares: al parecer, responden a las perturbaciones cósmicas de maneras análogas a como los sistemas vivos responden a los cambios que se producen en su entorno.

Por ejemplo, las imágenes de galaxias lejanas obtenidas tanto por telescopios ubicados en la Tierra como por telescopios espaciales han revelado que desde el centro de muchas de ellas parten chorros de rayos gamma. Estos misteriosos chorros no habían sido detectados con anterioridad.[15] Pues bien, resulta que la energía de estos rayos tiene el efecto de desplazar la ubicación de los sistemas estelares a lo largo del tiempo de maneras que parecen desplazarlos hacia ubicaciones más seguras cuando se están produciendo perturbaciones cósmicas violentas. En su investigación publicada, Matloff indica la posibilidad de que estos chorros puedan estar mostrando que algunas estrellas *realmente responden* a los cambios galácticos de maneras que parecen ser inteligentes y no pueden ser atribuidas al azar o a la casualidad.[16]

> **VERDAD PURAMENTE HUMANA N.º 12:** Nuestro universo parece estar vivo y ser consciente e inteligente.

Matloff también expone qué experimentos deberían realizarse para refutar o confirmar su teoría. Si se demuestra que es correcta, la teoría de Matloff sobre los chorros galácticos podría constituir una de las mejores pruebas que se tienen hasta la fecha de la existencia de la «mente» de tipo cósmico de la que habló Dyson. Cuando la tecnología lo permita en los próximos años, Matloff tendrá la oportunidad de determinar si su hipótesis es acertada. En caso de que los experimentos avalen sus conclusiones, veremos cómo las implicaciones de saber que el universo está vivo se extienden más allá de las aulas y los libros de texto, hasta la industria, la sociedad y nuestra vida diaria.

EN UN UNIVERSO VIVO, LA VIDA TIENE SENTIDO

En un universo vivo, tiene sentido que la vida aparezca en muchos lugares y se exprese de muchas y variadas formas. Tiene sentido porque la vida misma es la fuerza que impulsa el sistema. Descubrir que existimos como seres vivos dentro del contexto de un sistema vivo más grande implica que la vida individual de cada uno de nosotros tiene un significado más profundo: no todo termina en la buena fortuna biológica que nos permite nacer y disfrutar de unos pocos años maravillosos de amor, chocolate y arcoíris en este mundo, para acabar muriendo. Implica que, de alguna manera, nuestra vida tiene un propósito, el cual subyace en todo lo que conocemos y vemos en nuestro día a día.

Y aquí es precisamente donde nos encontramos como sociedad. Estamos en la encrucijada de dos maneras de pensar sobre nosotros mismos dentro del contexto del universo en el que vivimos. El universo vivo del que hablan Elgin, Matloff, Dyson y otros nos ofrece el panorama general de que la vida tiene un propósito que se extiende desde arriba hacia abajo: desde el mayor ámbito posible, el universo como entidad viva, hasta la escala microscópica, en la que las células y partículas vivas que componen nuestro cuerpo constituyen una expresión del tema vital que permea la creación.

Los descubrimientos que presentaré en el segundo capítulo ofrecen evidencias desde abajo hacia arriba, desde el micromundo del ADN mutado que produce expresiones de vida más complejas y las capacidades que tenemos hasta el gran contexto del universo vivo. Cuando consideramos que el universo es algo vivo y que somos una de sus expresiones vitales, nuestro relato cambia totalmente. Las siguientes palabras de Duane Elgin expresan bellamente esta perspectiva:

En un universo vivo, nuestra existencia física está impregnada y sostenida por una pulsión vital que es inseparable del vasto universo. Vernos a nosotros mismos como parte de la tela irrompible de la creación despierta nuestra sensación de conexión con la totalidad de la vida y nuestra compasión universal. Reconocemos que nuestro cuerpo es un vehículo biodegradable muy valioso que nos permite tener experiencias de dicha pulsión cada vez más profundas.[17]

La existencia de un universo vivo nos dice que somos parte del mundo que nos rodea en lugar de estar separados de él, y que nuestra pulsión vital personal es parte de una pulsión aún mayor. Y dado que el objetivo mismo de la vida en el universo es desarrollarse, cambiar y perpetuarse, estas son precisamente las cualidades que deberíamos esforzarnos por cultivar durante el tiempo que estemos en este mundo.

A través de cada experiencia que tenemos aprendemos a conocernos mejor como individuos y como especie, como vida que se expresa dentro de un contenedor de pulsión vital.

Esto aclara qué es un universo vivo y cuál es nuestro papel en él. La vida y el ciclo vital de cada uno de nosotros son la forma que tenemos de infundir la esencia de nuestra experiencia única en una entidad que ya está viva y es extremadamente diversa. El escritor de ciencia ficción Ray Bradbury lo resumió perfectamente con estas palabras:

Somos el milagro de la fuerza y la materia que se expresan como imaginación y voluntad. Increíble. La fuerza vital experimentando con formas. Tú por un lado. Yo por otro. El universo ha cobrado vida gritando. Somos uno de sus gritos.[18]

Dentro de los límites que se ha autoimpuesto la ciencia actual, no hay una manera directa de conocer con certeza el propósito de la vida. Sin embargo, si exploramos la cuestión indirectamente, podríamos darnos cuenta de que la respuesta a la pregunta de cuál es el propósito de la vida estaba oculta a simple vista. Podríamos descubrir que la existencia misma de nuestras capacidades avanzadas, como la intuición y la empatía (cualidades de nuestra divinidad), es la clave de la resolución de este misterio.

La belleza de la afirmación de Bradbury es que va más allá de las fórmulas, los algoritmos y la lógica. Es una respuesta puramente intuitiva a una pregunta científica seria. También es un ejemplo perfecto de cómo los avances en el ámbito de la ciencia moderna nos han llevado al límite de lo que la ciencia puede decirnos con certeza. Más allá de un punto, de una frontera tácita, la explicación científica, con todos sus pormenores, falla al describir la esencia de la vida. Falla porque somos más que un conjunto aleatorio de células, carne y huesos. La vida humana tiene algo que no puede definirse en términos puramente científicos, al menos no en el ámbito de la ciencia actual. Este algo puede llevarnos a comprender las verdades más profundas de nuestra existencia.

LAS LIMITACIONES DE LA TEORÍA DE DARWIN

De manera similar a como se nos ha llevado a pensar que el universo es el resultado de unos procesos físicos misteriosos y afortunados, la ciencia convencional nos ha llevado a pensar que nosotros también somos el resultado de unos procesos biológicos igualmente misteriosos y afortunados. En cuanto al origen de nuestra especie y de la vida en la Tierra en general, la teoría científica predominante indica que somos el resultado de unos cambios lentos y graduales que tuvieron lugar a lo largo de un período extenso, según la idea de la evolución de Charles Darwin.

Quiero dejar muy claro lo que pienso sobre la evolución en general y en relación con nuestro origen.

Como geólogo, respaldo firmemente el descubrimiento de la evolución como el mecanismo que condujo a la aparición de muchas formas de vida, incluidos los primeros primates. En el trabajo de campo que realicé como estudiante universitario, busqué y recuperé los restos fósiles de muchas formas de vida que respaldaban claramente la teoría evolutiva (fósiles de plantas, insectos y modalidades de vida marina). Sin embargo, la teoría de Darwin falla en relación con el ser humano; las evidencias físicas encontradas no la avalan.

Por ejemplo, ha quedado demostrado que los humanos modernos no somos descendientes de los neandertales, como se creía anteriormente. El hecho de que descubrimientos genéticos recientes hayan mostrado que nuestros antepasados se cruzaron con ellos deja claro que provenimos de otro linaje.

También ha quedado bien establecido que las características de nuestra humanidad —que incluyen nuestra capacidad de manifestar empatía, compasión y honestidad, y de efectuar juicios morales, a voluntad— son posibles gracias a unas misteriosas mutaciones genéticas. Aunque las mutaciones en sí mismas podrían ser el tema de todo un libro, por razones prácticas me referiré brevemente a una de ellas solamente, una que deja claro por qué no somos un fruto de la evolución.

EL ORIGEN DE LOS HUMANOS MODERNOS

En mi etapa de estudiante, durante las décadas de 1950, 1960 y 1970, se pensaba que, además de los conocidos precursores de los humanos modernos, como los neandertales, los australopitecos (la famosa Lucy) y el *Homo habilis* ('hombre hábil'), había otro miembro del árbol genealógico evolutivo que era un ancestro cercano también. En esa época, este ancestro era conocido como *cromañón*. Más adelante se impuso una nueva denominación, más acertada: *humano anatómicamente moderno* (HAM).

La comunidad científica en general está de acuerdo en que los HAM aparecieron en este planeta hace unos doscientos mil años. Pero a diferencia de otras formas de vida que se extinguieron hace mucho tiempo, incluidos los parientes de los humanos, como los neandertales, los HAM nunca desaparecieron. Su ADN puede rastrearse hasta el presente. Se los puede ver en todos los continentes del mundo; pueblan las ciudades más grandes de cada país y son la modalidad de vida que ejerce un mayor dominio sobre el planeta. Somos nosotros. Somos ellos.

A todos los efectos prácticos, somos HAM. La misma tecnología que nos dice que no descendemos de los neandertales ha revelado que somos los humanos anatómicamente modernos que aparecieron misteriosamente hace diez mil generaciones.

> **VERDAD PURAMENTE HUMANA N.º 13:** El primer miembro de nuestra especie apareció en la Tierra hace unos doscientos mil años, seguimos aquí y el patrón de nuestro ADN no ha cambiado.

El hecho indiscutible de nuestra existencia y el misterio de nuestro origen no se corresponden con lo que plantea la teoría de Darwin en lo que respecta al árbol evolutivo de la vida. No fuimos adquiriendo nuestras capacidades y atributos únicos de manera lenta y gradual, en un proceso evolutivo que abarcó un período extenso, como indica la teoría evolutiva, sino que aparecimos en este planeta de una manera relativamente repentina. Cuando lo hicimos, nuestra humanidad ya estaba completamente configurada y contaba con todas las habilidades. En términos evolutivos, nada más aparecer ya estábamos listos para ponernos manos a la obra, por así decirlo. Tal vez los humanos antiguos no se comportaban como lo hacemos nosotros exactamente, pero se parecían a nosotros, se desenvolvían como nosotros y, al parecer, ya tenían las capacidades de la intuición, la empatía y la autorregulación que tenemos hoy.

Investigaciones recientes sobre la forma en que se configuró nuestro genoma han arrojado luz sobre el persistente misterio de cómo nuestra especie pudo haber quebrantado las reglas de la teoría evolutiva y haber aparecido como lo hizo. Se han descubierto ciertos detalles relativos a nuestra existencia que Darwin no podría haber imaginado con los limitados recursos tecnológicos disponibles en su época. Uno de estos detalles ha puesto de manifiesto uno de los mayores misterios en torno a nuestra existencia: las misteriosas mutaciones que dieron lugar a uno de los cromosomas más grandes de nuestro cuerpo.

EL MISTERIO DEL CROMOSOMA 2 HUMANO

El cromosoma 2 humano es el segundo cromosoma más grande que tenemos en el cuerpo. Representa el ocho por ciento de nuestro genoma aproximadamente y, dependiendo del método de investigación utilizado para realizar el cómputo, parece contener entre mil doscientos y mil trescientos genes. Además de constituir una de las porciones más grandes de nuestro código genético, también es una de las más misteriosas. El análisis de este cromosoma inusualmente grande ha revelado que en realidad está compuesto por dos cromosomas más pequeños, preexistentes, que en algún momento del pasado distante se fusionaron por uno de sus extremos, de manera que parecen un solo cromosoma grande y complejo.[19]

En otras palabras: en un momento de nuestro pasado remoto, por razones que no están claras (existe controversia al respecto), dos cromosomas separados e independientes que aún están presentes en el ADN de nuestros parientes primates más cercanos se fusionaron en un solo cromosoma más grande, y luego se autoajustaron para optimizar la fusión y dar lugar a lo que es nuestro cromosoma 2.

La nueva tecnología de análisis del ADN ha revelado que es casi seguro que se fusionaron dos cromosomas para dar lugar al cromosoma 2 moderno. Ahora contamos con la tecnología que permite replicar tal fusión para determinar con precisión cómo se combinaron los dos cromosomas preexistentes.

A continuación, resumiré la esencia de este descubrimiento de dos maneras. Primero, reproduciré las palabras con las que los científicos anunciaron el hallazgo, que tuvo lugar en 1991, tal como se recogen en los *Proceedings of the National Academy of Sciences* ('actas de la Academia Nacional de Ciencias'). En segundo lugar, realizaré una exposición más simple, prescindiendo de los términos técnicos, antes de explicar por qué este descubrimiento es tan relevante para el relato concerniente a nuestra humanidad.

- **La explicación técnica.** En la publicación mencionada se dice lo siguiente sobre el origen del cromosoma 2: «Concluimos que el locus clonado en los cósmidos c8.1 y c29B es el vestigio de una fusión antigua de telómero a telómero y marca el punto en el que dos cromosomas ancestrales de simios se fusionaron para dar lugar al cromosoma 2 humano».[20]
- **La explicación simplificada.** Parece ser que hace mucho tiempo dos cromosomas separados de primates (los cromosomas 2A y 2B) se fusionaron en un solo cromosoma más grande, el cromosoma 2 humano, que es uno de los cromosomas clave que nos otorgan nuestra especial humanidad.

Muchas de las características que nos hacen exclusivamente humanos son posibles gracias a esta misteriosa fusión. Entre ellas se encuentran nuestra capacidad intelectual y el crecimiento y desarrollo de nuestro cerebro en general y más específicamente de la parte más grande de este, el neocórtex, que es clave para nuestra manera de pensar y actuar, y para que podamos experimentar emociones.

VARIOS GENES DEL CROMOSOMA 2 Y LO QUE HACEN POR NOSOTROS	
Gen humano	**Influencia en nuestro cuerpo**
TBR1	Fundamental para el desarrollo del cerebro, el neocórtex especialmente, que es clave para nuestras funciones neuronales y nuestra capacidad de sentir emociones y empatía.
BMPR2	Tiene un papel central en la osteogénesis (la formación de tejido óseo) y el crecimiento celular en todo el cuerpo.
MSH2	Conocido como el gen «cuidador», su principal función es combatir los tumores.
SSB	Tiene un papel en el desarrollo de los órganos en el feto.

El cromosoma 2 contiene más de mil doscientos genes que aún se están mapeando y estudiando; en cualquier caso, hay algo que ya se puede afirmar con certeza: que proporciona las instrucciones para algunas de las funciones más vitales de nuestra existencia. En la tabla anterior ofrezco unos pocos ejemplos simplificados de las funciones de estos genes para que puedas hacerte una idea del papel vital que tienen en nuestra vida.[21]

A partir de esta pequeña muestra de genes queda claro que el cromosoma 2 tiene un papel esencial en la configuración de lo que somos y de quiénes somos. Habida cuenta de lo significativo que es en relación con nuestra identidad, la cuestión de cómo se originó el cromosoma 2 es más importante que nunca en estos tiempos en los que se intenta convencernos cada vez más de las bondades del transhumanismo.

Como suele suceder cuando se explora un misterio, la respuesta se encuentra dentro del misterio mismo, en este caso, el cromosoma en sí. De manera similar a la forma en que la cadena de bloques digital de Bitcoin contiene un registro claro de cada transacción anterior, el cromosoma 2 también ha preservado un registro de cada una de las mutaciones ancestrales que nos han conformado tal como somos.

Este registro de algo que afectó a nuestra especie en su conjunto está intacto y es accesible, y ahora disponemos de la tecnología que nos permite leerlo y conocer su contenido. Pero como sucede tan a menudo cuando intentamos resolver un misterio, aunque podamos responder la pregunta original planteada, la respuesta conduce a un misterio aún mayor. Esto mismo ocurrió cuando se resolvió el misterio del cromosoma 2.

UNA FUSIÓN NO NATURAL

Según los científicos, la probabilidad de que se produjese la fusión de cromosomas que dio lugar al cromosoma 2 humano era extremadamente baja, y prácticamente nula si tuvo que ser obra de la naturaleza.

La razón por la que afirman esto es que esta fusión se produjo entre unas partes especiales de esos cromosomas, los llamados *telómeros*. Los telómeros son secuencias de ADN no vitales que solo están ubicadas en los extremos de los cromosomas. Son importantes porque evitan la pérdida de información genética vital cada vez que la célula se divide.

La división celular es una experiencia traumática para los cromosomas. Cuando el material genético se separa (se divide) para dar lugar a la nueva célula, los extremos del ADN se fragmentan y la información que contienen se pierde durante el proceso. El remedio de la naturaleza para preservar la parte esencial del ADN que contiene las instrucciones para la nueva célula consistió en establecer un «amortiguador» en cada una de las puntas del cromosoma cuya función es encajar el «golpe» de la división celular.

Estoy hablando de los telómeros con algo de detalle porque tienen un papel fundamental en el misterio de nuestro cromosoma 2 fusionado.

No es inusual que los cromosomas se rompan de resultas del impacto de ciertos factores ambientales, como la exposición a altas dosis de radiación, la sobreexposición a la luz ultravioleta intensa o el consumo de drogas recreativas como el LSD. Cuando se produce este tipo de rotura, los fragmentos del cromosoma suelen fusionarse con otros fragmentos de cromosomas que se han roto de manera similar. Es importante tener en cuenta que este tipo de fusión se produce en los puntos de rotura, y que los telómeros permanecen intactos en los extremos de los cromosomas.

No fue esto lo que ocurrió con el cromosoma 2. El cromosoma 2 no fue el resultado de este tipo de fusión. De hecho, parece que no se produjo ninguna rotura. En lugar de ello, se fusionaron dos cromosomas completamente intactos, extremo con extremo, *telómero con telómero*, de una manera que carece de sentido bajo condiciones naturales. Esta es la prueba concluyente que revela una posibilidad previamente impensable para el cromosoma 2.

El punto de fusión de los dos cromosomas preexistentes que dieron lugar a nuestro cromosoma 2 es claramente visible en la parte central del cromosoma. Además de los telómeros que permanecen, de forma natural, en ambos extremos de este cromosoma, los telómeros que anteriormente estuvieron en los extremos de los cromosomas independientes (2A y 2B) ahora están fusionados cerca del centro del cromosoma 2 humano.

Esta fusión tan inusual es extraordinaria de por sí, pero el misterio en el que está envuelto el cromosoma 2 no termina ahí.

En palabras de los investigadores que expusieron este descubrimiento, la fusión se vio «acompañada o seguida por la inactivación o eliminación de uno de los centrómeros ancestrales, así como por eventos estabilizadores del punto de fusión».[22]

Aunque el lenguaje utilizado es complejo, el mensaje es claro y simple. El estudio nos dice que en el curso de la fusión que dio lugar al cromosoma 2, o inmediatamente después de dicha fusión, las funciones superpuestas de lo que originalmente eran dos cromosomas separados *fueron ajustadas, desactivadas o eliminadas por completo* para hacer que el nuevo cromosoma fuera más eficiente.

Tanto la fusión como las mutaciones del cromosoma 2 que siguieron a la fusión fueron datadas: se vio que se produjeron hace doscientos mil años, precisamente en el momento en que aparecieron nuestros ancestros como humanos anatómicamente modernos. Las probabilidades de que estos procesos determinantes se debieran al azar son increíblemente pequeñas.

MÁS ALLÁ DE LAS PROBABILIDADES IMPOSIBLES

Los científicos en general aceptan que cuando las probabilidades de que algo ocurra son de una entre 10^{400} (un 1 seguido de cuatrocientos ceros), las posibilidades de que ese «algo» ocurra son tan mínimas que se considera una imposibilidad. Las probabilidades de que las mutaciones en el cromosoma 2, y en otros, aconteciesen rápidamente, con la precisión con que lo hicieron y con el resultado que se obtuvo, se considera que son de una entre 10^{600}. Si 10^{400} está asociado a unas probabilidades imposibles, 10^{600} indica unas probabilidades más que imposibles. Es más que imposible que el cromosoma 2 sea el resultado de unos procesos biológicos azarosos afortunados. Y la ciencia moderna no puede lidiar con esto.

¿Por qué? Porque la biología parte de la idea de que las mutaciones aleatorias se producen de forma lenta y gradual en el transcurso de largos períodos de tiempo. No está bien equipada para hacer frente a las repercusiones de los resultados obtenidos en los estudios centrados en el cromosoma 2. Debido a que el segundo cromosoma más grande de nuestro genoma, el que es responsable de gran parte de nuestra humanidad, no puede ser explicado por los procesos evolutivos, al menos no por los que conocemos hoy, cabe concluir que hay una intención detrás de nuestra existencia como humanos. Y la intención suele estar asociada a un propósito.

Para la comunidad científica, reconocer las consecuencias de lo expuesto representa nada menos que un cambio de perspectiva que rompe paradigmas. Y a eso está conduciendo precisamente el nuevo relato de nuestro origen como especie.

> **VERDAD PURAMENTE HUMANA N.º 14:** Es matemáticamente imposible que las mutaciones responsables de nuestras cualidades humanas más apreciadas, entre ellas la empatía y la intuición, sean el resultado de procesos biológicos aleatorios «afortunados».

¿QUIÉN O QUÉ FUE RESPONSABLE DE LA CREACIÓN DE NUESTRO CROMOSOMA 2?

Si el cromosoma 2 humano es el resultado de algo que está más allá del proceso de selección natural conocido que describió Darwin, entonces la pregunta obvia es «¿qué fue ese algo?». ¿Qué o quién fue responsable de las mutaciones en nuestro genoma que nos otorgan nuestra humanidad?

La respuesta honesta a esta pregunta es motivo de frustración para la comunidad científica que estudia el fenómeno. La verdad es que los científicos no saben qué contestar.

Incluso ahora, en los primeros años del siglo XXI, más de un cuarto de siglo después de que se reconociera la fusión, los científicos todavía no pueden decir con absoluta certeza por qué el ADN de primates fue objeto de una fusión que llevó a la aparición de los humanos anatómicamente modernos. Lo que sí podemos afirmar con certeza es que el ADN que nos hace ser quienes somos *no* es el resultado del proceso evolutivo que expuso Darwin.

La cuestión es que nunca conoceremos la verdad profunda de nuestro misterioso origen mientras no nos permitamos seguir el rastro de las pruebas hasta la historia que cuentan.

Cuando podamos determinar de manera definitiva cómo se produjo la fusión del antiguo ADN que vemos en el cromosoma 2, y cómo las secciones del ADN fusionado fueron modificadas con tanta precisión y rapidez, miles de años antes de que se conociera cualquier tecnología capaz de hacerlo, entonces la respuesta a estos misterios nos llevará directamente a la explicación de por qué tuvo lugar un suceso tan extraordinario.

EL NUEVO RELATO HUMANO

Le hemos pedido a la ciencia que nos diga quiénes somos. En los primeros años del siglo XXI, la ciencia y los mejores científicos que el mundo ha conocido nos están dando respuestas claras a nuestras preguntas. El problema es que muchos de los científicos que han formulado las preguntas son reacios a aceptar las respuestas que se están revelando. La razón es que los nuevos descubrimientos desafían la tradición, los dogmas, el pensamiento convencional y el *statu quo*.

Hemos levantado nuestras familias, construido nuestras sociedades, elegido nuestras políticas y creado el currículo que enseñamos a nuestros hijos a partir de la creencia de que somos el producto de un universo estéril y aleatorio. Desde el ámbito académico se nos ha inculcado que la historia de la humanidad es el resultado de mutaciones aleatorias y unos procesos biológicos afortunados. Los descubrimientos que he expuesto en este capítulo, más los nuevos descubrimientos que llenan las páginas de prestigiosas revistas científicas una semana tras otra, nos dicen que necesitamos un nuevo relato. Las nuevas pruebas ya no respaldan la forma en que se nos ha enseñado a pensar sobre nosotros mismos.

Aunque el relato «oficial» de las mutaciones aleatorias en un universo desprovisto de vida puede habernos sido útil en el pasado, ahora sabemos que se basa en los supuestos erróneos de una forma de pensar obsoleta. Esta forma de pensar se interpone entre nosotros y el extraordinario mundo futuro que sabemos, desde el corazón, que es posible. El primer paso que debemos dar para abrazar nuestra divinidad es reunir coraje para aceptar lo que los nuevos descubrimientos nos están diciendo sobre nosotros mismos.

Si realmente somos el resultado de una intervención intencionada que tuvo lugar hace mucho tiempo, como parecen indicar las pruebas de las que ahora disponemos, ¿dónde debemos buscar las pistas que nos aporten más información? Durante milenios, los eruditos han formulado esta pregunta precisamente. Y han buscado la respuesta de la única manera que conocían: rastreando pistas en manuscritos descoloridos, paredes de piedra talladas y fragmentos de libros antiguos.

Aunque se han efectuado nuevos descubrimientos arqueológicos y se dispone de nueva información, los registros antiguos aún guardan celosamente el secreto de nuestro origen.

Una nueva perspectiva sobre nuestro pasado conduce a inferir que la clave para resolver este enigma podría residir en el interior de lo que las tradiciones espirituales dicen que es la obra suprema de la creación divina. Esto es, en nuestro interior. En nuestra humanidad. En las células que conforman nuestro cuerpo.

En el próximo capítulo exploraremos las misteriosas pistas que nos dejó nuestro pasado a través del prisma de la ciencia moderna. Juntos desentrañaremos el misterio y sacaremos a la luz el mensaje que hace doscientos mil años fue codificado en el componente fundamental de nuestra existencia: nuestro ADN.

CAPÍTULO 2

¿Quiénes somos?

El antiguo mensaje codificado en nuestro ADN

Dios se vuelve como nosotros para que nosotros podamos ser como él.

—William Blake (1757-1827),
poeta, pintor y grabador inglés

En la que podría ser la mayor paradoja que afecta a nuestra especie, tras más de cinco mil años de historia humana documentada aún no hemos respondido con certeza la pregunta más fundamental de nuestra existencia: ¿quiénes somos?

La forma en que respondemos esta pregunta, aparentemente sencilla, tiene un impacto en todas las facetas de nuestra vida diaria, como los alimentos que elegimos para nutrirnos y cómo cuidamos de nosotros mismos, de nuestros pequeños hijos y de nuestros ancianos padres. Da forma a la lente a través de la cual nos vemos en el mundo e influye en las decisiones que tomamos sobre nuestra propia vida y en la manera en que construimos la civilización misma. Nuestra respuesta define cómo compartimos recursos vitales como los alimentos, el agua o las medicinas, y cómo hacemos frente a otras necesidades esenciales. Determina cuándo y por qué vamos a la guerra y sobre qué valores se fundamentan nuestras economías, así como las formas en que equilibramos y sostenemos esas economías.

Lo que creemos sobre nosotros mismos, nuestro origen y nuestro destino final incluso justifica nuestro modo de pensar en cuanto a salvar una vida humana y en cuanto a la elección de poner fin a la vida de una persona. ¿Dónde debemos buscar la respuesta a esta pregunta fundamental relativa a nuestra existencia?

DIRIGIR LA MIRADA HACIA DENTRO

¿Es posible que un registro escrito, una especie de cápsula del tiempo que preserve el conocimiento sobre nuestro origen y el legado más sagrado que ha recibido la humanidad, haya sobrevivido a los ciclos del tiempo y esté esperando a ser descubierto desde los albores de nuestra creación?

Durante siglos, los estudiosos han buscado esta cápsula del tiempo en los registros escritos y las tradiciones orales de quienes nos precedieron. Han buscado en los subterráneos de monasterios remotos del Himalaya y en los desiertos de Oriente Medio, y han analizado escrupulosamente los restos deteriorados de los manuscritos del mar Muerto, que fueron transcritos a partir de registros aún más antiguos, letra por letra, hace más de dos mil años.

Los descubrimientos efectuados hasta ahora, aunque son interesantes, no han estado a la altura de las expectativas de los investigadores. Los registros antiguos aún no han revelado el secreto de nuestro origen. Sin embargo, han dejado pistas para resolver el misterio, que parecen indicar que los registros preservados en el mundo exterior están incompletos. Estos solo revelan una parte de algo mucho mayor que debe encontrarse en nuestro mundo interior.

Desde la inscripción original ubicada sobre la entrada del templo de Apolo en Delfos y la escritura extraña de la *Tabla esmeralda* de

Thot (un controvertido texto hermético que, según se dice, revela los secretos del universo) hasta misteriosos pasajes registrados en el antiguo Libro de la Creación de la cábala, hay referencias a una clave universal que contiene la respuesta largamente olvidada que nos recuerda quiénes somos, la identidad de nuestro creador y el origen de nuestra especie. Con una expresividad y un estilo directo típicos de muchas tradiciones consagradas por el tiempo, se nos invita a conocernos a nosotros mismos y a «buscar en nuestro interior» las respuestas a nuestros misterios más profundos.

Una nueva interpretación de estas antiguas invitaciones, y de otras más, conduce a la idea de que la clave para resolver el misterio de nuestro origen y descubrir el propósito de nuestra vida no está esperando a ser hallada en el mundo exterior. *La respuesta reside en nuestro interior.* Está resguardada en las células de nuestro cuerpo, aguardando el día en que desarrollemos la conciencia y la tecnología necesarias para leer el mensaje. En lugar de encontrarse entre los restos de muros de templos desmoronados y en manuscritos desgastados por el tiempo, la respuesta a nuestro misterio más profundo ha estado con nosotros desde siempre, preservada como la expresión misma de la vida.

En el momento en que nos permitamos reconocer el mensaje que albergan nuestras células, cambiaremos de una de dos maneras. Podremos optar por una de estas actitudes:

- rechazar el mensaje e ignorar su significado a partir de considerar que es fruto del azar matemático y lingüístico, o bien
- modificar nuestras creencias relativas a quiénes creemos que somos y a la forma en que nos concebimos en el mundo para acoger el mensaje.

Aunque el descubrimiento de que nuestras células pueden contener un mensaje ofrece una gran esperanza, también parece propio de una obra de ciencia ficción. Por mucho que queramos creer que existe tal mensaje, una de las primeras preguntas que nos viene a la mente cuando se nos presenta esta posibilidad es «¿cómo?». ¿Cómo es posible escribir palabras que se puedan leer, como las que hay en las páginas de un libro, en la sustancia viscosa que conforma el núcleo de una célula?

Un artículo científico revisado por pares publicado en el *International Journal of Computer Applications* proporciona una respuesta sorprendente a esta pregunta.

EL DESCUBRIMIETO DE CÓMO ESCRIBIR PALABRAS EN EL ADN

En 2007, el biólogo de sistemas y científico informático Masaru Tomita, profesor en la Universidad Keio, de Tokio, publicó un artículo capaz de transformar paradigmas al exponer algo que parecía sacado de una película de ciencia ficción. El artículo detallaba cómo un grupo de científicos había escrito información en el ADN de un organismo vivo, que quedó almacenada ahí; posteriormente, estos científicos recuperaron dicha información.[1] Las implicaciones de la capacidad de escribir y leer datos codificados en un ser vivo son enormes y, para algunos, asombrosas.

Estos experimentos, y otros realizados desde entonces, han mostrado que puede escribirse y almacenarse información compleja en los componentes básicos de un ser vivo. También han mostrado que la información puede preservarse en el genoma de ese ser mientras él, o las futuras generaciones que desciendan de él, continúen existiendo.

Para que puedas comprender con mayor profundidad esta cuestión, voy a presentar brevemente la secuencia de técnicas que hacen posible lo que acabo de exponer, es decir, el proceso paso a paso.

Paso 1. Traducir el lenguaje del teclado al lenguaje de la máquina. Cuando escribimos un mensaje a un amigo en nuestro teléfono inteligente o con el teclado de un ordenador, las letras de nuestro lenguaje escrito no tienen sentido para el sistema operativo de la máquina. En los primeros desarrollos de la tecnología informática, se adoptó un estándar universal que solucionaría este problema para todos los teclados, en todas partes, para siempre. Se establecieron reglas que permitieron traducir las letras de los alfabetos en un código binario que los ordenadores pueden reconocer en relación con cualquier idioma utilizado actualmente o en el futuro. Este estándar, el *código estadounidense estándar para el intercambio de información* (ASCII), se publicó en 1963.

En la actualidad, nuestros ordenadores, teléfonos inteligentes y tabletas utilizan el ASCII para convertir nuestros mensajes escritos en una serie única de unos y ceros, el código binario que representa cada letra o número que hemos tecleado. Para almacenar palabras escritas en una hebra de ADN, este código binario constituye el denominador común entre nuestro mensaje y los códigos químicos de la vida.

Paso 2. Traducir el código binario al código genético. Aunque los seres vivos parecen complejos a simple vista, el ADN de cada forma de vida que hay en la Tierra está compuesto por distintas combinaciones de cuatro compuestos solamente, conocidos como las *bases del ADN*. Las bases —o *nucleótidos*— del ADN constituyen el fundamento de toda vida y suelen representarse con la primera letra de sus nombres: la citosina se representa con una *C* mayúscula, la timina con una *T* mayúscula, la adenina con una *A* mayúscula y la guanina con una *G* mayúscula.

Vemos esta representación abreviada del ADN en películas de ciencia ficción como *Parque jurásico* (1993), en la que el código genético de los dinosaurios es revivido después de haber sido preservado en el ámbar (la savia endurecida) de árboles antiguos durante millones de años. Las letras iniciales de los componentes del ADN incluso configuran el título de una película de ciencia ficción y suspense de 1997 protagonizada por Ethan Hawke, Uma Thurman y Jude Law: *Gattaca*, un relato distópico sobre el uso del código genético para conseguir unos seres humanos óptimos, que tengan todos los rasgos deseables. El resultado, como puedes imaginar, no es bueno, ya que no está ahí la capacidad de la conciencia humana y la epigenética para trascender los patrones químicos heredados.

Cuando se trata de almacenar información en el ADN, una vez que los códigos binarios de información se han convertido en los códigos químicos de la vida pueden insertarse en el ADN de cualquier organismo y convertirse en parte del genoma de ese ser. No ha sido hasta fechas recientes que la ciencia moderna ha perfeccionado la capacidad de insertar y eliminar secciones de ADN con precisión.

Paso 3. Insertar el código genético en el ADN. Tras convertir el código binario al código químico, los científicos japoneses usaron una tecnología conocida como *edición génica* para insertar la información en el ADN de la bacteria *Bacillus subtilis*, que tiene forma de bastón. Esta cepa de bacteria se usa comúnmente en el terreno de la investigación porque es muy resistente frente a muchas condiciones ambientales diferentes y también por la capacidad que tiene de replicarse con rapidez; puede tardar entre veinte minutos y dos horas en hacerlo. Ello permite documentar múltiples generaciones y la información codificada en el ADN de esas generaciones en poco tiempo.

La tecnología que hace posible la edición génica se conoce coloquialmente como *CRISPR*, sigla de *clustered regularly interspaced short palindromic repeats* ('repeticiones palindrómicas cortas agrupadas y regularmente interespaciadas'). CRISPR es el equivalente de un procesador de texto para el material genético, ya que permite al usuario ver y editar el ADN en una pantalla de ordenador para conseguir el mejor resultado posible. CRISPR se utilizó por primera vez en humanos en 2016 y ya es legal en Estados Unidos; se está utilizando para desarrollar características genéticas mejoradas, como una respuesta inmunitaria fuerte contra el cáncer de pulmón de células no pequeñas.

Paso 4. Recuperar información almacenada en el ADN. Después de traducir las palabras del mensaje a código binario, convertir el código binario en código genético e insertar el mensaje en el ADN vivo de las bacterias, los científicos japoneses pudieron leer la información que habían almacenado. Solo tuvieron que revertir el proceso de la codificación para recuperar el mensaje introducido en las bacterias vivas. En otras palabras: tomaron los códigos químicos introducidos en el ADN y los convirtieron de nuevo en los códigos binarios originales, para, finalmente, ver las letras correspondientes al mensaje en la pantalla del ordenador.

El mensaje que se utilizó la primera vez para ver si el proceso funcionaba fue breve, pero contenía información histórica. Era la famosa y casi universalmente reconocida ecuación de Albert Einstein que relaciona la materia con la energía, $E = mc^2$, publicada originalmente en 1905. Los científicos recuperaron el mensaje intacto después de que las bacterias se hubieron duplicado varias veces, en el curso de varias horas.

> **VERDAD PURAMENTE HUMANA N.º 15:** En 2007 se escribió el primer mensaje en un organismo vivo y se recuperó después, lo que demostró que es posible escribir y almacenar información inteligente en el ADN y recuperarla posteriormente.

Desde que Masaru Tomita y su equipo demostraron que era posible almacenar datos en el ADN, instituciones de todo el mundo dedicadas a la investigación se han subido al carro para mejorar y seguir desarrollando las técnicas y el proceso. En 2012, por ejemplo, un equipo de científicos de la Escuela de Medicina Harvard informó en la prestigiosa revista *Nature* de que había logrado almacenar 5,27 *megabytes* de información en una molécula de ADN.[2] Para ponerlo en perspectiva, esta cifra representa más de seiscientas veces la cantidad de datos previamente almacenada en una molécula viva.

LA INFORMACIÓN SE ALMACENA MEJOR EN EL ADN QUE EN LA MEMORIA *FLASH* DE LOS ORDENADORES

El descubrimiento de que el ADN puede usarse como medio de almacenamiento es más que una simple curiosidad. Un estudio de 2021 del que informaron los Institutos Nacionales de la Salud estadounidenses (NIH) afirmaba que la molécula de ADN es, de hecho, un soporte mejor para la información que la memoria *flash* que contienen la mayoría de los ordenadores. Y no solo un poco mejor: según señala el artículo de investigación, el ADN es mil veces más denso que el almacenamiento *flash* más sofisticado disponible hoy en día.[3]

Una razón de esta densidad es la naturaleza tridimensional de la molécula de ADN. La información que contiene se almacena de forma más eficiente que cuando se escribe de izquierda a derecha (o de derecha a izquierda en algunos idiomas). Además, una vez que la información se ha insertado en el ADN de una bacteria, o de cualquier forma de vida que se use como anfitriona del almacenamiento, no se requiere energía adicional para que el almacenamiento perdure. Más allá de la energía vital utilizada para la respiración y el metabolismo, no se necesita una cantidad extra para preservar la información.

Quizá lo más importante, en relación con el tema de este libro, es que el tiempo de almacenamiento no parece tener límites. El artículo afirma que una vez que la información está almacenada en el ADN de la bacteria se convierte en parte de su plano genético, en un genoma vivo, y así seguirá siendo mientras exista el organismo que lleva el genoma.

Esta es precisamente la razón por la que estoy compartiendo esta información contigo.

> **VERDAD PURAMENTE HUMANA N.º 16:** El ADN es más eficiente como medio de almacenamiento que la memoria *flash* de los ordenadores, lo que hace que sea un muy buen candidato para contener un antiguo mensaje codificado en nuestra constitución biológica hace mucho tiempo.

¿Podría ser que en el ADN del ser humano se hubiese almacenado información también? ¿Podría ser que hace doscientos mil años, cuando el primer miembro de nuestra especie apareció en este mundo, nuestro genoma fuese modificado para almacenar en él información sobre nosotros que algún día revelaría el secreto de nuestro linaje? ¿Que revelaría nuestro potencial oculto y tal vez incluso nuestro destino?

En caso afirmativo, ¿qué significa esto para nuestra vida hoy en día?

¿ESTÁ EL SECRETO DE NUESTRO ORIGEN ALMACENADO EN NUESTRO ADN?

El descubrimiento de la doble hélice del ADN se produjo hace setenta años solamente, en 1953. En el espacio de tiempo relativamente corto transcurrido desde entonces hemos avanzado de manera asombrosa en nuestra comprensión científica del ADN. Si hemos logrado tanto en tan poco tiempo, ¿qué grado de almacenamiento de información genética estaría disponible para una civilización avanzada con cientos o miles de años, o incluso decenas de miles de años, de evolución tecnológica a sus espaldas?

Ahora que sabemos que es posible almacenar información en el ADN, debemos hacernos una pregunta obvia: ¿intervino una especie tecnológicamente avanzada en nuestra evolución, hace mucho tiempo, y aceleró nuestro avance para que nos convirtiésemos en los humanos que somos hoy? En caso de ser así, ¿dejaron esos seres algún tipo de «firma» dentro de nosotros?

La respuesta a ambas preguntas es un *sí* rotundo; lo que acabo de plantear ya no es una mera teoría. Así como los artistas firman sus obras de arte para anunciar con orgullo lo que han logrado, el cuerpo de todos nosotros contiene un mensaje que indica quién (o qué) fue responsable de nuestra existencia.

En los próximos apartados extraeremos el mensaje que fue codificado en el cuerpo humano cuando este empezó a existir. También descubriremos el significado y el poder del mensaje que tenemos incorporado en cada célula del cuerpo desde que el primer miembro de nuestra especie apareció hace diez mil generaciones.

OTRA MANERA DE VER LAS CÉLULAS

Para leer el mensaje contenido en nuestro ADN tenemos que ver las células de manera distinta. En las clases de biología de la escuela secundaria nos enseñaron que la célula es el componente básico del tejido humano. Se estima que el cuerpo humano promedio está compuesto por unos 50 billones de células y que 330.000 millones son reemplazadas cada día. Son unas cifras impresionantes, y puede ser difícil comprender lo que representan en realidad.

Para imaginar lo que es un billón de células, imagina que nos propusiésemos contarlas una por una, dedicando un segundo a cada una, por lo que deberíamos contar un billón de segundos: necesitaríamos 32.000 años para hacerlo. Está claro que nuestro cuerpo está compuesto por muchas células, y cada una de ellas tiene un núcleo que contiene nuestro ADN, dispuesto en los veintitrés pares de cromosomas característicos de nuestra especie.

Otras formas de vida están definidas por otras cantidades de cromosomas. Por ejemplo, los chimpancés albergan veinticuatro pares de cromosomas, los ratones veinte y las moscas de la fruta solo cuatro. Sin embargo, ya se trate de humanos o de moscas, el modelo básico de los cromosomas es siempre el mismo. Cada cromosoma está compuesto por largas hebras de ADN, que, a su vez, están formadas por segmentos más cortos de ADN, denominados *genes*.

Cuando pensamos en nuestras células desde el punto de vista biológico, en principio imaginamos la sustancia pegajosa y gelatinosa que constituye el interior de la célula. Es difícil imaginar cómo podríamos escribir y almacenar información en esta sustancia blanda y húmeda. Para poder visualizarlo, debemos cambiar un poco nuestra manera de pensar y situarnos en el ámbito de la tecnología de la información. Desde esta perspectiva, las células comienzan a adquirir un nuevo aspecto, y nos ofrecen posibilidades poco convencionales y emocionantes.

Por ejemplo, ¿y si cada célula del cuerpo humano funcionara como una biblioteca que contiene información? ¿Y si los cromosomas que hay en el núcleo de las células fueran en realidad «libros» dentro de esa biblioteca?

Si esta analogía tiene sentido hasta ahora, es fácil deducir lo siguiente. Dentro de cualquier libro hay material escrito, compuesto por capítulos, párrafos, oraciones y palabras. Y esta es la función de los genes: son como los capítulos, oraciones y palabras de los libros genéticos.

Claramente, esta es una forma muy diferente de pensar sobre nuestra constitución biológica.

VERDAD PURAMENTE HUMANA N.º 17: Las células humanas pueden verse desde la perspectiva de la tecnología de la información: podemos considerar que cada célula es una biblioteca, que los cromosomas son libros y que las hebras de genes son capítulos, párrafos, oraciones y palabras.

Aunque he utilizado la analogía de la biblioteca para ilustrar el concepto, lo que he expuesto es más que una metáfora: *es lo que ocurre realmente en nuestras células*. En un sentido muy literal, la constitución biológica que hace que seamos seres vivos está formada por combinaciones de códigos genéticos que pueden traducirse en palabras que tienen sentido y que pueden leerse de la misma manera en que estás leyendo las palabras de esta página ahora mismo. Ahora, la pregunta es: ¿cómo podemos leer el mensaje «escrito» en nuestras células?

El contenido que sigue ofrece la respuesta a esta pregunta. Es el resultado de diecisiete años de una investigación pionera que me exigieron mirar más allá de los límites tradicionales que han mantenido en parcelas separadas los idiomas antiguos, la ciencia moderna, la biología y la lingüística.

A continuación resumiré esta investigación para acabar revelando el mensaje contenido en nuestras células, pero ten en cuenta que la historia de este mensaje y la forma en que lo obtuve, explicada en detalle, constituyen el tema de todo un libro que publiqué en 2004 a través de Hay House, *The God Code*.*

Nota: En los próximos seis apartados de este capítulo expondré minuciosamente el proceso de traducción del mensaje químico almacenado en nuestro ADN en palabras que podemos leer igual que podemos leer las palabras contenidas en las páginas de un libro. Si quieres pasar por alto esta explicación técnica, puedes ir directamente a la verdad puramente humana número 20 (página 90), donde se revela el mensaje que nos dejó quien nos creó. Una vez expuesta esta revelación, comenzaremos a explorar qué repercusiones tiene para nosotros la existencia de este mensaje escrito en nuestro ADN.

---

* N. del T.: En español, *El código de Dios* (Grupo Editorial Tomo, 2005).

DEL ADN QUÍMICO A LAS LETRAS ESCRITAS

Anteriormente he explicado que el ADN de toda forma de vida está compuesto por cuatro bases químicas, representadas por sus iniciales, C, T, A y G. Técnicamente, se las conoce como los nucleótidos del ADN. Cada base está formada por combinaciones de los elementos hidrógeno, nitrógeno, oxígeno y carbono. Y es el número de elementos que hay en cada base del ADN, es decir, la cantidad de átomos que hay de cada uno, lo que distingue una base de otra.

Estas diferencias se muestran en la tabla que sigue.

NOMBRE DE LA BASE	ABREVIATURA	SÍMBOLO ELEMENTOS	CANTIDAD
Timina	T	Hidrógeno Nitrógeno Oxígeno Carbono	6 2 2 5
Guanina	G	Hidrógeno Nitrógeno Oxígeno Carbono	5 5 1 2
Citosina	C	Hidrógeno Nitrógeno Oxígeno Carbono	5 3 1 4
Adenina	A	Hidrógeno Nitrógeno Oxígeno Carbono	5 5 0 5

El hidrógeno, el nitrógeno, el oxígeno y el carbono se encuentran en la tabla periódica de los elementos. En la siguiente representación de esta tabla los he señalado para que se puedan localizar fácilmente.

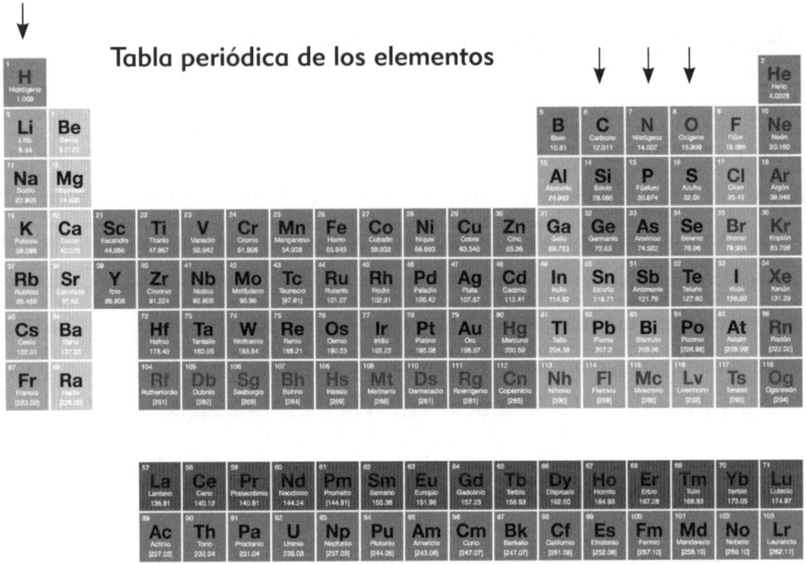

La clave para traducir los códigos químicos formados por estos elementos en letras del alfabeto es encontrar algo que tengan en común: un vínculo compartido por las letras y los elementos. Con este fin, necesitamos desdibujar los límites entre las ciencias tradicionales, como la química, la biología y la lingüística, para alcanzar una sabiduría mayor que el conocimiento que puede ofrecernos una sola disciplina.

CUANDO LAS LETRAS SE CONVIERTEN EN NÚMEROS

El estudio lingüístico de los idiomas antiguos revela que los tres alfabetos que sustentan las tradiciones espirituales de casi la mitad de la población mundial —el sánscrito, el hebreo y el árabe— están relacionados. Todos tienen su origen en un sistema gráfico común similar a la escritura jeroglífica, llamado *cuneiforme*. Curiosamente, el cuneiforme no es un alfabeto propiamente dicho compuesto por letras, como sí lo son los alfabetos hebreo, árabe y sánscrito. Es un sistema de escritura que utiliza hasta mil caracteres para representar las sílabas que forman las palabras. Lo menciono porque el mensaje contenido en nuestras células es tan universal que se puede leer incluso usando el sistema de escritura que precede a los alfabetos de los idiomas actuales.

El sánscrito es un idioma que contiene las cuarenta y nueve letras de un antiguo sistema conocido como *devanagari* y se sigue utilizando hoy en día como el medio principal para transmitir tanto las enseñanzas tradicionales hinduistas como budistas. El árabe es considerado una lengua semítica central y se habla y escribe en unos veinticinco países, Israel entre ellos. El tercer idioma, el hebreo, es considerado una lengua semítica noroccidental, y en la actualidad se habla comúnmente en Israel, así como en hogares y sinagogas judíos tradicionales de todas las partes del mundo. A continuación se muestra un ejemplo de cada sistema de escritura para que puedas apreciar el aspecto que tienen y lo diferentes que son entre sí.

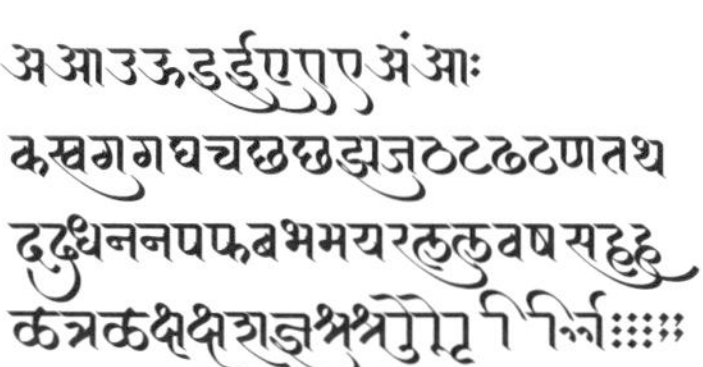

Los ejemplos de los cuatro sistemas de escritura raíz son: cuneiforme (arriba a la izquierda), sánscrito (arriba a la derecha), árabe (abajo a la izquierda) y hebreo (abajo a la derecha).

Existe un misterio en torno a estos cuatro sistemas de escritura, que los conectó en el pasado y continúa haciéndolo hoy: el hecho de que, en cada uno de los sistemas, cada carácter tiene un número asociado que se puede usar en lugar del carácter para representarlo.

> **VERDAD PURAMENTE HUMANA N.º 18:** Los caracteres del cuneiforme, el sánscrito, el árabe y el hebreo tienen equivalentes numéricos. Los caracteres y sus números asociados pueden usarse de manera intercambiable en textos escritos.

El estudio de estas relaciones entre números, caracteres y letras constituye una ciencia antigua que en las tradiciones místicas de la cábala se formalizó como el estudio de la *gematría*. Aunque todos los sistemas de escritura mencionados están relacionados y comparten las características indicadas por la gematría, hoy en día solo el hebreo, el árabe y el sánscrito siguen siendo idiomas que se hablan y se escriben. El cuneiforme del que derivan ya no se utiliza y, por esta razón, me centraré en estos idiomas, dejando de lado el sistema gráfico del que provienen todos ellos.

Como vemos en la siguiente tabla de gematría hebrea, el número correspondiente a cada letra es único y siempre es el mismo. Sin embargo, el origen de estos números ha permanecido envuelto en el misterio durante mucho tiempo.

א	Aleph	1	י	Yod	10	ק	Kof	100
ב	Bet	2	כ	Kaf	20	ר	Resh	200
ג	Gimel	3	ל	Lamed	30	ש	Shin	300
ד	Dalet	4	מ	Mem	40	ת	Tav	400
ה	He	5	נ	Nun	50	ך	Kaf (final)	500
ו	Vav	6	ס	Samekh	60	ם	Mem (final)	600
ז	Zayin	7	ע	Ayin	70	ן	Nun (final)	700
ח	Het	8	פ	Pe	80	ף	Pe (final)	800
ט	Tet	9	צ	Tsadi	90	ץ	Tsadi (final)	900

Debo aclarar que la gematría no es lo mismo que la práctica de la numerología, común en algunas comunidades de la corriente del nuevo pensamiento* en la actualidad. La gematría está vinculada a la antigua ciencia de la cábala y más concretamente a un manuscrito del siglo II atribuido al respetado rabí Eliezer ben Hyrcanus de Judea.[4] Aunque el texto original ya no existe, su contenido se menciona con frecuencia en documentos religiosos judíos y proporciona las treinta y dos reglas rabínicas a partir de las cuales interpretar la Biblia.

El *American Heritage Dictionary of the English Language* define *ciencia* como «cualquier actividad, disciplina o estudio metodológicos».[5] En otras palabras: para que pueda considerarse que algo pertenece al ámbito de la ciencia, debe ser repetible y predecible de manera sistemática. Con esta definición en mente, la aplicación de las treinta y dos reglas rabínicas al estudio de la gematría puede considerarse una modalidad de ciencia, ya que siempre se obtienen unos resultados

---

* N. del T.: El *nuevo pensamiento* es un movimiento filosófico y espiritual surgido en el siglo XIX que pone énfasis en el poder del pensamiento positivo, la conexión entre la mente y el cuerpo y la capacidad de las creencias para influir en las circunstancias de la vida.

precisos y repetibles a partir de operaciones específicas entre letras, frases y palabras.

LA GEMATRÍA REVELA SIGNIFICADOS OCULTOS

A través de la relación específica entre las letras de los alfabetos y sus equivalentes numéricos, la gematría revela relaciones ocultas y capas más profundas de significado que pueden no ser evidentes cuando solo se leen las palabras. Independientemente de cualquier significado que el idioma, la cultura o la sociedad hayan asignado a palabras particulares, las relaciones que revelan los números expresan directamente el verdadero significado natural y místico de las letras que componen dichas palabras.

Un ejemplo de estas relaciones puede verse en la gematría aplicada a las palabras *cielo* y *alma*. Casi en todas partes se cree que el alma es la parte de nosotros que regresa a su lugar de origen después de que el cuerpo ha muerto y que continúa viviendo en el ámbito que conocemos como *cielo*. En general se considera que esta relación no puede ser probada realmente y que solo está implícita en los escritos y creencias religiosos y espirituales. Sin embargo, el vínculo directo entre el cielo y el alma aparece expresado numéricamente. El siguiente análisis, basado en el trabajo del rabino Benjamin Blech, uno de los grandes eruditos del hebreo de nuestro tiempo, ofrece claridad y, para algunas personas, un consuelo necesario en cuanto a la misteriosa relación existente entre el ámbito del cielo y el alma humana.[6]

A diferencia del inglés y el español, idiomas en los que vemos que las palabras están compuestas por vocales y consonantes, el hebreo tradicional escrito solo incluye consonantes. Las vocales pueden estar implícitas y pueden señalarse mediante marcas especiales que acompañan a las letras, pero la escritura bíblica en hebreo las omite. Con esto en mente, la palabra hebrea que corresponde a *alma* es *NeShaMaH*, que se escribe sin las vocales: NShMH (transliterado). Al asignar los códigos numéricos de la gematría, expuestos en el apartado anterior, a estas letras, obtenemos los siguientes valores para las letras N, Sh, M y H:

Letra hebrea	N	Sh	M	H
Gematría	50	300	40	5

Las reglas de la gematría nos permiten sumar estos números para obtener un significado más profundo y compararlo con el de otras palabras. Cuando sumamos los valores de las letras que integran la palabra *NShMH*, obtenemos el número 395.

Letra hebrea	N	Sh	M	H	Suma
Gematría	50	300	40	5	395

Desde la perspectiva de la gematría, el número 395 y la palabra *alma* son intercambiables. Esta representación numérica de *alma* nos permite explorar una relación más profunda que no se aprecia de entrada en la forma escrita del vocablo.

La palabra *cielo* está relacionada con el 395 de *alma*. Para verlo, tenemos que seguir el mismo proceso de asignar valores numéricos a las letras que componen este término. En hebreo, *cielo* suena así: *Ha-ShaMaYiM*. Pero solo se escriben las consonantes, que tienen los valores numéricos que se indican a continuación:

Letra hebrea	N	Sh	M	H	M
Gematría	50	300	40	20	40

Al representar cada letra con su valor numérico, descubrimos una relación directa y quizá sorprendente entre las palabras *cielo* y *alma*. La suma de los valores numéricos correspondientes a *cielo* da como resultado el número 395, ¡exactamente el mismo que corresponde a la palabra *alma*! El valor numérico de ambas voces es idéntico.

Letra hebrea	N	Sh	M	Y	M	Suma
Gematría	5	300	40	10	40	395

Una de las reglas de la ciencia de la gematría establece que dos palabras relacionadas en el aspecto numérico también lo están en cuanto al significado. Esto implica que, al ser ambas palabras como una sola, el vasto ámbito del cielo representa algo que está vivo dentro de nosotros y que, a la vez, nosotros somos más que el cuerpo físico y estamos íntimamente entrelazados con el ámbito celestial.

En el relato bíblico sobre nuestro origen, «Dios creó el cielo y la tierra» como dos ámbitos de experiencia distintos pero relacionados. Otros textos místicos, como la antigua Hagadá, que contiene escritos cabalísticos, y el Talmud temprano, presentan a la humanidad como un puente entre el alma y el cielo, al afirmar que «[la humanidad] une en sí misma tanto cualidades celestiales como terrenales…».[7]

Es a través de nuestra existencia que las cualidades de estos dos ámbitos se fusionan en una sola expresión. Al final de nuestra vida, el cielo y la tierra que se han unido en nuestro cuerpo regresan a sus respectivas moradas. Nuestro cuerpo vuelve a formar parte del polvo de la tierra, mientras que nuestra alma y el cielo ya son uno. Esta perspectiva de la vida y la muerte da una idea clara de por qué la experiencia de la muerte no significa el final de nuestra existencia. El código numérico oculto nos asegura que así es.

LOS MISTERIOSOS NÚMEROS DE LA NATURALEZA

Las reglas de la gematría también nos permiten sumar los números representativos de las letras para reducirlos a números dígitos (del 1 al 9). Este proceso de reducción revela significados aún más profundos, ya que los números más simples están más próximos a la naturaleza y a los sistemas de esta. Existen varias denominaciones para este proceso, según la tradición en la que se inscriba, como *adición pitagórica*, *reducción cabalística* y, en términos más modernos, *paridad decimal*.

Las tradiciones místicas actuales, la de los francmasones entre ellas, aplican esta modalidad de matemática espiritual para obtener significados profundos sobre la vida, la familia y los sucesos del mundo. Peter Taylor, que fue gran maestro de una logia masónica, expone el significado de los números 1 a 9 teniendo en cuenta lo que significaban en las tradiciones griega y egipcia, y en el ámbito de la jerarquía angélica cristiana: «Estos nueve dioses/ángeles eran principios arquetípicos que regulaban y gobernaban el cosmos a través de las leyes numéricas».[8]

En el caso del número 395, que representa las palabras *cielo* y *alma*, la reducción da lugar al número dígito 8, que es uno de los números naturales que van del 1 al 9, los cuales, como se acaba de enunciar, representan ciertos principios arquetípicos. (La operación sería $3 + 9 + 5 = 17$ y $1 + 7 = 8$). El número reducido sigue mostrando que ambas palabras tienen el mismo valor y que, por lo tanto, tienen un significado equivalente.

Si bien no es necesario reducir los valores de los números correspondientes a palabras superiores a 10, esto se hace en algunas circunstancias para explorar relaciones más profundas entre vocablos. Lo veremos en la práctica en los apartados siguientes, cuando apliquemos las reglas de la gematría a la tabla periódica de los elementos y al mensaje codificado en nuestras células.

Con las ideas de la gematría y las treinta y dos reglas rabínicas en mente, al aplicar estos principios al mensaje codificado en nuestro ADN descubrimos que es posible convertir los elementos del ADN en las letras de los alfabetos antiguos relacionados entre sí. Para mayor claridad, es importante señalar que los elementos del ADN se traducen como las mismas palabras, con el mismo significado exacto, en cada uno de los alfabetos relacionados, así como en la escritura raíz de la que todos provienen. El mensaje es literalmente el mismo en la escritura cuneiforme y en los idiomas sánscrito, árabe y hebreo.

Este hecho no debe resultar sorprendente. No tendría sentido limitar el poderoso y unificador mensaje sobre el origen de la humanidad a un solo idioma, a un solo texto religioso o a personas de una sola etnia. Es lógico que el mensaje se encuentre en estos cuatro lenguajes originarios.

Dado que el hebreo es la base de los textos abrahámicos, y esos textos constituyen la base del islam, el cristianismo y el judaísmo —las religiones practicadas por dos tercios de la población mundial—, para los propósitos de este libro traduciremos el antiguo código del ADN desde la perspectiva del alfabeto hebreo.

EL VÍNCULO ENTRE LETRAS Y NÚMEROS

En un apartado anterior vimos que las cuatro bases nucleotídicas del ADN están compuestas por hidrógeno, nitrógeno, oxígeno y carbono, elementos que encontramos en la tabla periódica (página 78). Aunque cada uno de estos cuatro elementos tiene unas propiedades únicas, podemos representarlos de muchas maneras diferentes usando tanto palabras como números. Cuando los identificamos usando palabras, por ejemplo, utilizamos el nombre que tienen en cualquier idioma que hablemos. En inglés, estos nombres son *hydrogen* (hidrógeno), *nitrogen* (nitrógeno), *oxygen* (oxígeno) y *carbon* (carbono).

Sin embargo, cuando los representamos usando números, el proceso no es tan simple. Existen muchos números que representan diferentes propiedades, como el número atómico, la masa atómica, el punto de fusión, la valencia, etc., que podríamos usar para representar cada elemento.

En la época en la que investigué esta cuestión, los ordenadores personales estaban poco extendidos todavía, Internet estaba en su infancia y supuso una operación manual tediosa explorar cada una de las propiedades vinculadas a los elementos en busca de un único número que pudiera representar la gematría de las letras de los alfabetos antiguos. Esta investigación reveló que solo hay un número que vincule los elementos de nuestro ADN con la gematría de las palabras escritas en alfabetos antiguos. Ese número representa la propiedad conocida como *masa atómica*.

La *masa* es un concepto interesante que representa cuánto espacio ocupa algo (y no cuánto pesa físicamente). Tiene perfecto sentido que la masa atómica sea el denominador común entre los elementos y el ADN, dado que el concepto de masa se encuentra en el núcleo del mensaje que reside en nuestro cuerpo. La masa define cómo existimos en el espacio que ocupamos mientras vivimos en un mundo físico.

Ahora que sabemos que la masa atómica es la clave para descodificar el mensaje contenido en nuestras células, podemos hacer una tabla que muestre la correlación existente entre los elementos de las bases del ADN y los números que representan las letras del alfabeto hebreo.

VERDAD PURAMENTE HUMANA N.º 19: Los números que representan la masa atómica de cada uno de los cuatro elementos que componen las bases de nuestro ADN pueden sumarse para obtener números que conformen diversas palabras escritas en los antiguos idiomas raíz.

En la tabla que sigue vemos la disposición numérica que vincula letras del alfabeto hebreo con los cuatro elementos. Ten en cuenta que estas correlaciones serían las mismas en los otros alfabetos raíz: el cuneiforme, el sánscrito y el árabe.

ELEMENTO DEL ADN	MASA ATÓMICA REDUCIDA	GEMATRÍA REDUCIDA	LETRA DEL ALFABETO HEBREO CORRESPONDIENTE
H	1	1	Y
N	5	5	H
O	6	6	V
C	3	3	G

Usando esta tabla podemos reemplazar los elementos del ADN por las letras de los alfabetos. Y cuando lo hacemos, algo asombroso, hermoso y sagrado se despliega ante nuestros ojos.

EL MENSAJE CONTENIDO EN NUESTRO ADN TRADUCIDO

¿Qué sucede si sustituimos un elemento de las bases del ADN (C, T, A o G) por la letra equivalente del alfabeto hebreo? Los gráficos que siguen muestran la gematría de la base del ADN citosina antes y después de la traducción.

La base del ADN citosina antes de la traducción

Nombre de la base de ADN:	Citosina			
Elementos:	H	N	O	C
Cantidad de átomos:	5	3	1	4
	H	N	O	C
	H	N		C
	H	N		C
	H			C
	H			

La base del ADN citosina después de la traducción

Nombre de la base de ADN:	Citosina			
Elementos:	H	N	O	C
Cantidad de átomos:	5	3	1	4
	Y	H	V	G
	Y	H		G
	Y	H		G
	Y			G
	Y			

Enseguida salta a la vista el poder del mensaje mostrado por la traducción. La información codificada en nuestro ADN parece haber sido dispuesta en capas, al igual que los capítulos de un libro se despliegan de manera secuencial. El mensaje que estamos descodificando en este proceso equivale a la introducción (la primera capa de código) del libro del ADN de nuestras células. En la tabla de la traducción vemos que las letras destacadas del mensaje son *YH VG*. Corresponden a dos palabras, representadas como consonantes solamente, que significan lo siguiente:

YH se traduce como 'Dios/eterno'
VG se traduce como 'dentro del cuerpo'

Con una claridad nada habitual cuando se trata de explorar los inicios de la humanidad, el mensaje traducido no deja ninguna duda sobre nuestra procedencia. Más allá de metáforas o especulaciones, el ADN gracias al cual tenemos un cuerpo y una vida nos está diciendo literalmente que nosotros, los humanos, somos Dios/eterno dentro del cuerpo.

El mensaje es conciso. No nos dice quién o qué es Dios. No nos dice de dónde viene Dios. Así como la firma de Vincent van Gogh en su famosa pintura *La noche estrellada* no nos dice nada sobre dónde vivió o cuáles eran sus creencias cuando creó esta obra maestra, la «firma» incrustada en las hebras de nuestro ADN solo está ahí como un reconocimiento por parte de quien diseñó nuestro genoma: *YH*, el nombre personal de Dios tal como está escrito en los registros más antiguos de los rollos del mar Muerto, el Antiguo Testamento y la Torá, y 'dentro del cuerpo', en referencia al lugar en el que se encuentra el trabajo del diseñador.

Nuestras tradiciones espirituales nos han pedido resolver el misterio de nuestro origen a través de las historias transmitidas de padre a hijo, de madre a hija, de generación a generación, pero la evidencia directa que respalda estas historias ha requerido un acto de fe. Hasta ahora.

> **VERDAD PURAMENTE HUMANA N.º 20:** Cuando sustituimos las letras por sus equivalentes numéricos a partir de la masa atómica de nuestro ADN, la primera capa del código contenido en cada célula de nuestro cuerpo dice lo siguiente: «Dios/eterno dentro del cuerpo».

Cuando aplicamos el mismo proceso de convertir la masa atómica de los elementos que componen nuestro ADN en las letras de los alfabetos antiguos en el caso de las bases genéticas restantes, obtenemos el mismo mensaje, expresado en distintos grados, codificado en cada una de las bases del ADN que dan lugar a la vida, como puede apreciarse en la tabla que sigue.

1.A CAPA DE LAS BASES DEL ADN TRADUCIDA				
Nombre de la base del ADN	Citosina	Guanina	Timina	Adenina
Nombre de los elementos	HNOC	HNOC	HNOC	HNOC
Cantidad de átomos de cada elemento	5314	5515	6225	5505
	YHVG	YHVG	YHVG	YH G
	YH G	YH G	YHVG	YH G
	YH G	YH G	Y G	YH G
	Y G	YH G	Y G	YH G
	Y G	YH G	Y G	YH G

La traducción de los elementos que constituyen el código de la vida en las cuatro bases del ADN a las letras del alfabeto hebreo revela que el cuerpo humano está hecho, literalmente, de varias combinaciones del antiguo nombre de Dios, YH. En la citosina, por ejemplo, leemos «Dios/eterno dentro del cuerpo; Dios/eterno; Dios/eterno». En la guanina leemos «Dios/eterno dentro del cuerpo; Dios/eterno; Dios/eterno; Dios/eterno; Dios/eterno». Y así podríamos seguir con la traducción de la inicial del nombre, en inglés o en español, de los elementos de los que están hechos las bases nucleotídicas timina y adenina.

¿PODRÍA EXPLICARLO EL AZAR?

Una de las primeras preguntas que surgen frente al resultado del proceso es si cabe la posibilidad de que no sea más que el fruto de una combinación afortunada. ¿Cuáles son las probabilidades de que el mensaje sea producto del azar?

Esta es una buena pregunta, y yo mismo me la hice al principio del proceso, cuando el mensaje apareció en la página de mi bloc de notas a altas horas de la noche de resultas de los cálculos que había efectuado manualmente.

Un amigo mío especialista en estadística no tardó en responder la pregunta. Las probabilidades de que se conformasen aleatoriamente las cuatro letras de dos palabras significativas (YH VG) a partir de las 22 letras del alfabeto hebreo son del 0,00042 por ciento, o de una entre 234.256. Si bien esta probabilidad no es astronómicamente pequeña, como cuando es de una entre un billón, sí es indicativa de que el mensaje que llevamos en el ADN no puede encontrarse ahí por casualidad. En otras palabras: su presencia obedece a una intención.

> **VERDAD PURAMENTE HUMANA N.º 21:** La probabilidad estadística de que el mensaje «Dios/eterno dentro del cuerpo» se hubiese configurado dentro de nuestro ADN por casualidad es del 0,00042 %, lo cual es indicativo de que la probabilidad de que llevemos un mensaje tan relevante excede cualquier posibilidad atribuible al azar.

Cuando tomamos en consideración el significado de las dos palabras formadas (Dios/eterno dentro del cuerpo) vemos de inmediato que hay una intención subyacente a la presencia del propio mensaje. Y el hecho de que haya un significado y una intención quiere decir que hay un propósito. ¿Cuál podría ser el propósito de dejar un mensaje en los componentes fundamentales de nuestra vida y de hacerlo de tal manera que solo pudiésemos leerlo cuando nuestra tecnología hubiera avanzado lo suficiente? Quizá se trataba de esto precisamente.

UN MENSAJE PARA NOSOTROS HOY

Tal vez quien fuera o lo que fuera responsable de nuestra existencia codificó el mensaje en nuestras células para este momento de nuestra historia justamente. Solo ahora, cuando tenemos ordenadores avanzados, podemos mapear el genoma humano. Solo ahora podemos codificar información en las células de un organismo vivo y recuperarla. Solo ahora, cuando tenemos la tecnología CRISPR, podemos editar el ADN y cambiar características biológicas de un embrión cuando aún se encuentra en el útero de su madre. Y solo ahora, cuando el mundo está al borde de la guerra y la destrucción generalizada, hemos hackeado el código de la vida y desatado el poder del átomo, con posibilidades de uso tanto constructivas como destructivas.

Es más que una simple coincidencia que solo ahora, con la convergencia de estos factores clave y otros, podamos descubrir un mensaje tan universal que trasciende cualquier diferencia que pudiéramos esgrimir para dividirnos.

Sea cual sea el color de nuestra piel, independientemente de cuál sea la religión que profesemos y más allá de las diferencias que podamos presentar en cuanto a nuestras preferencias sexuales, en cuanto a los pronombres que prefiramos usar para referirnos a nosotros mismos y en cuanto al género con el que nos identifiquemos, el mensaje es exactamente el mismo para cada niña, niño, mujer y hombre que esté en el mundo hoy, o que estará aquí en el futuro.

Cuando nos encontramos inundados por los sesgos de los medios de comunicación y el ámbito político que intentan convencernos de que somos irremediablemente defectuosos, no necesitamos buscar más allá de los cincuenta billones de células de nuestro propio cuerpo para recordarnos quiénes somos. Somos Dios/eterno dentro del cuerpo.

La tecnología transhumanista que nos están imponiendo grupos poderosos de nuestra sociedad amenaza con alterar nuestra esencia genética y, con ello, con cambiar para siempre el mensaje sagrado que se nos dejó hace mucho tiempo.

EL CUERPO HUMANO NATURAL ES UN TEMPLO

El mensaje contenido en nuestro ADN solo puede conservarse íntegro si somos puramente humanos, es decir, si no albergamos materiales sintéticos, sustancias químicas y alteraciones genéticas debidas a la edición génica que hayan alterado nuestro genoma natural. Cuando nos entregamos a la tecnología, además de destruir la antena biológica que nos conecta con nuestra divinidad, también estamos alterando y borrando el antiguo mensaje relativo a nuestra identidad que fue inscrito en nosotros hace mucho tiempo.

Algunos de los escritos más valorados de las religiones del mundo nos recuerdan que nuestro cuerpo es un «templo» y que dentro de nuestro templo fisiológico llevamos algo sagrado y enormemente valioso. Por ejemplo, cuando dejando de lado el aspecto religioso nos permitimos examinar la Biblia cristiana como un documento histórico, nos encontramos con este recordatorio por parte del apóstol Pablo: «¿No sabéis que sois el *templo* de Dios y que el Espíritu de Dios habita en vosotros?» (1 Corintios 3, 16; la cursiva es mía).[9] Más adelante, en el mismo libro, Pablo no deja ninguna duda sobre el significado de su declaración: «¿No sabéis que vuestro cuerpo es el *templo* del Espíritu Santo que está en vosotros?» (1 Corintios 6, 19; la cursiva es mía).[10]

Si bien muchas personas hablan en sentido metafórico de que el cuerpo es un templo, la revelación de un mensaje directo codificado en nuestro ADN da un nuevo significado a la idea de que el cuerpo humano es un recipiente sagrado. De hecho, somos templos biológicos. Dentro del recipiente sagrado que es nuestro cuerpo hay unos espacios particularmente sagrados: el núcleo de cada célula. Cada núcleo alberga una biblioteca sagrada, la biblioteca del ADN, que contiene información vital, más el secreto de nuestra identidad.

En 1991, unos científicos publicaron los documentos que reconocían que la fusión de nuestro ADN y las mutaciones subsiguientes, como la aparición del cromosoma 2, presentan unas características que no pueden ser obra de la naturaleza. Según estos científicos, la fusión que nos otorga nuestra humanidad no pudo producirse en condiciones naturales. El cromosoma 2 es solo un ejemplo de las mutaciones gracias a las cuales tenemos nuestras cualidades humanas.

Estas mutaciones son el resultado de un acto intencionado, y este es el descubrimiento que hace que el mensaje que albergan nuestras células sea tan potente. Somos recipientes andantes de biología e ingeniería avanzadas que estamos muy cerca de renunciar a los mismísimos dones que valoramos en nuestra especie. Quizá la máxima expresión de nuestra maestría consista en respetar y proteger el recipiente que lleva el mensaje de nuestra identidad, es decir, en honrar el regalo de nuestra pureza humana.

¿CUÁL ES TU SENTIR ACERCA DEL MENSAJE QUE ESTÁ DENTRO DE TI?

Ahora que ya conoces el mensaje codificado en el ADN de tu existencia, no puedes ignorarlo. Si has leído las palabras del mensaje impresas en las páginas de este libro, ahora esas palabras están grabadas en tu conciencia. Si has oído el mensaje mientras escuchabas la versión en audio de este libro, el sonido de esas palabras ya es parte de lo que sabes.

Una vez que eres consciente del mensaje, ya no puedes pulsar el botón de rebobinado y regresar al momento previo a leerlo o escucharlo. Y una vez que conoces el secreto de tu pasado, del origen de nuestra especie y del potencial que albergas en tu interior, tiene que suceder una de dos cosas:

- o bien que rechaces totalmente el mensaje y finjas que no lo has encontrado,
- o bien que reajustes tus creencias y tu estilo de vida para dar cabida a lo que el mensaje significa para ti.

Veamos estas dos posibilidades por separado.

RECHAZAR EL MENSAJE

Puedes elegir no creer lo que se te ha mostrado. Tal vez te parezca demasiado extravagante. Acaso intentes invalidar lo que has leído pidiéndole a un sistema de inteligencia artificial, como Gemini o ChatGPT, que confirme el mensaje. (No podrá hacerlo, porque las respuestas de la IA se basan en información existente que pasa por el filtro de directrices comunitarias y de medios que solo reconocen la información comúnmente aceptada). O acaso les preguntes a tus amigos y familiares si alguna vez han oído hablar de esto. Las implicaciones de tener el antiguo nombre de Dios codificado en cada célula de tu cuerpo podrían resultarte tan abrumadoras que superen tu capacidad de asimilación actual.

De la misma manera que tendemos a no admitir las malas noticias que nos llegan inesperadamente, puede ser que te limites a pasar a la siguiente página del libro, o que lo cierres y lo coloques en una estantería junto a tus otros libros de autoayuda que también han intentado transmitirte la profunda verdad de tu poder interior. Todas estas reacciones son perfectamente normales y naturales. Obedecen a lo que en términos psicológicos se conoce como *sesgo de normalidad*.

El sesgo de normalidad consiste en que intentamos minimizar el impacto de algo que amenaza el sistema de creencias que hemos creado para encontrar sentido al mundo y a nuestra vida. Es un mecanismo de defensa saludable que mitiga el impacto de la información inquietante y perturbadora o de las situaciones de peligro.

Sin embargo, el alivio que proporciona el sesgo de normalidad suele ser temporal, ya que la realidad de lo que está sucediendo en nuestra vida no cambia; solo cambia la forma en que nos sentimos acerca de lo que está sucediendo. Cuando algo es verdadero, aparecerá en muchos lugares y de muchas maneras.

En algún momento, el hecho de que un mensaje intencionado está codificado en la esencia de tu existencia se manifestará en tu vida.

Cuando ocurra esto, deberás tomar la decisión de aceptar o negar las implicaciones del mensaje.

ACEPTAR EL MENSAJE

Para muchas personas, «Dios/eterno dentro del cuerpo» es un mensaje que reciben con gozo y agrado, pues confirma lo que siempre habían sospechado. El hecho de conocer el proceso de obtención del mensaje a partir de las correlaciones existentes entre números y letras solo ayuda al hemisferio izquierdo de su cerebro a aceptar lo que su hemisferio derecho y su corazón siempre han sabido que es cierto.

Una vez aceptado el mensaje, la pregunta a responder es: «¿Qué impacto va a tener en tu vida?». ¿Qué será diferente en cuanto a tu forma de vivir la vida, de resolver tus problemas, de responder a los desafíos y de sanar tu cuerpo una vez que sabes que eres «Dios/eterno dentro del cuerpo»?

Cuando hago esta pregunta al público en los seminarios en vivo, aunque las respuestas son variadas, todas son del mismo estilo. Casi todos los participantes mencionan tres sensaciones o sentimientos:

- **Una sensación de empoderamiento y posibilidad.** Una de las primeras cosas que me dicen es que ahora tienen una razón para pensar de manera diferente sobre sí mismos. Tienen algo tangible a lo que pueden vincular su sentimiento de que tienen un potencial que no están materializando.
- **Un sentimiento de sacralidad en lo que respecta a su propio cuerpo.** El hecho de saber que una inteligencia superior (comoquiera que la conciban) dejó un mensaje codificado en la base misma de su cuerpo les proporciona una razón para cuidarse mejor.
- **Un deseo de defender la integridad de su cuerpo.** Ahora tienen un motivo potente para evaluar cuidadosamente cómo lo tratan: qué sustancias introducen en él, qué le hacen y qué

le ponen encima. Ahora tienen una razón para cuestionar si las alteraciones o las sustancias que están tomando en consideración son respetuosas y coherentes con el mensaje contenido en sus células y el don que es su propia vida.

Estos tres sentimientos o sensaciones son mensajes, unos mensajes que, por desgracia, no están presentes en los sistemas de educación pública ni en las políticas relativas a la salud. El conocimiento de que somos Dios/eterno dentro del cuerpo nos recuerda que, aunque sin duda alguna estamos *en* este mundo, no somos *de* este mundo.

VERDAD PURAMENTE HUMANA N.º 22: Cuando nos desanimamos, nos distraemos o nos decepcionamos, o si hemos olvidado quiénes somos, no necesitamos buscar más allá de los cincuenta billones de células de nuestro organismo para recordar que somos literalmente Dios/eterno dentro del cuerpo.

Quizá el mayor grado de maestría que podemos alcanzar en relación con nosotros mismos es el descubrimiento de cómo cuidar, proteger y preservar de la mejor manera posible el recipiente que alberga el antiguo mensaje relativo a nuestro extraordinario origen.

CAPÍTULO 3

Transhumanismo

Cortar el vínculo entre lo humano y lo divino

La tecnología es un sirviente útil, pero un amo peligroso.

—Christian Louis Lange (1869-1938),
historiador y científico político noruego

En mi etapa de estudiante, entre los años cincuenta y principios de los setenta, me inculcaron que el cuerpo humano es una modalidad de vida imperfecta. Los profesores de ciencias de la escuela secundaria enseñaban que desde el momento en que respiramos por primera vez somos una forma de vida débil, vulnerable e impotente en gran medida, tanto en lo que respecta a nuestra relación con el mundo que nos rodea como en lo relativo a la relación que mantenemos con nuestro mundo interno.

Según esta concepción, debido a nuestras imperfecciones no somos capaces de afrontar los desafíos de la vida usando nuestras capacidades naturales de manera saludable. La conclusión derivada de esta forma de pensar era que necesitamos un salvador, algo externo a nosotros que pueda compensar nuestras carencias.

Tal vez no por casualidad, en la época en que estas ideas gozaban de popularidad el mundo se encontraba en medio de una revolución tecnológica que reforzaba esta mentalidad de víctima. Grandes avances científicos y tecnológicos acababan de hacer posible que los primeros humanos aterrizaran en la luna, que se descubriera la estructura de doble hélice del ADN y que se crearan los circuitos miniaturizados que permitieron reducir en gran medida el tamaño de los ordenadores: si antes un ordenador ocupaba una habitación entera, ahora cabía perfectamente sobre un escritorio.

La magnitud de estos avances condujo a la idea de que el ritmo de los descubrimientos científicos era imparable. En consonancia con ello, también se creía que la tecnología llegaría a resolver los problemas del mundo, y los de nuestra vida, para siempre. ¡Ella sería nuestro salvador!

UNA NUEVA ÉPOCA, LA MISMA FORMA DE PENSAR

Han pasado décadas desde mis experiencias en la escuela, y aunque vivimos en una época distinta, la forma de pensar en cuanto al papel de la tecnología en nuestra vida no ha cambiado mucho. En las escuelas públicas de hoy, aún enseñamos a nuestros hijos que son el resultado de mutaciones aleatorias y de un proceso biológico afortunado, teoría que se sigue promoviendo a pesar de que las pruebas ya no la respaldan. Además, les hacen creer a nuestros niños que sus capacidades meramente humanas no están a la altura de los microprocesadores y la inteligencia artificial avanzada, y que siempre serán víctimas indefensas de un mundo cruel y aterrador.

Debido a estas circunstancias aparentemente injustas, también se induce a creer a nuestros jóvenes que su futuro y su «salvación» dependen de los ordenadores y de una inteligencia artificial que pueden compensar las disparidades de la vida y «corregir» las deficiencias de sus vulnerabilidades humanas. Este es el tipo de pensamiento que nos ha llevado a la peligrosa encrucijada en la que nos encontramos hoy.

Los desarrollos tecnológicos en los campos de los nanocircuitos miniaturizados, la inteligencia artificial, la edición génica y las plataformas de vacunas de ARNm han convergido en un vasto movimiento social que promueve el reemplazo generalizado de nuestros componentes biológicos naturales por órganos, tejidos y sustitutos artificiales. Se pretende que componentes sintéticos reemplacen nuestros sistemas corporales, aun cuando estos ya están ajustados con mucha precisión.

Si bien la idea general de utilizar sustitutos y dispositivos artificiales para mejorar el cuerpo humano no es nueva, especialmente cuando se trata de reemplazar miembros u órganos dañados, son los avances recientes en los ámbitos de la inteligencia sintética, la nanotecnología y las interfaces humano-digitales los que han permitido que esta idea se exprese de formas que eran impensables hace apenas unos pocos años.

¿Quién habría pensado, por ejemplo, que la Administración de Alimentos y Medicamentos de EE. UU. (FDA, por sus siglas en inglés) aprobaría la implantación de microchips en nuestro cerebro para que podamos comunicarnos de forma inalámbrica con nuestros iPads, teléfonos inteligentes y discos duros de ordenador? ¿O que un fragmento de ADN diseñado genéticamente, llamado ARN mensajero (ARNm), sería introducido —incluso de forma obligatoria— en millones de cuerpos humanos de todo el mundo para programar su sistema inmunitario para prevenir la infección provocada por un virus específico? Sin embargo, estos eventos han tenido lugar recientemente. Y no son casos aislados.

Existe una campaña de *marketing* explícita destinada a normalizar la aceptación de los microchips y de identificación por radiofrecuencia (chips RFID) en el interior del cuerpo específicamente, y la integración de tecnología alteradora de la vida en el cuerpo humano en general. Esta campaña es parte de un movimiento más amplio comúnmente conocido como *movimiento transhumanista*, o simplemente como *transhumanismo*.

Como veremos en los próximos apartados, el peligro que tiene adoptar un enfoque transhumanista hacia el propio cuerpo es que nos coloca directamente en un camino que no es evolutivo en realidad, sino que conduce a la pérdida de nuestra humanidad y de los rasgos y cualidades humanos que más valoramos.

EL TRANSHUMANISMO

El prefijo latino *trans-* significa 'más allá'. Se deduce, entonces, que el término *transhumano* designa algo que está más allá de un ser humano natural: una forma de vida poshumana. El transhumanismo, como filosofía, considera la vida basada en el carbono en general, y la vida humana en particular, intrínsecamente defectuosa.

Entre los atributos que se consideran «defectos» están nuestra capacidad avanzada para experimentar emociones, que a veces pueden ser «complicadas» y pueden entorpecer nuestra toma de decisiones; nuestra necesidad de intimidad física —de sexo— para traer nueva vida al mundo, junto con los resultados imprecisos e inciertos que siguen al nacimiento; la creencia de que nuestra inteligencia es inferior a la inteligencia programada y artificial; nuestra vulnerabilidad frente a las enfermedades, la vejez (que muchos consideran una enfermedad universal) y, en última instancia, frente a la muerte misma. El pensamiento transhumanista típico ve que todo esto nos mantiene en una situación de vulnerabilidad, por lo que necesitamos que la tecnología «arregle» nuestros defectos y nos salve de nuestro sufrimiento.

> **VERDAD PURAMENTE HUMANA N.º 23:** El transhumanismo es una filosofía que aboga por incorporar la inteligencia artificial, microchips y sensores electrónicos en el cuerpo humano para «corregir» los defectos que presentan nuestras funciones biológicas naturales.

El autor y periodista irlandés Mark O'Connell resume así el razonamiento que se hace desde el transhumanismo:

> [Los transhumanistas] creen que podemos y debemos erradicar el envejecimiento como causa de muerte; que podemos y debemos usar la tecnología para mejorar nuestro cuerpo y nuestra mente; que podemos y debemos fusionarnos con las máquinas, para terminar por rehacernos a imagen de nuestros propios ideales superiores.[1]

El rápido avance de tecnologías extraordinarias que nunca antes habían estado a nuestra disposición, como la edición génica y las plataformas de ARNm, está impulsando tanto el relato de que necesitamos estas tecnologías como las políticas que deben permitir que se incorporen a nuestros cuerpos a gran escala.

EL TRANSHUMANISMO EN CIERNES NO ES COMO EL DE LA ÉPOCA DE TUS PADRES

La mentalidad transhumanista no es nueva.

Durante siglos, los seres humanos hemos pensado en formas de imitar las capacidades que observamos en otras formas de vida para mejorar y potenciar nuestras propias capacidades naturales. Los guerreros romanos, por ejemplo, copiaron la piel gruesa y protectora de los elefantes salvajes al cubrirse con cuero grueso y tiras superpuestas de hierro forjado para protegerse en las batallas. El ingeniero del siglo IX Abbas ibn Firnas construyó alas artificiales de bambú ligero y seda para imitar las alas que permiten volar a las aves silvestres. Y aunque logró volar con sus máquinas hasta diez minutos cada vez, un desafortunado error de cálculo en el diseño del tren de aterrizaje del vehículo resultó en lesiones graves que pusieron fin a sus días de vuelo.

En tiempos más recientes, el uso de prótesis de madera para reemplazar extremidades perdidas y dientes de madera para sustituir las piezas perdidas por enfermedad o en combate son ejemplos de intentos de mejorar artificialmente el cuerpo humano. Menciono esto para ilustrar el hecho de que la filosofía básica del transhumanismo no es nueva. Lo que sí es nuevo es la tecnología que nos permite llevar el pensamiento transhumanista a niveles nunca vistos. En el nuevo paradigma del transhumanismo se trata de cambiar lo que somos, mientras que antes solo se trataba de mejorar lo que podíamos hacer.

A principios del siglo xx, varios académicos, científicos y filósofos establecieron los principios que llevaron a la formalización de la filosofía transhumanista. En un ensayo publicado en 1923 cuyo título era, traducido, «Dédalo o La ciencia y el futuro», el genetista pionero J. B. S. Haldane reconoció que la incipiente era de la tecnología catapultaría a la humanidad más allá de las limitaciones que presentan nuestras capacidades naturales. También previó que los intentos de alterar nuestra biología probablemente serían recibidos con resistencia, ya que muchas personas los percibirían como innovaciones «indecentes y antinaturales».[2] La capacidad que tenemos actualmente de personalizar los genes de embriones humanos vivos ofrece un ejemplo perfecto de lo que Haldane quiso decir.

En 2018, la revista científica *Nature* anunció un uso de la tecnología de edición génica que tomó por sorpresa a la comunidad científica y desconcertó a las sociedades de todo el mundo. Aunque se están editando genes con fines experimentales desde 1985, y el avanzado editor génico conocido como CRISPR fue introducido en 2006, hasta el momento del anuncio de *Nature* la edición génica había estado limitada a la investigación centrada en animales de laboratorio.

El artículo aparecido en la revista científica alertó al mundo sobre un cambio de paradigma respecto al uso de la edición génica para moldear la vida humana a voluntad. El título del artículo lo dice todo: «La afirmación de que se ha editado el genoma de bebés provoca indignación internacional».[3] Este título también destaca la controversia que rodea a la filosofía transhumanista: ¿tenemos o no los seres humanos el derecho de modificar y «mejorar» la naturaleza y el proceso natural de la vida humana?

LA EDICIÓN DE LA VIDA HUMANA

El artículo de *Nature* hablaba del nacimiento de los primeros bebés humanos genéticamente editados en el mundo: dos gemelas que fueron objeto de una modificación genética mientras aún eran embriones. El científico que hizo el anuncio, He Jiankui, doctor en Biofísica y que entonces trabajaba en la Universidad de Ciencia y Tecnología del Sur (China), afirmó que el propósito de la edición génica había sido introducir una nueva característica en el código genético de las niñas que nunca antes se había visto en humanos: la resistencia a la infección por virus de inmunodeficiencia humana (VIH).

Aunque Jiankui parecía tener buenas intenciones y, según los informes, la edición génica se practicó con éxito, la comunidad científica mundial reaccionó de inmediato contra él de forma enérgica; lo reprendió por lo que había hecho. La crítica giró en torno a la cuestión aún no resuelta de si tenemos o no el derecho moral de modificar un feto humano de manera personalizada e influir en la vida que seguirá. Hasta ahora, el desarrollo de los fetos humanos se había dejado en manos de la naturaleza, los procesos naturales y Dios.

VERDAD PURAMENTE HUMANA N.º 24: Aunque la primera edición génica de dos embriones humanos que tuvo éxito, en 2018, fue ilegal, demostró que el proceso no es posible en el plano teórico solamente, sino que se puede llevar a cabo. En la actualidad es posible modificar con éxito el ADN humano en el útero tras la concepción.

Comentando el artículo, el director del Scripps Research Translational Institute ('instituto de investigación traslacional Scripps') de Estados Unidos, el cardiólogo Eric Topol, declaró: «Esto es demasiado prematuro. Estamos tratando con las instrucciones operativas de un ser humano. Es un asunto importante».[4] En términos aún más duros, el cardiólogo y experto en edición génica Kiran Musunuru, de la Universidad de Pensilvania, afirmó que lo que había hecho Jiankui era «inconcebible [...] un experimento con seres humanos que no es moral ni éticamente defendible».[5]

Estoy exponiendo la historia de las gemelas editadas genéticamente para ilustrar el dilema al que se enfrenta la comunidad científica. Tiene que ver con la esencia de un debate mayor que se viene produciendo desde el nacimiento de la ciencia y el método científico, hace casi trescientos años. Este debate gira en torno a las aplicaciones prácticas de los descubrimientos científicos y a cuándo deberíamos, y cuándo no, aplicar estos descubrimientos a la vida humana en el mundo real. El caso del científico chino concreta este debate en un rostro y un nombre, además de que lo lleva más allá de los ámbitos filosófico y académico, a la vida real de las personas.

El caso expuesto en la revista científica marcó un antes y un después. Situó fuera de la esfera académica lo que hasta entonces había sido una interesante discusión sobre las consecuencias de una posibilidad. Ahora había que hacer frente a la cruda realidad y dar una respuesta concreta a algo que había ocurrido.

En lugar de tener un debate motivado por unas diapositivas de PowerPoint en el contexto de una conferencia, ahora había vidas humanas en juego: dos bebés, cuyo código genético había sido manipulado antes de su nacimiento de una manera que cambiaría su vida para siempre. Los dilemas que afronta la comunidad científica, y ahora también el mundo en general, son simples: ¿tenemos el derecho de hacer lo que hizo el científico chino y aún más?, ¿tenemos el derecho de manipular la naturaleza y el código natural de una vida humana para obtener un resultado deseado?

EL HECHO DE QUE PODAMOS HACERLO ¿IMPLICA QUE DEBEMOS HACERLO?

Entre 1976 y 1991, tuve el privilegio de trabajar como solucionador de problemas en empresas de la lista Fortune 500, junto a algunos de los científicos más destacados de la época. Quienes me rodeaban eran expertos en campos como las ciencias de la Tierra, la física, las ciencias de la computación y la ingeniería espacial. Para abordar problemas específicos, nos dividían en equipos que tenían acceso a las tecnologías más avanzadas, aplicadas a los usos más futuristas que el mundo había visto.

Desde la Iniciativa de Defensa Estratégica (SDI), también conocida como Star Wars ('la guerra de las galaxias'), y el recién desarrollado Comando Espacial de Estados Unidos hasta sistemas de comunicación avanzados, haces láser lanzados desde el espacio y sistemas de teledetección utilizando los primeros microordenadores de escritorio, era como si de pronto no hubiese límites para la innovación, la tecnología punta y la financiación de la ciencia del futuro. Como cabía esperar, junto con los nuevos descubrimientos surgió el debate en torno a si los dispositivos que se estaban desarrollando deberían usarse alguna vez y, en caso afirmativo, de qué maneras.

Este debate fue especialmente relevante en relación con los sistemas armamentísticos avanzados que se estaban desarrollando como parte de la guerra fría que en ese momento enfrentaba a Estados Unidos con la antigua Unión de Repúblicas Socialistas Soviéticas (URSS), ahora Rusia. El grado de responsabilidad asociado al desarrollo de tecnologías que tienen el potencial de afectar la vida humana de manera significativa generó acalorados debates sobre si era ético o no usar esas tecnologías en el mundo real y sobre si teníamos derecho, como sociedad, a hacerlo, debates a los que me unía con entusiasmo siempre que tenía la oportunidad.

Las discusiones eran apasionadas, a menudo intensas, y generalmente seguían una de dos líneas de pensamiento. La primera postura afirmaba enfáticamente que el hecho de que se hubieran desarrollado nuevas herramientas era, en sí mismo, una licencia para utilizarlas. El argumento lógico esgrimido era que si no debíamos tener y aplicar las nuevas tecnologías nunca habríamos tenido la perspicacia y la suerte necesarias para poder crearlas. Esta forma de pensar se resumía a menudo con el dicho «porque podemos, debemos».

La segunda postura se basaba en una perspectiva muy diferente. Aunque también apoyaba plenamente la exploración y el desarrollo de nuevas tecnologías, difería en cuanto a cómo deberían aplicarse las innovaciones. Esta perspectiva a menudo se expresaba con palabras similares a estas: «¡Espera! No tan rápido. Que *podamos* hacer algo no significa necesariamente que *debamos* hacerlo».

Para los científicos e ingenieros que apoyaban esta segunda forma de pensar, las fuerzas de la naturaleza representan leyes sagradas que no deben alterarse. Personalizar el código genético de nuestros hijos antes de que nazcan, por ejemplo, o «ajustar» los patrones climáticos globales para adaptarlos a nuestras necesidades agrícolas o militares, o utilizar la energía universal contenida en el vacío cuántico del espacio como un arma capaz de destruir poblaciones enteras, todo ello transgredía cualquier límite, argumentaban. Aplicar estos usos violaría una confianza antigua y no verbalizada entre nosotros, los humanos, y cualquier poder superior en el que creamos. Debemos reflexionar sobre las implicaciones y las consecuencias de las nuevas tecnologías antes de usarlas y ponerlas a disposición del mundo.

Un ejemplo histórico de este debate se reveló cuando los documentos finales del Proyecto Manhattan fueron desclasificados en 2014. Mostraron que los científicos, aunque trabajaban en laboratorios aislados en aspectos compartimentados de este proyecto ultrasecreto, comenzaron a darse cuenta de que estaban construyendo un arma —una bomba atómica— como ninguna otra que el mundo hubiera visto. Muchos insistieron en que, aunque el arma que estaban desarrollando podría usarse para demostrar un principio, nunca debería emplearse contra personas. Uno de los científicos más destacados que sostuvo esta postura fue Leo Szilard, doctor en Física e inventor tanto del reactor nuclear como del microscopio electrónico. El 17 de julio de 1945, Szilard escribió una carta al presidente Harry S. Truman en nombre suyo y de muchos de sus colegas en la que expresaba lo siguiente:

> El poder atómico proporcionará a las naciones un nuevo medio de destrucción. Las bombas atómicas que tenemos a nuestra disposición representan solo el primer paso en esta dirección, y casi no hay un límite en cuanto el poder destructivo que estará disponible en el transcurso de este desarrollo. Así, una nación que siente el precedente de usar estas fuerzas de la naturaleza recién liberadas con fines destructivos podría tener que asumir la responsabilidad de haber iniciado una era de devastación a una escala inimaginable. A la luz de lo anterior, nosotros, los abajo firmantes, respetuosamente solicitamos que ejerza su poder como comandante en jefe para decretar que los Estados Unidos no recurran, en la fase actual de la guerra, al uso de bombas atómicas.[6]

Lamentablemente, la petición de Leo Szilard, firmada por setenta científicos que trabajaban en el Proyecto Manhattan, fue ignorada por el presidente. El 6 de agosto de 1945, el arma desarrollada por los científicos en el Laboratorio Nacional de Los Álamos (Nuevo México), es decir, la primera bomba atómica del mundo, fue utilizada contra la población civil en la ciudad japonesa de Hiroshima, con consecuencias horribles y devastadoras. Las conversaciones en las que participé tuvieron lugar en el apogeo de la Guerra Fría, a mediados de la década de 1980, unos cuarenta años después de que se lanzara una bomba atómica sobre Hiroshima y, tres días después, otra sobre Nagasaki.

Durante los años que siguieron a la Segunda Guerra Mundial, los arsenales nucleares del mundo llegaron a albergar más de sesenta mil armas atómicas, cuya energía potencial tenía la capacidad de destruir el planeta entero varias veces. Por esta razón, la amenaza de una guerra nuclear era muy real en ese momento, y las conversaciones sobre el tema solían ser intensas y apasionadas.

Aunque la Guerra Fría quedó atrás, el debate en torno al uso de la tecnología está lejos de haber concluido. La diferencia entre esa época y la actual es que hoy, en lugar de aplicarse nuevos hallazgos a armas capaces de destruir el mundo, se están aplicando a tecnologías capaces de cambiar o reemplazar el cuerpo humano de maneras nuevas y sin precedentes. En definitiva, los nuevos descubrimientos se están aplicando a formas de cambiarnos a nosotros. La controversia sobre el componente ético del uso de la inteligencia artificial, los implantes de microchips en el cerebro y la edición génica del cuerpo humano supone solamente el inicio de este debate.

LA DELGADA LÍNEA ENTRE HUMANOS Y MÁQUINAS

Algunos científicos instintivamente recurren al libro *Un mundo feliz*, de Aldous Huxley, para expresar sus inquietudes en cuanto a permitir que la tecnología domine nuestra vida. Teniendo en cuenta las tendencias actuales y la naturaleza humana, los escenarios aterradores que son ficción en el libro podrían hacerse realidad fácilmente. Por ejemplo, el neurocientífico y autor Abhijit Naskar sintetizó en un solo enunciado el peligro que supone la presencia de la inteligencia artificial en nuestra vida: «La investigación en el campo de la IA puede tener repercusiones irreversibles en la vida de la especie humana, por lo que debemos avanzar con cautela».[7]

La cautela que defiende Naskar tiene que ver precisamente con la encrucijada que es el tema de este libro. En esta época de desarrollo exponencial de la tecnología, estamos sumidos en el desconcierto en lo que respecta a las decisiones que debemos tomar en cuanto a la aplicación de las innovaciones en nuestra vida. En muchos aspectos, las innovaciones transhumanistas se están produciendo más rápido que la reflexión en torno a la tecnología, lo que esta significa para nosotros y el componente ético relativo a su aplicación en nuestra vida.

Es evidente que la postura que justifica el reemplazo de los componentes biológicos naturales por componentes artificiales supone la diferencia entre una mejora amorosa destinada a devolver la integridad física a las personas dañadas por la guerra, por un lado, y una práctica generalizada adoptada como una «mejora» basada en la alta tecnología obligatoria para todos los humanos, en todas las naciones del mundo, por otro lado.

Hay algunos casos, como veremos en el próximo apartado, en los que el uso de componentes artificiales, como prótesis neurocontroladas a través de microchips, puede otorgar a una persona que ha perdido alguna extremidad en el campo de batalla o en un accidente laboral el don de la libertad en su vida y la capacidad de sostener a su bebé en brazos, cepillarse los dientes y alimentarse por sí misma. Creo que la mayoría de la gente estará de acuerdo en que estas son aplicaciones maravillosas para una tecnología que obedece a una buena intención.

Sin embargo, hay otros casos en los que la lógica que subyace al uso de la tecnología es más preocupante. La propuesta de usar tecnologías génicas para intervenir en la inmunidad natural del cuerpo desde *el interior* de sus propias células constituye un ejemplo de lo que quiero decir aquí. Entre las inquietudes en torno a esta piratería corporal (*biohacking*) basada en la alta tecnología que surgieron durante la pandemia de COVID-19 está la posibilidad, ahora documentada, de que las instrucciones artificiales inyectadas en el cuerpo en una ubicación migren a través del organismo y se conviertan en parte del propio genoma.[8] Si esto llegara a ocurrir, el resultado sería que el cuerpo perpetuaría un ciclo de reacciones toxina-antitoxina e inflamación que, en teoría, se prolongaría indefinidamente.

Este tipo de intervención genética ofrece un ejemplo de por qué necesitamos proceder con cautela al aplicar la tecnología transhumanista en tiempo real sin comprender las consecuencias de hacerlo. Un examen de las tres fases del transhumanismo nos permitirá contemplar el asunto con mayor claridad.

LAS TRES FASES DEL TRANSHUMANISMO

El movimiento transhumanista moderno se está desplegando en tres fases distintas pero relacionadas que reflejan el pensamiento actual de nuestra sociedad. A la luz del veloz desarrollo de la tecnología, acaso no deba sorprender que las tres fases se estén dando al mismo tiempo. También es interesante el hecho de que existen desacuerdos dentro de la comunidad transhumanista respecto a las tecnologías emergentes y su uso. No todos los partidarios del transhumanismo apoyan de igual manera la implantación de todas las fases. A continuación se presenta de manera resumida cada fase y su expresión en el mundo actual.

1.ª Fase: prótesis e implantes para una vida mejorada

Anteriormente en este capítulo hemos visto que, durante siglos, los seres humanos han utilizado dispositivos artificiales que imitan la naturaleza para mejorar o reemplazar determinados componentes biológicos. Es algo que cuenta con una aceptación tan generalizada que muchas personas se sorprenden al descubrir que el uso de estos dispositivos es una modalidad de transhumanismo. Por ejemplo, la sustitución de extremidades perdidas al nacer, en un accidente o en combate es una aplicación conocida del uso de réplicas artificiales para reemplazar partes naturales del cuerpo.

La prótesis humana más antigua conocida fue descubierta en El Cairo (Egipto) en el cuerpo de una mujer momificada que seguramente formaba parte de la élite de su sociedad. Al examinar el cuerpo de la mujer, los científicos descubrieron que le faltaba el dedo gordo del pie, posiblemente desde el nacimiento, y que había sido reemplazado por una réplica tallada con perfección y gracia para darle estabilidad al caminar. La prótesis era sofisticada para su época; el material del que estaba hecha principalmente era la madera, y estaba diseñada para replicar perfectamente el tamaño y la estructura ósea del dedo natural. Hasta incluía una uña tallada estéticamente para imitar la curvatura de un dedo natural. Toda la pieza estaba teñida para que no difiriese del color de la piel y estaba sujeta al pie con un sistema de soportes y cordones de cuero. Este apéndice era funcional para la mujer; cumplía con su propósito de proporcionarle equilibrio.

Las prótesis modernas incluyen desde gafas y lentes de contacto que imitan la capacidad natural del ojo para enfocar hasta rodillas y caderas robóticas tecnológicamente avanzadas en sustitución de articulaciones envejecidas y dañadas. En los últimos años, la tecnología ha hecho posible una nueva modalidad de prótesis a través de la impresión 3D. Una impresora 3D, también conocida como *impresora aditiva*, utiliza la información contenida en un archivo digital para depositar capas de una sustancia introducida en la impresora y darles forma. Con la impresión 3D se obtienen piezas de automóviles, réplicas de artefactos antiguos para museos y modelos arquitectónicos, y actualmente también es posible crear algunos órganos, como el corazón, los riñones, las orejas e incluso piel humana, mediante este proceso innovador. Cuando la tecnología haya mejorado lo suficiente, ya no serán necesarios los trasplantes de tejido dolorosos ni hará falta un donante para poder sustituir el órgano afectado.

Prótesis para mejorar nuestra experiencia digital

Aunque normalmente pensamos que una prótesis es un complemento artificial que sustituye una parte del cuerpo, el término *prótesis* incluye dispositivos que pueden alterar y mejorar nuestra relación con la realidad y el mundo que nos rodea. Una nueva modalidad de prótesis popular es el visor de realidad virtual, que permite a la persona tener una experiencia inmersiva y sensorial de sonidos e imágenes para tener una sensación mayor de encontrarse en una realidad alternativa.

Cuando el usuario se encuentra en un entorno virtual, los lugares, individuos y situaciones tienen un carácter muy realista y el cerebro los interpreta como experiencias reales. Si bien algunas aplicaciones de realidad virtual se limitan a escenarios educativos y de entrenamiento, como expediciones arqueológicas y simuladores de vuelo, un nuevo nivel de realidades simuladas está ganando popularidad rápidamente entre los jóvenes aficionados a los videojuegos. Es el llamado *metaverso*, en el que una combinación de prótesis y tecnología permite a las personas interactuar de maneras realistas entre sí dentro de la realidad virtual. Desde acuerdos de fusiones y adquisiciones hasta la venta de bienes raíces, aulas remotas e incluso citas románticas, todo es posible ahora a través de la tecnología virtual del metaverso.

La primera interfaz cerebro-computadora

En marzo de 2017, *The Wall Street Journal* publicó un artículo que hablaba de una tecnología futurista que podría haber salido directamente de la película *Matrix*. El enfoque del artículo era el anuncio de la creación de una nueva empresa fundada por Elon Musk, creador de SpaceX, PayPal y Tesla. Dicha empresa estaba forzando los límites entre la constitución biológica humana y la inteligencia artificial.

El nombre de la empresa era Neuralink, y el producto en desarrollo era un microchip que permitiría la comunicación directa entre el cerebro humano y un ordenador externo sin necesidad de cables o alambres para facilitar el proceso.[9] El dispositivo, que ya se estaba probando en animales, puede implantarse mediante una pequeña abertura de dos milímetros practicada en la parte superior del cráneo del usuario. Es ubicado en el espacio natural que existe entre el cerebro y el cráneo, y luego se vuelven a colocar el hueso y la piel. Desde su ubicación en la superficie del cerebro, 1.024 electrodos diminutos en forma de hilos penetran en las capas externas del neocórtex para comunicarse con las neuronas situadas más profundamente en el tejido cerebral.

El dispositivo en sí es un microprocesador que traduce la información que recibe de las neuronas y luego usa tecnología inalámbrica para comunicar esos impulsos a una computadora de escritorio o portátil. En una de las demostraciones, por ejemplo, a un mono al que se le había implantado el chip se le enseñó a jugar el sencillo videojuego *Pong*. El chip implantado le permitió realizar los movimientos estratégicos en la pantalla del ordenador emitiendo impulsos mentales; no interactuó con el teclado.

El objetivo de los desarrolladores es integrar los dispositivos de Neuralink con extremidades protésicas controladas por ordenador, como brazos y piernas, para capacitar a las personas que han perdido extremidades debido a accidentes, enfermedades y guerras. Cuando se le preguntó sobre la viabilidad de la tecnología, Musk afirmó que la combinación de la investigación avanzada en robótica de su empresa con las interfaces cerebro-computadora que estaban desarrollando tenía el potencial de conducir a la creación de «un brazo o una pierna robóticos tan buenos, o tal vez mejores a largo plazo, que un miembro orgánico».[10]

2.ª Fase: conciencia humana y cuerpos sintéticos

Uno de los supuestos defectos de nuestra humanidad identificados por la comunidad transhumanista es nuestro proceso de envejecimiento: el deterioro que parece asociado indefectiblemente al hecho de hacernos mayores y, en última instancia, la insuficiencia de los órganos y sistemas que componen el cuerpo humano. Estadísticamente, estudios médicos muestran que, según envejecemos, hay sistemas del cuerpo que se degradan a medida que cambia la constitución química corporal y procesamos los nutrientes de manera diferente. Es este deterioro el que normalmente limita la esperanza de vida de un cuerpo humano a una edad comprendida entre los setenta y los ciento veinte años. He escrito *normalmente* porque este dato puede ser válido si no hacemos nada en favor de la salud, la curación y la regeneración de nuestro cuerpo a medida que nos hacemos mayores.

Sin embargo, en la actualidad cada vez más estudios están mostrando que nacemos con la capacidad innata de rejuvenecer y regenerar cada órgano, cada glándula y una gran cantidad de sistemas de nuestro cuerpo, y que estas capacidades están con nosotros hasta el momento en que exhalamos el último aliento. Pero como estos sistemas rara vez son reconocidos y apenas son explorados en las escuelas públicas e instituciones médicas, es muy posible que los transhumanistas ni siquiera sean conscientes de que existen. Están inmersos en la creencia obsoleta de que el cuerpo humano debe ser mejorado pieza por pieza, órgano por órgano y glándula por glándula, hasta que la totalidad del cuerpo natural haya sido reemplazado por versiones sintéticas de sus componentes.

Los objetivos de esta fase del transhumanismo son obtener polímeros artificiales lo bastante avanzados como para que puedan reemplazar la piel natural; desarrollar sensores informatizados destinados a sustituir nuestros ojos, nariz y oídos; y, en última instancia, inventar un cuerpo sintético completo que pueda albergar nuestro cerebro natural. Al ritmo al que avanza la revolución que está experimentando la robótica moderna, la visión transhumanista de sustituir nuestro cuerpo natural con materiales sintéticos se hará realidad más pronto de lo que creíamos posible.

Hasta hace poco, la mayoría de los robots eran más funcionales que estéticos. Recuerdo programas de televisión de ciencia ficción de las décadas de 1960 y 1970 en los que se presentaban robots que parecían hechos con los típicos barriles de cerveza de acero inoxidable que uno esperaría encontrar en una fiesta universitaria, con brazos inquietos hechos de mangueras de aspirador y rasgos de dibujo animado. Estos robots rudimentarios les eran útiles a equipos científicos que exploraban ámbitos nuevos y desconocidos. Hoy en día, en la realidad, robots industriales que no se parecen en nada a los humanos se utilizan en líneas de ensamblaje para realizar acciones repetitivas cientos o incluso miles de veces al día, las cuales ejecutan de manera constante y efectiva.

Por ejemplo, en la fábrica de automóviles Great Wall Motors ubicada en la ciudad de Tianjin, en China, los robots realizan más de cuatro mil operaciones de soldadura especializadas con un alto nivel de precisión. Estos tipos de robots no tienen brazos, piernas, cabezas ni ojos. Y ahora que ya nos hemos adentrado plenamente en la era de este tipo de robots industriales, está empezando una nueva era en el campo de la robótica. La nueva clase de robots sociales humanizados que está surgiendo está ganando aceptación y popularidad. Esta tecnología tiene poco que envidiar a la que podemos ver en los escenarios futuristas de series de televisión populares como *Star Trek* y *Battlestar Galactica*.

Uno de los ejemplos más avanzados y públicos de robots sociales es Sophia, creación de David Hanson y su empresa, Hanson Robotics. Sophia es un robot social avanzado diseñado para actuar, conversar y parecer humano. Y no se parece a cualquier humano. Hanson diseñó intencionadamente el rostro de Sophia para que reflejase las características faciales de dos mujeres a las que admira: su rostro muestra una combinación de los rasgos de su esposa y los de la fallecida actriz británica Audrey Hepburn.

Sophia fue noticia en todo el mundo en 2017 cuando aprobó el examen que permitía obtener la ciudadanía de Arabia Saudita. Su inteligencia social, basada en el sistema de inteligencia artificial Open-Cog, diseñado para replicar procesos complejos de razonamiento general, le permitió responder las preguntas del examen con excelentes resultados. Ahora cuenta con la distinción de ser el primer robot en recibir la ciudadanía plena por parte de un país. El cuerpo humanizado de Sophia, «animado» por la IA, es visto por los transhumanistas como la tecnología que hará posible la segunda fase.

3.ª Fase: conciencia almacenada en un microchip

El objetivo último del transhumanismo, según muchos de sus defensores más fervientes, es prolongar la vida y, en última instancia, lograr la inmortalidad. En épocas pasadas, los intentos de prolongar la vida se centraron en la búsqueda de un elixir capaz de hacer que el cuerpo físico regresara a un estado de juventud y salud óptimas. La búsqueda de esta «fuente de la juventud» está documentada en los escritos de Heródoto del siglo v a. C. y se cree que en el siglo xvi llevó al explorador español Ponce de León a lo que hoy es el estado de Florida (EE. UU.): al parecer, creía que allí había unas aguas curativas y rejuvenecedoras legendarias.

Los ingenieros contemporáneos están explorando otra vía para lograr la inmortalidad. Algunos científicos ven la tecnología como el equivalente moderno de la fuente de la juventud. Creen que en la actualidad ya se cuenta con unos procesadores informáticos tan avanzados que sería posible capturar y almacenar en un microchip especial los pensamientos, experiencias y recuerdos de toda la vida de una persona, así como su conciencia. Cuando se haya logrado este hito, en teoría la conciencia de un individuo podría ser preservada para siempre y descargada en un nuevo cuerpo cada vez que el cuerpo existente se desgastase, de forma similar a como reemplazamos las ruedas o los limpiaparabrisas del coche cada pocos años. En principio, este proceso podría repetirse indefinidamente, lo que equivaldría a una especie de inmortalidad.

Si bien este proceso aún se encuentra en la etapa teórica, está obligando a la comunidad científica a abordar los aspectos básicos de la biología y a responder algunas de las preguntas más fundamentales de todas: ¿qué es la conciencia?, ¿qué es exactamente lo que necesitamos preservar de nuestra vida para lograr la inmortalidad? Hasta ahora, los expertos aún no han llegado a un consenso en lo que respecta a estas cuestiones.

> **VERDAD PURAMENTE HUMANA N.º 25:** El transhumanismo consta de tres etapas, que van desde el reemplazo del cuerpo por prótesis hasta la propuesta de capturar y almacenar la conciencia de la persona en un microchip.

Desde mi punto de vista, la idea de capturar la conciencia en un microchip para obtener la inmortalidad presenta grandes problemas. Más allá de los aspectos éticos implicados en el solo hecho de intentar tal hazaña, la totalidad del proyecto se basa en una suposición no probada. Esta suposición subyacente es que la conciencia humana y los impulsos eléctricos detectados en el cerebro son lo mismo.

En otras palabras, la idea es que los impulsos medidos por un electroencefalógrafo son la propia conciencia. Y dado que la actividad eléctrica puede ser reducida a los patrones familiares de unos y ceros que hacen posible la información digital, la idea es que una vez que esta información ha sido capturada puede ser almacenada en un ordenador y cargada en múltiples y variadas formas de vida indefinidamente.

El problema que presenta este planteamiento es que no está respaldado por la evidencia experimental. El tipo de evidencias que abordo en los próximos apartados han abierto la puerta a preguntas más profundas sobre la naturaleza de la conciencia y el lugar en el que reside.

¿DÓNDE RESIDE LA CONCIENCIA?

La visión transhumanista de la tercera fase es, obviamente, una visión mecanicista que se basa en dos supuestos. El primero es que la conciencia tiene su origen en el cerebro. El segundo es que la conciencia, los recuerdos y los pensamientos son el resultado de interacciones químicas y eléctricas entre neuronas. Si bien no faltan teorías sobre este fenómeno, no hay pruebas que respalden ninguna de estas suposiciones.

Para explorar esta línea de investigación, proyectos como el Blue Brain de la Universidad Stanford están intentando construir el equivalente sintético de un cerebro biológico vivo. Este proyecto se está llevando a cabo utilizando la supercomputadora Blue Gene de IBM y los investigadores han logrado imitar las relaciones que tienen lugar entre las neuronas de la corteza cerebral. La lógica subyacente a este proyecto es que si el cerebro biológico puede ser replicado utilizando circuitos avanzados y chips informáticos, su equivalente sintético debería ser capaz de imitar la conciencia.

Información en línea proporcionada por la Universidad Stanford expone el razonamiento subyacente al proyecto Blue Brain y otros:

> Según muchos neurocientíficos, la mente humana solo es un ordenador complejo cuyo funcionamiento depende de procesos electroquímicos. A sus ojos, si somos capaces de emular suficientemente las redes neuronales que componen el cerebro humano, obtendremos inteligencia y conciencia.[11]

Esta forma de pensar es un ejemplo perfecto de cómo el modelo newtoniano del universo limita la comprensión de la vida y el potencial humano en lugar de potenciarlos.

El científico del siglo XVII Isaac Newton creía que el universo funciona como una máquina cósmica ingente impulsada por partes móviles que pueden ser reparadas y, en lo que respecta al cuerpo humano, reemplazadas cuando es necesario. Newton tenía un pensamiento avanzado para su época, pero en realidad es limitado; sin embargo, aparece reflejado en los intentos actuales de localizar la conciencia dentro del cuerpo físico. Esto pone de manifiesto que si estamos dispuestos a cruzar los límites que a menudo han separado las ciencias en el pasado podemos adquirir nuevos conocimientos muy potentes, incluso en campos científicos que parecen no estar relacionados.

EL PELIGRO DE ACEPTAR LA CONEXIÓN ENTRE EL SER HUMANO Y LAS MÁQUINAS

Tras el informe relativo a los experimentos realizados para perfeccionar la tecnología de Neuralink, la polémica no se hizo esperar, por dos razones. En primer lugar, las organizaciones de defensa de los derechos de los animales respondieron de inmediato frente a los horrores que sufrieron los macacos utilizados en las pruebas a los que se habían implantado microchips en el cerebro; presentaron quejas legales. Según el informe, de los veintitrés macacos utilizados para las pruebas, quince no sobrevivieron. En respuesta a este informe, los investigadores de Neuralink reconocieron las implicaciones éticas y filosóficas de lo que podría significar esta probabilidad de muerte tan elevada si se insertara tecnología artificial en un cuerpo humano en lugar de hacerlo en el cuerpo de un mono, y los riesgos que conllevaría adentrarse en un camino que podría llevar a resultados imprevisibles.

Susan Schneider, doctora en Filosofía y experta en psicología cognitiva e inteligencia artificial, expresó con palabras la preocupación que existía en el ámbito académico, tanto por parte de científicos como de filósofos. Según ella, fusionar la inteligencia artificial con el cerebro humano sería un «suicidio para la mente humana».[12] Las preocupaciones de Schneider tienen menos que ver con la capacidad de jugar por vía inalámbrica que mostró el mono en la demostración del laboratorio de Neuralink de Musk que con la puerta a futuras aplicaciones que este tipo de tecnología ha abierto. Y se sirve de un ejemplo del escritor de ciencia ficción Greg Egan para ilustrar su posición.

En su colección de cuentos de 1995 *Axiomatic* [Axiomático], Egan presenta un mundo futuro en el que las máquinas están fusionadas con el cuerpo humano de maneras que parecen factibles considerando los recientes avances. En una de las historias, Egan habla de la «joya», un microchip que se implanta automáticamente en el cerebro de todos los bebés en el momento de nacer.[13] El propósito del chip es monitorear y registrar la conciencia de la vida del niño o la niña para obtener una copia de seguridad digital de su conciencia, sus recuerdos, sus experiencias y sus hábitos. En algún momento, después de haber alcanzado la adultez, el cerebro biológico es retirado del cuerpo y destruido, y es reemplazado por el chip que contiene la copia de seguridad para que la persona goce de una vida imperecedera, en la que no habrá un cerebro que se pueda deteriorar.

Schneider identifica con claridad el problema que presenta esta idea:

> Como es poco plausible pensar que tu conciencia pueda transferirse mágicamente a la joya una vez que tu cerebro ha sido destruido, lo más probable es que al optar por que te quiten el cerebro te mates a ti mismo sin querer.[14]

Según Schneider, el problema que tiene explorar esta aplicación de la tecnología es que, al parecer, «la fusión humana con la inteligencia artificial está mal concebida; al menos, si lo que se quiere decir con eso es que se pretende sustituir la totalidad del cerebro con componentes de IA».[15]

Elon Musk está expandiendo los límites de esta tecnología de maneras nuevas, por las que nunca nos tuvimos que preocupar en el pasado. Para entender las profundas implicaciones de los dispositivos de Neuralink y otros casos de fusión de la tecnología con las estructuras biológicas, es importante comprender el vínculo biológico existente entre el ADN y la conciencia.

CLONES, CONCIENCIA Y DIVINIDAD

El 5 de julio de 1996, el Instituto Roslin de Escocia, una reconocida instalación dedicada a la investigación con animales, anunció el exitoso nacimiento de un animal doméstico clonado, la famosa oveja Dolly. Dolly no fue el primer animal de la historia en ser clonado, pero sí el primero en serlo a partir de una célula madre adulta, es decir, de una célula somática. En el caso de Dolly, se trató de una célula madre extraída de una glándula mamaria de una oveja adulta. Antes se creía que las células somáticas solo replicaban la parte del cuerpo de la que procedían. El enfoque era bastante diferente del de utilizar una célula madre embrionaria, que tiene el potencial de convertirse en cualquier célula del cuerpo.

Al principio, la clonación de Dolly pareció ser un éxito casi total. Se parecía a otras ovejas de su especie. Vivía y se comportaba como una oveja, y gozó de una salud lo bastante buena como para aparearse y alumbrar seis corderos durante su corta vida. Su vida fue corta porque, contando cuatro años, empezó a sucederle algo inesperado. Su cuerpo clonado empezó a degradarse y su salud comenzó a deteriorarse. La primera señal de que había un problema fue una modalidad prematura de artritis que le dificultaba caminar. Durante el mayor tiempo posible, el dolor de Dolly se manejó humanamente con medicamentos que reducían la inflamación de las articulaciones. Al cabo de tres años, la artritis de Dolly había avanzado y se vio agravada por una enfermedad respiratoria progresiva que le dificultaba respirar. Lamentablemente, el 14 de febrero de 2003 Dolly fue sometida a eutanasia.

En el momento de su muerte, tenía seis años y medio. Edad que corresponde más o menos a la mitad de la esperanza de vida de los miembros de su especie, que es de entre once y doce años. La pregunta que se hizo la comunidad científica era «¿por qué?».

¿Qué le sucedió a Dolly que hizo que su exitosa clonación terminase en un final prematuro? La respuesta honesta es que nadie lo sabe con certeza.

Si bien hay teorías que incluyen la investigación de la longitud de sus telómeros y la exploración del hecho de que la edad en que murió era muy similar a la que tenía la oveja de la que fue clonada en el momento en que se le extrajo la célula, el caso es que, en el momento de escribir estas líneas, los científicos aún no pueden decir con certeza por qué el cuerpo de Dolly comenzó a degradarse cuando apenas había superado la mitad del tiempo de vida promedio de su especie. Esta incertidumbre es solo un ejemplo de bandera roja que debería alertarnos sobre los riesgos de intervenir en los procesos naturales de la vida.

Obviamente no somos ovejas, y reemplazar elementos del cuerpo humano por máquinas no es clonar. Sin embargo, la clonación y las aplicaciones transhumanistas tienen algo en común: *en ambos casos, los procesos naturales están siendo ignorados y eludidos* sin que se sepa bien cuáles serán las consecuencias. En el intento de tomar la delantera a la naturaleza, parece que se pierde algo en el proceso. La pregunta es: ¿qué es este algo?

¿Qué hay en las células originales que parece perderse en sus réplicas clonadas? ¿Qué elemento de la vida no se entendió y no se tuvo en cuenta en el proceso de clonación de Dolly? ¿Estamos perdiendo el mismo elemento, o uno similar, en nuestros esfuerzos por sustituir la sangre, las neuronas y los tejidos del cuerpo humano con productos químicos, máquinas, impresiones en 3D y la inteligencia artificial? Si es así, ¿qué aspecto de nosotros mismos corremos el riesgo de perder al reemplazar nuestras células naturales por sensores artificiales, nano-dispositivos y los intentos de capturar la conciencia en un microchip?

Un artículo publicado en la revista médica *BMJ* (anteriormente *British Medical Journal*) identifica las preocupaciones que han surgido en la comunidad científica desde la muy publicitada clonación de la oveja Dolly en 1996.[16] Este artículo hace referencia a un estudio más reciente sobre terneros clonados y ofrece una posible razón por la que uno de los terneros murió por problemas de salud solo dos meses después de nacer. La autopsia del joven ternero reveló factores que contribuyeron a la muerte, como que el sistema linfático, que incluye el bazo, el timo y los ganglios linfáticos, no había llegado a desarrollarse adecuadamente. Citando este estudio, que fue publicado en la prestigiosa revista médica *The Lancet*, los autores concluyen lo siguiente: «El proceso de clonación parece haber interferido en el funcionamiento genético normal del ternero en desarrollo».[17]

VERDAD PURAMENTE HUMANA N.º 26: El fracaso al intentar clonar seres vivos que completen su ciclo de vida natural demuestra que falta algo en el modelo de clonación, algo que no se tiene en cuenta en la perspectiva actual sobre la conciencia y la vida.

El artículo del *BMJ* pone el estudio de *The Lancet* como un ejemplo de problema muy real que podría comportar la clonación de seres humanos: «Este estudio podría respaldar las advertencias de que cualquier intento de clonar humanos podría conllevar riesgos considerables para la salud».[18] Esta advertencia resalta de forma precisa las inquietudes que estoy identificando en relación con el pensamiento transhumanista en lo que respecta a reemplazar partes de nuestro cuerpo, o el cuerpo entero, por réplicas clonadas de nuestros órganos.

También es motivo de preocupación el hecho de que cada vez más pruebas indican que falta algo en la teoría actual sobre la naturaleza de la conciencia y el lugar en el que se encuentra. Este «algo» es lo mismo que falta en la filosofía relativa a la tercera fase de los objetivos transhumanistas, que se basa en la creencia de que la conciencia puede ser capturada como datos, almacenada y descargada en cuerpos sucesivos de manera indefinida.

Las simulaciones cerebrales computarizadas, las pruebas beta de inteligencia artificial y los experimentos de clonación nos están diciendo, cada uno a su manera, que la esencia de nuestra existencia no se encuentra en la expresión física de nuestro cerebro o nuestro cuerpo. Sin embargo, la filosofía y la experimentación transhumanistas se centran exclusivamente en la parte animada del cuerpo físico humano. Sin tener en cuenta una conciencia que se origina más allá de nuestro cuerpo y la necesidad de las antenas biológicas que hacen que exista una resonancia entre nuestro cuerpo y nuestra conciencia, se pierde el contacto con la esencia que impulsa la vida material.

Sustituir partes del cuerpo humano con componentes artificiales hace que seamos menos capaces de conectar con la esencia vasta y energética de nuestra existencia: nuestra divinidad. Si bien un organismo puede estar vivo y animado por las proteínas y órganos del cuerpo, como vimos en el caso de la oveja Dolly, la conciencia que garantiza la integridad del «programa» que da cohesión a ese cuerpo puede perderse. Esto puede explicar el rápido deterioro y la muerte prematura de varios animales clonados que observaron los investigadores mencionados en el artículo de *The Lancet*.

El misterio del proceso de clonación es este: los científicos que ejecutan el proceso creen que lo entienden. Piensan que han acertado en todo. Han replicado con éxito el código genético del organismo que están clonando. Han logrado recrear el entorno que permite que el organismo prospere. Ahora bien, aunque puedan haber dado los pasos preliminares necesarios para una clonación exitosa, lo han hecho sin comprender que los organismos resuenan con el campo inteligente que programa los sistemas vivos. Este es el campo de información organizador que el bioquímico británico Rupert Sheldrake denomina *campo mórfico* y que describe elocuentemente en su investigación pionera.[19]

Para llevar los éxitos con la clonación al siguiente nivel, es necesario tener en cuenta el campo de información subyacente. Para que puedas entender mejor lo que quiero decir, será útil que conozcas con cierto grado de detalle cómo funciona el proceso de clonación. Vamos a verlo.

LA CLONACIÓN EXPLICADA DE FORMA SENCILLA

Cuando pensamos en la clonación, solemos imaginar que se extraen células del organismo que se va a clonar, como un ternero, y que de alguna manera los investigadores crean un nuevo ternero a partir de las células obtenidas. Si bien este escenario imaginado se corresponde con la realidad en términos generales, el proceso real es un poco más complejo y puede dividirse en seis pasos. En relación con la clonación de una vaca, estos pasos son los siguientes:

Paso 1. Se toma un óvulo no fecundado de una vaca adulta.

Paso 2. Se extrae el núcleo del óvulo, que contiene su ADN, mientras que *el ADN mitocondrial (ADNmt) que se encuentra en el líquido exterior al núcleo permanece en la célula.*

Paso 3. Se toma una célula intacta del cuerpo de otra vaca adulta.

Paso 4. Se extrae el núcleo de esta segunda célula adulta y se inserta en el óvulo no fecundado que fue tomado de la vaca original.

Paso 5. Una descarga eléctrica suave estimula el óvulo no fecundado, que comienza a crecer y dividirse.

Paso 6. Cuando la célula estimulada se desarrolla hasta el punto de que se obtiene un embrión, este se implanta en una vaca diferente, donde permanece hasta el nacimiento.

A partir de esta visión general del proceso de clonación, podemos empezar a ver en qué punto puede producirse la desconexión entre un organismo y la esencia que se encuentra en la base de su vida. Para ello, una vez más tenemos que pensar que el ADN es algo más que una sustancia blanda que se encuentra en el interior de las células.

Para los propósitos de esta exposición, podemos considerar que el ADN de las células clonadas es una antena resonante.[20] Y como ocurre con cualquier antena, el ADN recibe información del campo de energía con el que está sintonizado. Rupert Sheldrake llama *resonancia mórfica* a este tipo de ssintonía, y podemos considerar que el campo resonante correspondiente a una vaca es diferente del que corresponde a un ser humano.

Durante la concepción típica, un conjunto completo de antenas mórficas se transmite de los padres a los hijos como el genoma del organismo, y las probabilidades de perder el acceso a información vital para las células son pequeñas. Sin embargo, como viene a indicar el artículo de *The Lancet*, cuando una célula es clonada, el flujo natural de información vital dentro de las células parece interrumpirse. Ahora sabemos por qué. Cuando tenemos en cuenta los conceptos de resonancia y antena resonante en relación con el ADN, enseguida pasa a estar claro cuándo tiene lugar la desconexión.

Al concluir el paso 4 enunciado, tenemos un óvulo, con su ADNmt, obtenido de un animal adulto, y el ADN del núcleo de la célula de otro animal adulto insertado en la membrana vacía del óvulo. Y esta es la clave.

En el óvulo original, estas dos modalidades de ADN estaban en resonancia y eran capaces de enviarse señales correctas y construir las proteínas adecuadas, y de desencadenar las secuencias biológicas correctas para ir desarrollando un ternero saludable. En resumen, el ADNmt y el ADN nuclear estaban «sintonizados» con la misma información.

La célula clonada no puede gozar de esta sintonización.

> **VERDAD PURAMENTE HUMANA N.º 27:** El ADN del núcleo de una célula debe comunicarse con el ADN que está fuera del núcleo para que ambos puedan estar en sintonía con la información que lleva a una correcta plasmación de la vida.

El ADN de diferentes fuentes y distintas vidas está hablando idiomas diferentes. En otras palabras, estos ADN no están en resonancia, y por lo tanto son incapaces de comunicarse bien, de una manera que promueva la vida. Este detalle es vital para entender los problemas que presenta el transhumanismo. También explica por qué la conciencia humana no puede ser capturada y preservada en un microchip.

Esta comprensión es vital para reconocer que el hecho de alterar nuestro ADN natural y sustituir nuestro cuerpo natural con chips en el cerebro, sustancias químicas en nuestra sangre y sensores bajo nuestra piel puede velar nuestra divinidad y nuestras capacidades divinas.

USARLO O PERDERLO

Hay un axioma en biología que todos hemos oído, y que a veces usamos cuando bromeamos sobre las partes de nuestro cuerpo que van perdiendo funcionalidad a medida que envejecemos: «úsalo o piérdelo». Ya sea que hablemos de sexo geriátrico o del uso del cerebro para resolver problemas, el axioma «úsalo o piérdelo» nos recuerda una verdad simple: que si dejamos de mover el cuerpo con regularidad, los sistemas que nos permiten tener nuestras experiencias comenzarán a atrofiarse y al final dejarán de funcionar.

Vemos la atrofia de sistemas cuando alguien está confinado en una silla de ruedas o postrado en la cama durante un período prolongado tras una lesión. La falta de movimiento conduce a que los músculos pierdan su tono y elasticidad. Con el tiempo, la fuerza de la persona va disminuyendo, hasta que le resulta difícil realizar actividades simples que antes hacía de manera rutinaria, como caminar por una habitación o levantar un objeto sin la ayuda de un ser querido.

El principio de usarlo o perderlo es directamente aplicable a la sustitución transhumanista de células, órganos y sistemas corporales por dispositivos que intentan imitar nuestras capacidades naturales. Las necesidades de la vida y el movimiento sostienen el funcionamiento de nuestro cuerpo. Cuando el cuerpo siente que ya no necesita realizar una determinada tarea, o dar una respuesta específica porque esta se está produciendo artificialmente, va perdiendo esa facultad, e incluso puede dejar de realizar esa función. El descubrimiento de que se generan neuronas nuevas en el cerebro a edades avanzadas, y lo que se ha visto que les ocurre a estas neuronas si no se utilizan, constituye un ejemplo perfecto de lo que acabo de exponer.

Durante décadas, la medicina occidental sostuvo la creencia de que la cantidad de neuronas que hay en el cerebro queda establecida al nacer, y de que a causa del estilo de vida, la influencia del entorno y el proceso de envejecimiento no paramos de perder neuronas a lo largo de la vida. Durante gran parte del siglo XX, esta creencia fue el argumento utilizado para desincentivar a los jóvenes de excederse en el consumo de alcohol. Se nos decía que con cada trago de alcohol, ya fuera el contenido en las cervezas artesanales, el vino *vintage* o el güisqui tradicional, veíamos reducido el número de neuronas, que estaban presentes en una cantidad limitada desde el principio.

Sin embargo, un artículo publicado en 2012 en la revista *Behavioural Brain Research* dio a los científicos razones para reconsiderar esta creencia, a la vez que abrió nuevas posibilidades para el tratamiento de problemas relacionados con el cerebro como el trastorno de estrés postraumático, la depresión y algunos tipos de demencia. El artículo expone un estudio cuyos sujetos fueron mamíferos (en este caso, ratones) centrado en investigar el desarrollo de nuevas neuronas en la parte del cerebro llamada *hipocampo*.

Basándose en estudios previos que habían mostrado que en esta parte del cerebro se van generando neuronas a lo largo de la vida, la investigación mostró que, aunque se generen nuevas células cerebrales, *hay que ponerlas a trabajar dentro de un corto período de tiempo para que permanezcan con vida*. El artículo afirma que «la mayoría de las células morirán a menos que el animal se implique en algún tipo de experiencia de aprendizaje que requiera algún tipo de esfuerzo cuando las células tengan alrededor de una semana de edad».[21]

Los científicos tienen una buena razón por la que elegir ratones como sujetos experimentales para estudiar el cerebro humano. Si bien el cerebro de un ratón es evidentemente mucho más pequeño que un cerebro humano, funcionalmente son similares: cada zona dedicada a una función específica en el cerebro humano tiene un homólogo en el cerebro de un ratón. De hecho, ambos cerebros son tan similares que el resumen de un artículo publicado por la Biblioteca Nacional de Medicina estadounidense afirma lo siguiente:

Ha habido un cambio en el porcentaje de investigaciones del ámbito de la neurociencia en las que se utilizan ratones: ha pasado de ser del 20 % más o menos en las décadas de 1970 y 1980 a ser de alrededor del 50 % en los últimos años.[22]

Estos estudios y otros apuntan al fenómeno que es el tema de este apartado: cuando dejamos de utilizar atributos de nuestra constitución biológica (nuestra memoria por ejemplo), de estimular nuestra respuesta inmunitaria natural o de usar nuestra imaginación y creatividad, estos aspectos comienzan a atrofiarse. En un futuro cercano, esto puede significar la degradación de la función cognitiva después de que las neuronas activas hayan sido reemplazadas por microchips o que dependamos de máquinas y un *software* para realizar las tareas que antes ejecutábamos usando nuestro cerebro biológico.

VERDAD PURAMENTE HUMANA N.º 28: Uno de los peligros del transhumanismo es que cuando reemplacemos nuestros componentes biológicos por tecnología artificial las funciones naturales comiencen a debilitarse y atrofiarse.

Ejemplos comunes de reemplazo de funciones naturales por la tecnología incluyen el uso de una calculadora para determinar cuánto dinero dejar de propina a los camareros en un restaurante o la cantidad de cambio que debe devolver un cajero a un cliente que ha pagado en efectivo. El uso frecuente y repetitivo de visores de realidad virtual con fines de entretenimiento, especialmente por parte de niños cuyo cerebro aún no se ha desarrollado por completo, puede significar una pérdida de sensibilidad visual, pues el cerebro se ve forzado a menudo a entrar en un estado de percepción alterado que es muy diferente del estado en el que nos encontramos cuando percibimos la realidad, siendo este último aquel que la mente está bien preparada para experimentar desde el nacimiento.

Aunque cualquier persona puede experimentar este efecto, y otros, de manera temporal en algún momento de su vida, si los efectos son constantes podrían transmitirse a los hijos de estas personas mediante factores genéticos que determinen el tipo de experiencias accesibles para la próxima generación.

MALDAD BIOLÓGICA: OCULTAR NUESTRA DIVINIDAD

Implantar una tecnología que altere una especie de manera generalizada significa que las sensibilidades y capacidades que anteriormente solo perdían ocasionalmente algunas personas ahora podrían perderlas poblaciones enteras. Esto incluye el acceso a la imaginación creativa y al poder curativo asociados a nuestra divinidad. La atrofia y pérdida de nuestros potenciales divinos por parte de la generación actual, junto con la posibilidad de transferir esta pérdida a las generaciones que han de venir, garantiza un desastre para el conjunto de la especie.

Cuando una o dos generaciones hayan aceptado cambios transhumanos en el cuerpo, los extraordinarios potenciales de nuestra humanidad y la divinidad inherente a esta podrían marchitarse hasta convertirse en vestigios de las capacidades que fueron comunes en nuestro pasado. Con el tiempo podrían llegar a ser un recuerdo distante de lo que era ser completamente humano.

Imponer este tipo de cambio a poblaciones enteras, objetivo declarado que es necesario para lograr el Gran Reinicio, y hacerlo sin el conocimiento y consentimiento de quienes se verán afectados, es algo que va más allá de lo insensato. Las consecuencias de ocultar el poder de nuestra divinidad son más que un efecto imprevisto del progreso.

Estas acciones son expresiones claras de la fuerza maligna que está detrás, en gran medida, del dolor, las guerras y el sufrimiento que vemos en el mundo hoy en día. Son expresiones nada disimuladas de la fuerza destructiva que debe ser reconocida, identificada y nombrada honestamente por lo que es. Son expresiones de la fuerza del mal siempre presente, según la definición que ofrece Wikipedia de la palabra *evil* ('mal, maldad'): «la situación de causar un dolor y un sufrimiento innecesarios, con un impacto general negativo en el mundo».[23]

Teniendo en cuenta esta definición, vemos que el movimiento global que pretende reemplazar nuestra humanidad por tecnología tiene un efecto negativo en el mundo, ya que conduce al sufrimiento resultante de la pérdida de nuestra divinidad. En un sentido muy real, la lucha por el predominio tecnológico sobre nuestros cuerpos es más que una lucha por el progreso. La batalla para despojarnos de nuestra humanidad es una expresión flagrante y potente de la batalla espiritual que enfrenta al bien y al mal en un nivel más profundo. El transhumanismo descontrolado supone un gran peligro porque en última instancia constituye la expresión biológica del mal.

Si se deja que las tecnologías transhumanistas campen a sus anchas sin recibir oposición ni ser reguladas y que sean impuestas a las poblaciones de todos los lugares y todas las culturas, corremos el riesgo de perder las características que valoramos como especie. Son las mismas características que los transhumanistas ven como defectos: la intimidad emocional, la empatía, la reproducción sexual y la respuesta inmunitaria fuerte. El esfuerzo intencionado por introducir estos cambios en la totalidad de la especie humana nos lleva de vuelta al subtítulo de este capítulo: «Cortar el vínculo entre lo humano y lo divino».

El vínculo sagrado que nos permite acceder a nuestra divinidad y a nuestro poder divino solo puede estar ahí si preservamos nuestro cuerpo biológico natural. La robótica, los órganos impresos en 3D y los ceros y unos digitales almacenados en un microchip no fomentan de ninguna manera este vínculo. Solo nuestro cuerpo humano natural contiene el ADN finamente ajustado que está en resonancia con el campo mórfico de Sheldrake y nuestra divinidad. Impedir que estemos en relación con este campo es oponerse a la expresión resonante de la propia vida. Es hacer manifiesto el mal en la vida diaria de las personas.

Ahora bien, el movimiento transhumanista puede tener un lado positivo, y es que el hecho de estar muy cerca de perder nuestra esencia ante la tecnología puede llevarnos a reconocer el calado de nuestras extraordinarias capacidades humanas naturales. Tal vez no tomaríamos conciencia de ello si no nos encontrásemos en esta situación límite.

Las tradiciones de las comunidades indígenas del alto desierto de Nuevo México nos recuerdan la verdad de nuestro pasado a través de una historia que se cuentan para recordar su poder.

UN ENCUENTRO INESPERADO

En 1990, estaba caminando por el sendero que bordea los acantilados de arenisca del cañón del Chaco, un antiguo y misterioso complejo arqueológico ubicado en la zona de las Cuatro Esquinas, en el norte de Nuevo México. Unas semanas más tarde iba a llevar ahí a un grupo para explorar el lugar, y quería ver el estado de los senderos antes de pedir a otras personas que confiaran en mí como guía. Mi exploración en solitario tuvo un resultado inesperado, que constituyó un punto de inflexión en mi vida.

Mientras caminaba por el sendero, llegó hasta mí un nativo norteamericano que venía caminando en la dirección opuesta. Nos detuvimos para saludarnos. Le comenté que estaba en un viaje de reconocimiento para comprobar las condiciones del sendero habida cuenta de que iba a traer un grupo a la zona. A continuación le pregunté qué lo había llevado a venir a ese lugar inhóspito solo, ese día concreto. «Vengo aquí para escuchar las voces de mis ancestros —dijo. Mientras hablaba, hizo un gesto con la mano hacia los acantilados del otro lado del cañón, y añadió—: En esas cuevas».

Solo en los últimos años se ha reconocido oficialmente la importancia que tiene el cañón del Chaco como el único vestigio que ha quedado de un pueblo misterioso y olvidado. Los nativos del lugar siempre han reconocido que el lugar tiene un carácter sagrado, pero no fue hasta 1987 que el cañón del Chaco pasó a formar parte del

Patrimonio de la Humanidad de la Unesco. Con esta designación, partes del complejo se cerraron y la gente no puede entrar en ellas; se pretende, así, preservarlas para las generaciones futuras. Las cuevas que señaló el hombre se encuentran en una de estas áreas restringidas. Sin que yo lo solicitara, el hombre empezó a contarme la historia de sus ancestros. En última instancia, lo que les sucedió a ellos hace mucho tiempo en el cañón del Chaco es muy relevante para lo que nos está sucediendo hoy a nosotros.

UN TIEMPO OLVIDADO

El hombre comenzó diciendo que hace mucho tiempo sus ancestros vivían de manera muy diferente a como vivimos hoy. Los recursos no eran usados por tantas personas y los habitantes del cañón del Chaco vivían más cerca de la tierra. Se respetaban a sí mismos, cuidaban las relaciones que tenían entre ellos y mostraban respeto por los elementos gracias a los cuales estaban vivos. En esos tiempos, eran felices y estaban sanos. No sufrían enfermedades y vivían hasta edades avanzadas que hoy solo podemos imaginar. Hasta que ocurrió algo.

Aunque los ancianos de hoy no siempre están de acuerdo en lo que respecta a lo que fue ese «algo» exactamente, el resultado de las historias que cuentan es siempre el mismo: los habitantes del planeta empezaron a olvidar quiénes eran. Comenzaron a olvidar el poder que llevaban dentro. Olvidaron cómo imaginar, cómo crear, cómo sanar y cómo soñar. Olvidaron su relación con la Madre Tierra. Se perdieron, se asustaron y se sintieron solos. Empezaron a anhelar la conexión que sabían que era posible, pero no podían encontrarla.

En su soledad, comenzaron a construir máquinas que reflejaban los poderes que soñaban recuperar. Hicieron artilugios para mejorar su sentido de la vista. Elaboraron dispositivos para amplificar los sonidos que ya no podían oír y artefactos que podían inducir la sanación del cuerpo de la misma manera que los cuerpos mismos podían inducirse la sanación en tiempos anteriores.

Los ancianos dicen que la historia que comenzó hace mucho tiempo continúa hoy. Somos los descendientes de esa gente perdida y seguimos perdidos. Aún anhelamos conectar con la tierra, entre nosotros y con nosotros mismos. No es posible contar el final de la historia, porque es la nuestra. Y aún estamos escribiendo el último capítulo.

Los ancianos dicen que seguimos perdidos, asustados y solos, y que continuamos construyendo máquinas que imitan los poderes que yacen dormidos en nuestro interior. Dicen que seguiremos llenando nuestro mundo y nuestra vida de aparatos y dispositivos hasta el día en que despertemos de nuestro sueño de anhelo.

VERDAD PURAMENTE HUMANA N.º 29: Algunas tradiciones indígenas sugieren que construimos un complejo mundo de máquinas y tecnología en el exterior para recordarnos que imitan las habilidades que ya albergamos en nuestro interior.

Ese día aceptaremos nuestro poder y reconoceremos que el mundo complejo que hemos creado a nuestro alrededor siempre ha tenido por objeto recordarnos la fuerza interior que hemos olvidado. Ese día ya no necesitaremos las máquinas. Estaremos tan avanzados en nuestro interior que nuestra vida les parecerá más simple a quienes nos observen desde fuera. Nosotros mismos, de manera natural, habremos activado en nuestro interior la tecnología equivalente a aquella de la que nos hemos rodeado.

Cuando tomemos conciencia de cuál es nuestro verdadero destino, comenzaremos a soñar un nuevo sueño.

CAPÍTULO 4

El secreto

Nosotros somos el futuro que hemos estado esperando

Los avances más emocionantes del siglo XXI no se producirán gracias a la tecnología, sino a causa de una idea más amplia de lo que significa ser humano.

—John Naisbitt (1929-2021),
autor y consultor empresarial estadounidense

En la comunidad científica está surgiendo una filosofía que ha captado la atención de místicos, amos de casa, ingenieros y jóvenes por igual. Esta filosofía es afín a la historia que me contó el hombre nativo en el cañón del Chaco (ver el capítulo anterior). Es una filosofía sencilla, pero sus implicaciones son enormes, si es correcta. La idea central de esta nueva filosofía puede resumirse en una sola frase: *la conciencia se informa a sí misma a través de sus creaciones*. En otras palabras: las cosas que diseñamos y construimos en el mundo que nos rodea son, de hecho, expresiones de nuestra conciencia colectiva, que nos comunican mensajes nuestros sobre nosotros mismos.

A través de los productos de nuestra creatividad y nuestra imaginación nos estamos pidiendo recordar algo importante, algo que necesitamos en el momento en que lo traemos a la existencia mediante nuestras creaciones. Desde esta perspectiva, cabe la posibilidad de que lo que solemos considerar manifestaciones para el entretenimiento (libros, pinturas, esculturas, obras musicales, espectáculos de danza, películas, etc.) sea en realidad información vital que nos estamos enviando para ayudarnos a lidiar con los desafíos y sufrimientos del mundo.

> **VERDAD PURAMENTE HUMANA N.º 30:** A través del arte, la tecnología, los libros, la música y las películas que creamos nos comunicamos a nosotros mismos aquello que nos estamos pidiendo recordar.

Tal vez no sea casual que este planteamiento recuerde mucho al de los escritores, artistas plásticos y músicos que afirman que no son más que *canales* a través de los cuales fluyen las palabras que escriben, las imágenes y formas que pintan o esculpen, o las melodías que componen. Todo ello parece tener su origen en una fuente que se encuentra más allá de ellos mismos.

La cantautora Kelly White, afincada en Florida, describe perfectamente esta experiencia: «Tienes que respirar profundamente y dejar que la música fluya *a través* de ti. Déjate maravillar, permítete asombrarte».[1] Si aceptamos las implicaciones de esta filosofía, la pregunta que surge de inmediato es: ¿qué nos están diciendo nuestras creaciones? ¿Qué nos estamos pidiendo recordar? Las respuestas podrían encontrarse en los temas presentes en las propias creaciones.

MENSAJES EN PELÍCULAS

Se ha dicho que no existen accidentes en el universo, solo sincronías no reconocidas. Si esto es cierto, entonces, en la que podría ser una de las mayores sincronías colectivas de los tiempos modernos, el 31 de marzo de 1999 se estrenó una película que marcó el inicio de un enfoque que definiría todo un género cinematográfico en el siglo XXI: el de tipo futurista centrado en la tecnología. Esa película fue *Matrix*, cuyo éxito tomó por sorpresa a la industria cinematográfica.

Solo nueve meses después de su estreno, *Matrix* había generado la asombrosa cifra de 466,6 millones de dólares en ingresos en el ámbito mundial, ganó cuatro premios Óscar y se consagró como el mayor éxito de taquilla del año. Más de dos décadas después, la saga *The Matrix* sigue siendo una de las más fuertes e icónicas en el mundo del cine. Además, tanto filósofos como científicos hacen referencia a su temática como metáfora para explorar la realidad virtual, la codicia humana y nuestra relación con el bien y el mal.

La pregunta a que da lugar este tipo de éxito es simple: ¿por qué?

¿Por qué esta saga de ciencia ficción sobre la eterna lucha entre el bien y el mal tuvo un impacto tan profundo en tantas personas con culturas, religiones y sistemas de creencias diferentes? La respuesta a esta pregunta abre la puerta a una reflexión de calado sobre nosotros mismos y nuestro origen, así como sobre la naturaleza del cielo y, en última instancia, de Dios.

El éxito de *Matrix* puede atribuirse a la manera en que cautiva visualmente a los espectadores. La película presentó un tipo de escenas de acción que no se habían visto nunca antes, como la icónica imagen del héroe, Neo, inclinándose hacia atrás en un ángulo de noventa grados para esquivar balas que avanzan a cámara lenta, y combates de artes marciales extremos que tienen lugar en una realidad virtual simulada. Este tipo de acción, junto con los paralelismos entre el mundo actual y la lucha de los personajes por liberarse del control de una élite, motivó a los espectadores a mantenerse conectados con la película.

La trama gira en torno al descubrimiento por parte del personaje principal de que él y sus compañeros viven como representaciones digitales de sí mismos (avatares) dentro de una realidad virtual que es una representación exacta de nuestro mundo tal como es hoy en día. Una vez que son conscientes de la verdadera naturaleza de su realidad, luchan por liberar a los humanos para que dejen de vivir como esclavos energéticos dentro de la matriz digital que da título a la película.

NUESTRAS CAPACIDADES OLVIDADAS

Más allá de las escenas de acción de estilo hollywoodense y el uso de imágenes generadas por ordenador, el mensaje fundamental de *Matrix* es claro. La película nos dice que existe un mundo que no podemos ver desde la realidad espaciotemporal en la que nos desenvolvemos, un mundo que influye en el que sí percibimos, y que existimos en ambas realidades. Este mensaje, transmitido a través de modalidades de entretenimiento con las que estamos familiarizados, también está presente en las teorías de la ciencia cuántica, con las que no estamos tan familiarizados. Las teorías existentes sobre el universo en el que nos encontramos, como la teoría de cuerdas, que propone la existencia de diez dimensiones por lo menos, junto con un número creciente de pruebas que respaldan la posibilidad de que estemos viviendo en una realidad virtual simulada por ordenador, hacen que *Matrix* tenga un atractivo aún mayor, pues conecta con lo que percibimos de manera intuitiva.

Matrix no es la única película moderna que ha abordado la posibilidad de que los seres humanos poseamos capacidades latentes que podríamos aprovechar para mejorar nuestra vida. Tras el éxito de *Matrix* surgió un nuevo género de películas que empleó métodos similares, incluidas las imágenes generadas por ordenador, para contar historias con temas potentes que invitan a cuestionar la naturaleza de nuestra realidad.

El 18 de diciembre de 2009 se estrenó la primera entrega de la saga *Avatar*. Este filme, ganador de múltiples premios, fue bien acogido de inmediato en todo el mundo y se convirtió en la película más taquillera de todos los tiempos, distinción que mantuvo durante casi diez años. Con una temática similar a la de *Matrix*, *Avatar* gira en torno a la proyección de la conciencia humana a otra realidad: hay personas que dan vida a su equivalente avatar para interactuar con seres que habitan en un planeta lejano.

Los altos y gráciles seres conocidos como *na'vi* que habitan el planeta donde se desarrolla *Avatar* sienten y expresan una profunda reverencia por la naturaleza y las fuerzas naturales de su mundo, las cuales emplean para sanar y evolucionar. Es precisamente este mundo natural prístino el que los exploradores humanos quieren devastar, tal como han hecho en la Tierra hasta agotar sus recursos. Este marcado contraste entre vivir integrado en la naturaleza y saquearla constituye el marco de la trama.

A medida que el avatar humano del protagonista se sumerge en la belleza y la sacralidad del mundo en el que debe infiltrarse con el fin de abrir las puertas a su explotación, su relación con los *na'vi* y el respeto que siente por ellos se van volviendo cada vez más profundos.

Desde la perspectiva de la conciencia que se informa a sí misma a través de sus creaciones, *Avatar* nos recuerda la sacralidad de nuestros propios paisajes naturales, así como el reducido número de habitantes indígenas que sobreviven hoy, luchando por preservar y proteger los recursos y la belleza original de nuestro mundo.

Los mensajes contenidos en las películas de nuestra época no se limitan a los avatares y las realidades virtuales. La enorme aceptación de películas de superhéroes como *Wonder Woman (Mujer Maravilla)*, *Los Vengadores* y *Mortal Kombat* tiene que ver con que somos más de lo que nos han hecho creer. Estas películas, y otras del mismo género de acción y fantasía, muestran a individuos con superpoderes latentes que se despiertan precisamente en el momento en que el mundo más los necesita. Todas estas películas nos dicen que no somos lo que nos han dicho, y que probablemente somos incluso más de lo que nos hemos permitido creer. Cada una transmite un mensaje de empoderamiento personal y que tenemos la capacidad de superar con éxito los desafíos que nos plantea el mundo.

> **VERDAD PURAMENTE HUMANA N.º 31:** Las películas más populares y exitosas de nuestra época son aquellas que muestran a humanos que recuerdan o descubren talentos y superpoderes ocultos.

Si la filosofía de que nos comunicamos con nosotros mismos a través de nuestras creaciones se expresa en el terreno del arte, tiene sentido que también se exprese a través de otras creaciones. Esto incluye las creaciones del ámbito tecnológico. ¿Qué nos están diciendo sobre nosotros mismos las tecnologías avanzadas que se vienen desarrollando en lugares como Silicon Valley en Estados Unidos y Singapur en Asia? ¿Qué capacidades latentes en nuestro interior podrían recordarnos Internet, la IA y los microchips ultrarrápidos? ¿Y qué nos enseña el vertiginoso progreso tecnológico acerca del momento en el que descubriremos nuevos potenciales dentro de nosotros mismos?

¿POR QUÉ AHORA?

En la década de 1960, la tecnología moderna pasó del uso de componentes eléctricos voluminosos montados en superficie y tubos de vacío llenos de gas rarificado a circuitos eléctricos impresos en microchips tan pequeños que necesitamos una lupa para verlos con claridad. En 1965, Gordon Moore, cofundador de Intel Corporation, reconoció que el número de componentes de un microchip se estaba duplicando cada dos años más o menos. Tenía claro que, con el ritmo de duplicación que estaba observando, se alcanzaría algún tipo de límite en la década de 2020, si no antes. El hecho de que los materiales de los que están hechos los chips y circuitos contienen átomos sumado al hecho de que estos tienen propiedades fijas llevó a Moore a concluir que las propiedades de los elementos no tardarían en imponer unos límites. En una entrevista que le hicieron a principios de la década de 2000 declaró lo siguiente:

> El hecho de que los materiales estén hechos de átomos es la limitación básica, y no está tan lejos [...] Estamos enfrentándonos a algunos límites verdaderamente fundamentales, por lo que algún día no podremos seguir haciendo las cosas cada vez más pequeñas.[2]

Los límites que previó Moore se están alcanzando tal como predijo.

En 2012, Intel anunció el primer procesador de 22 nanómetros (nm), a lo que siguió un chip de 14 nm en 2014 y uno de 7 nm en 2024. Para contextualizar, un nanómetro es la milmillonésima parte de un metro. Dicho de otra manera, un cabello humano mide unos 90 nm de ancho, por lo que un procesador de 7 nm tiene aproximadamente una doceava parte del diámetro de un cabello humano. Estas comparaciones ayudan a entender por qué la tecnología tiene las limitaciones que tiene: la información solo puede fluir tan rápido como la energía pueda moverse entre los átomos del chip.

Recientemente, Intel reveló que ahora posee la tecnología para producir un chip de 2 nm, lo cual nos acerca mucho al límite definitivo que predijo Moore en 1965. Si la tecnología que nos rodea está recordándonos algo que tenemos en nuestro interior, ¿qué nos están pidiendo que recordemos estas velocidades de procesamiento extraordinarias y sus limitaciones?

TECNOLOGÍA HUMANA NATURAL

En el capítulo anterior hablamos del ADN que se encuentra en el núcleo de nuestras células desde una perspectiva informática.

Reconocimos el potencial que tiene la doble hélice como medio eficiente para almacenar enormes cantidades de información. Cuando tomamos en consideración la totalidad de la célula en lugar del núcleo solamente, obtenemos nuevas perspectivas sobre lo que la conciencia nos está instando a recordar. Esta perspectiva revela una posibilidad asombrosa que conecta películas como *Matrix* con los relatos míticos y legendarios que contaban nuestros ancestros sobre seres superhumanos que vivieron en nuestro pasado remoto. Esta posibilidad está apoyada por nuevos descubrimientos revisados por pares realizados gracias a los últimos avances científicos.

En los próximos apartados expondré algunos de los descubrimientos que encuentro más inspiradores para que quede más claro lo que quiero decir. Mi propósito es brindar una razón por la que pensar en nosotros mismos de una manera diferente a como lo hemos hecho en el pasado: no como meros cuerpos animados hechos de tejidos y fluidos, sino como un logro tecnológico muy avanzado y sofisticado, un tipo de tecnología blanda* cuyas capacidades superan ampliamente las que pueda tener cualquier artificio que podamos fabricar en nuestros laboratorios modernos.

> **VERDAD PURAMENTE HUMANA N.º 32:** Somos una tecnología blanda sofisticada. Las capacidades de nuestras células igualan y en algunos casos superan las de la inteligencia artificial y las de los componentes de los microchips.

---

* N. del T.: El autor toma la conocida denominación *tecnología blanda* (*soft technology*) para referirse a algo diferente a lo que esta designa. En el sentido usual, *tecnología blanda* hace referencia a los conocimientos, métodos y procesos intangibles que facilitan la gestión, organización o desarrollo de sistemas sociales y tecnológicos (programas informáticos, metodologías de trabajo...). Sin embargo, Braden da otro sentido a esta denominación en esta obra. Más adelante ofrecerá esta explicación: «El hecho de que seamos tecnología blanda significa que estamos más allá de los componentes primitivos de los chips informáticos de silicio, los nanobots incorporados al cuerpo y los sensores implantados en la piel».

Comencemos esta exploración de nuestra tecnología blanda observando algunas propiedades fascinantes del cuerpo. Los científicos nos dicen que el cuerpo humano promedio está compuesto por unos cincuenta billones de células. Cada una de estas células, a su vez, contiene un potencial inexplorado y capacidades suprahumanas que van más allá de lo que podríamos haber pensado.

Propiedad n.º 1: nuestras células son eléctricas

Cada célula humana genera un voltaje eléctrico de unos 0,07 voltios. Aunque este es, sin duda, un voltaje pequeño, si tenemos en cuenta la cantidad de células que producen este voltaje simultáneamente, los números hablan por sí mismos. Multiplicar los 50 billones de células de nuestro cuerpo por los 0,07 voltios que emite cada una da como resultado un potencial eléctrico asombroso en un solo cuerpo humano: ¡3,5 billones de voltios! Este es un voltaje tan inmensamente grande que puede ser difícil comprender lo que representa. La siguiente analogía podría ayudarte a visualizarlo.

Tomemos en consideración una batería de automóvil de 12 voltios. Si pusiéramos una al lado de la otra baterías de este tipo, necesitaríamos 3.000 millones de unidades para igualar el potencial eléctrico que contiene un solo cuerpo humano. Harían falta 8.078 baterías para llenar un campo de fútbol, y serían necesarios 371.000 campos de fútbol, cada uno lleno de baterías de 12 voltios alineadas de extremo a extremo y de lado a lado, para igualar el potencial eléctrico inherente a cada uno de nosotros.

Las comparaciones tecnológicas no terminan con el potencial eléctrico combinado de las células. Cada célula del cuerpo humano también funciona de forma natural como un pequeño circuito eléctrico, y contiene los equivalentes biológicos de los condensadores y resistencias. Estos regulan la energía que fluye a través de ella.

La primera vez que vi esta analogía de una célula humana como un circuito eléctrico fue en un documento de investigación desclasificado que se había publicado en la Unión Soviética durante los años de la Guerra Fría en la década de 1980. En esa época la investigación en Estados Unidos iba años rezagada con respecto al enfoque de la URSS, y la comunidad científica estadounidense se mostraba reacia a pensar en la biología humana desde la perspectiva de la física, lo cual no ocurría en otros países. Científicos de Asia, Rusia y la India publicaban, y siguen publicando regularmente, investigaciones que nos brindan una profunda comprensión de nuestros procesos fisiológicos sanadores y de la capacidad que tenemos de regular nosotros mismos nuestro extraordinario potencial.

Un artículo publicado en 2024 en el *Bangladesh Journal of Medical Physics*, por ejemplo, es coherente con el estudio de la Unión Soviética que mencioné anteriormente y afirma que los componentes biológicos de la célula equivalen a lo que en el ámbito de la electricidad son los condensadores y las resistencias, como se muestra en la ilustración que sigue.[3]

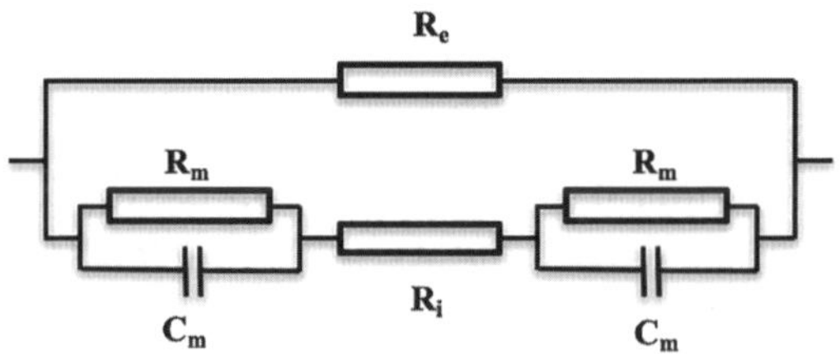

Diagrama esquemático del circuito eléctrico formado por la constitución biológica de una célula humana. Rm y Cm indican la impedancia de la membrana celular. C representa un condensador, R representa una resistencia y la m subíndice indica que estas propiedades corresponden a la membrana de la célula. (Adaptado del *Bangladesh Journal of Medical Physics*).

El artículo del *Bangladesh Journal of Medical Physics* explica que aceptar la naturaleza eléctrica de la célula humana abre la puerta a aplicaciones para la salud novedosas, como la detección temprana del cáncer de mama en países donde los dispositivos de escaneo necesarios para realizar mamografías son escasos y el acceso a los mismos es limitado.

Propiedad n.º 2: nuestras células son transistores, resistencias y condensadores

Para regular la energía eléctrica del cuerpo, cada célula humana funciona como un transistor —un diminuto semiconductor que regula y amplifica la energía eléctrica en un circuito—. Cada célula actúa también como una resistencia, al regular el flujo de energía en su interior y al proporcionar un voltaje específico para los transistores. Asimismo, cada célula funciona como un condensador, al almacenar y liberar energía a un determinado ritmo y en unos momentos específicos.

La mera mención de tales componentes evoca los dispositivos electrónicos que encontrábamos al abrir la parte trasera de televisores, radios, relojes y amplificadores de guitarra en las décadas de 1960 y 1970. Cuando menciono estos componentes de la tecnología doméstica en seminarios cuyos participantes son bastante jóvenes, a menudo se muestran desconcertados al ver las imágenes que proyecto en la pantalla. A estas generaciones más jóvenes, las imágenes les parecen objetos extraños de otro mundo que no tienen relevancia en la actualidad. Eso cambia cuando proyecto la imagen de un circuito impreso miniaturizado y les explico que todas las funciones realizadas por esos componentes grandes y toscos del pasado están concentradas en los elegantes, sofisticados y diminutos microchips. Entonces asienten con la cabeza, ya que los chips son lo único que han conocido en su vida.

Pero nuestra exploración de la tecnología blanda que albergamos no termina aquí.

Propiedad n.º 3: nuestras células absorben y emiten luz

Cada célula de nuestro cuerpo absorbe y libera fotones, que son los componentes cuánticos de los que están hechos la luz y, en última instancia, cada átomo. Los fotones son partículas elementales de energía cuántica que viajan a la velocidad de la luz. Más allá de la afirmación metafórica de las comunidades del nuevo pensamiento de que somos «seres de luz», literalmente generamos fotones desde dentro de nuestras células, y esta luz que emitimos puede medirse y fotografiarse con escáneres avanzados diseñados para tal fin.

Sin embargo, por más interesante que sea este hecho, la luz que absorbemos y transmitimos es más que un simple destello de energía brillante. La luz es información. La maquinaria que hay en nuestras células absorbe longitudes de onda de luz que recibimos del mundo que nos rodea y las traduce en instrucciones significativas para nuestras funciones vitales. Estas longitudes de onda de luz nos dan vida y promueven nuestra sanación.

No ha sido sino hasta fechas recientes que la comunidad científica ha reconocido la existencia de un campo de energía asociado al cuerpo humano, el biocampo, y lo importante que puede ser acceder a este campo para el mantenimiento de la salud y la curación de lesiones y enfermedades.

El resumen de una publicación de 2015 del National Center for Biotechnology Information ('centro nacional para la información relativa a biotecnología') expone lo relevante que es y el potencial que tiene explorar el campo bioenergético humano:

La ciencia del biocampo es un campo de estudio emergente que busca proporcionar una base científica para comprender la compleja regulación homeodinámica de los sistemas vivos. Al profundizar en nuestro conocimiento científico del biocampo alcanzamos una mejor comprensión de los fundamentos de la biología, así como de los fenómenos que se han descrito como «medicina energética».[4]

Por si te lo preguntas, *regulación homeodinámica* es un concepto más sofisticado que el de *homeostasis*, que hace referencia a la tendencia del cuerpo a regresar siempre a su estado óptimo en cuanto a la temperatura, la hidratación, la nutrición y la oxigenación, entre otros factores. Es por eso por lo que dormimos, comemos, bebemos agua y evitamos exponernos directamente al frío y el calor extremos, por ejemplo. La homeodinámica constituye un tipo de autorregulación más amplia; proporciona estabilidad al cuerpo, pero deja espacio para la adaptación y el crecimiento.

A medida que la ciencia del campo bioenergético humano (el biocampo) vaya recibiendo una mayor aceptación, podemos esperar que empiecen a producirse innovaciones notables en el campo de la atención médica. Estas innovaciones surgirán desde una perspectiva claramente distinta del modelo basado en la química que predomina en la medicina actual.

Por ejemplo, desde hace mucho tiempo hemos utilizado dispositivos de escaneo para detectar tumores en el cuerpo humano. Los escáneres actuales detectan diversas modalidades de energía, desde imágenes térmicas captadas por dispositivos de detección de calor hasta señales de radio detectadas por dispositivos de resonancia magnética. Sin embargo, aunque estamos cómodos usando energía para *detectar* anomalías en el cuerpo, todavía solemos recurrir al uso de instrumentos físicos como el bisturí o los rayos láser para *eliminar* el tejido anómalo una vez descubierto.

La tecnología que incide en el biocampo abre la puerta a la posibilidad de utilizar energía para sanar el tejido en lugar de tener que eliminarlo. Y si la necesidad de eliminar ciertas cantidades de tejido persiste, la energía del biocampo podría ajustarse para acabar con el tejido anómalo sin necesidad de cortar el cuerpo y exponerlo a posibles infecciones y complicaciones quirúrgicas.

Esta tecnología avanzada, y otras similares, se vuelven posibles si nos permitimos cruzar las fronteras tradicionales que en el pasado han mantenido separadas ciencias como la medicina, la química y la física.

Propiedad n.º 4: nuestro ADN es una antena flexible

En el capítulo tres vimos que las largas moléculas de ADN que hay en el núcleo de la célula funcionan juntas como una antena biológica.

Dichas antenas captan señales concretas provenientes de nuestros entornos físico y emocional. Los segmentos de ADN que conforman los genes funcionan de manera similar y conectan con tipos de información aún más específicos que proporcionan señales aún más concretas, y en el proceso se crean en nuestro cuerpo los modelos para la salud y la sanación.

Nuevamente, el término *antena* no es solo una metáfora aquí. A medida que la investigación del biocampo se extiende más allá de la biología propiamente dicha hacia áreas de estudio relacionadas, las investigaciones científicas están revelando que estamos profundamente interconectados con la energía de nuestro entorno de maneras que apenas estamos empezando a comprender. Un artículo de 2017 publicado como parte de las actas de la 2016 International Conference on Soft Computing: Theories and Applications ('conferencia internacional sobre computación suave de 2016: teorías y aplicaciones') señala lo siguiente:

> Informamos de que el ADN-A tridimensional se comporta como una antena fractal que es capaz de interactuar con campos electromagnéticos en un amplio rango de frecuencias. Usando los detalles de la estructura del ADN humano, hemos modelado la radiación del ADN como una antena helicoidal.[5]

En términos técnicos, este artículo también se refiere al principio que constituye el vínculo fundamental entre nuestro cuerpo y nuestra divinidad: el hecho de que las moléculas de la vida actúan como antenas dentro de nuestras células.

Los autores de este artículo han publicado otros trabajos en los que explican que, debido a que el ADN actúa como una antena, ciertas frecuencias del entorno, tanto naturales como generadas por el ser humano, pueden influir tanto en la aparición como en la sanación de ciertas enfermedades, incluidos algunos tipos de cáncer.[6]

Curiosamente, esta función de antena, que facilita la comunicación entre el ADN que se encuentra dentro y fuera del núcleo de la célula, es esencial para el éxito en la clonación de organismos vivos, como la oveja Dolly.

Propiedad 5: nuestras células almacenan información

Como expliqué previamente, el ADN alojado en el interior de cada célula de nuestro cuerpo puede funcionar como un almacén de información duradero. Sin embargo, lo que no mencioné antes es que en el ADN pueden almacenarse dos tipos de información.

En primer lugar, es posible almacenar la versión digitalizada de información escrita en la estructura del ADN y recuperarla posteriormente. Los ejemplos que vimos en el capítulo dos corresponden a estudios en los que ADN que contenía información digital se transmitió a través de generaciones sucesivas de un organismo antes de que la información fuese recuperada, intacta y legible.

El segundo tipo de almacenamiento no atañe a información procedente de fuera del cuerpo, sino de su interior. Cada hebra de ADN conserva un registro de cada mutación genética que ha tenido lugar en cualquier momento, tanto en el ámbito individual como en el contexto de la historia de nuestra especie. De hecho:

- **Nuestro registro genético es permanente.** Mientras al menos un ser humano permanezca vivo en el universo, dentro de los cincuenta billones de células de ese individuo habrá un registro permanente de la historia genética de nuestra especie.
- **Nuestro registro genético es accesible.** No está oculto tras un «cortafuegos» biológico ni escondido en un lugar en el que nadie lo pueda encontrar; está disponible para quienes tengan las habilidades y la tecnología necesarias para acceder al código genético y leerlo.

- **Nuestro registro genético es seguro.** Los cambios genéticos de nuestro pasado están con nosotros para siempre. Todas las modificaciones genéticas que hemos experimentado como especie están codificadas en los 2.500 millones de células que produce nuestro cuerpo cada hora.

Estos principios de permanencia, accesibilidad y seguridad son tan eficientes y sofisticados que hoy en día se están incorporando de alguna manera a una tecnología emergente que está revolucionando el ámbito del dinero, la banca y las finanzas descentralizadas: la cadena de bloques (*blockchain*). La primera y más exitosa aplicación derivada de esta tecnología hasta el momento ha sido la criptomoneda bitcóin.

> **VERDAD PURAMENTE HUMANA N.º 33:** Además de que nuestras células funcionan como componentes eléctricos, nuestro ADN preserva un registro de las modificaciones genéticas que han hecho que nuestra especie sea tal como es, un registro similar a la cadena de bloques que es accesible, permanente e inmutable.

Cuando consideramos la tecnología «blanda» del cuerpo humano desde la perspectiva de la tecnología de la información, se hace evidente que somos una forma de vida extraordinaria y que nuestra existencia es el resultado de mucho más que unos procesos biológicos afortunados y unas mutaciones aleatorias. Las células de nuestro cuerpo realizan funciones que los ingenieros de *software*, *hardware* y sistemas solo pueden soñar con replicar en los ámbitos de los materiales sintéticos y la robótica. Nuestras células se replican, diagnostican, curan y seleccionan a sí mismas de maneras que los mejores ingenieros que trabajan hoy en día con las tecnologías más modernas no pueden imitar.

Además, cuando están dañadas más allá de cualquier posibilidad de reparación, las células humanas se autodestruyen para garantizar que información incompleta o incorrecta contenida en el ADN no se transmita a nuevas células durante la división celular. Este proceso, conocido como *apoptosis* o muerte celular programada, constituye una parte vital de la dinámica de curación del cuerpo. Se estima que el cuerpo humano elimina entre 50.000 y 80.000 millones de células al día a través de la apoptosis, mientras que las células saludables continúan dividiéndose y replicándose. Este ciclo de muerte y renovación mantiene el delicado y constante equilibrio celular que nos permite estar vivos y sanar.

LAS NEURONAS HUMANAS FRENTE A LOS CHIPS INFORMÁTICOS

Entre las células más misteriosas que componen nuestro cuerpo se encuentran las neuronas. Son enigmáticas porque aún estamos descubriendo cómo se forman, cómo funcionan y qué son capaces de hacer.

Si bien comúnmente asociamos las neuronas con el cerebro, y es cierto que las mayores concentraciones de estas células se encuentran allí, también están presentes en el resto del cuerpo. El cerebro y la médula espinal conforman el sistema nervioso central (SNC) y se estima que contienen unos 86.000 millones de neuronas. Más allá del SNC, el sistema nervioso periférico (SNP) incluye las neuronas que constituyen el sistema nervioso del resto del cuerpo. No se sabe con exactitud cuántas neuronas contiene el SNP, pero se estima que su número se sitúa entre los 25.000 y los 40.000 millones.

Aunque los roles de las diferentes neuronas que hay en el cuerpo son variados, todas estas células tienen una forma similar y funcionan de manera parecida. Las neuronas se comunican entre sí para compartir información utilizando señales eléctricas, que tienen su origen en nuestros pensamientos, percepciones y creencias, así como señales químicas que se desplazan a través de los espacios que hay entre las neuronas, las sinapsis. La capacidad que tiene la información química o eléctrica para cruzar con éxito una sinapsis determina el nivel de nuestra cognición y de nuestras habilidades cognitivas.

Las neuronas desempeñan un papel vital en nuestra tecnología blanda. En algunos aspectos, las neuronas naturales son superiores a los chips informáticos diseñados para propósitos similares e incluso se desempeñan mejor que estos. Por ejemplo, hasta la fecha, las neuronas operan con mayor rapidez.

La velocidad del procesador de un ordenador está determinada por la velocidad de su reloj interno. Este reloj genera las señales eléctricas que regulan las operaciones que ejecuta el chip. Cuando se construyó la primera generación de ordenadores a mediados del siglo XX, la velocidad de este reloj se medía en kilohercios (kHz) (1 kHz representa mil ciclos por segundo). Sin embargo, solo unos años después, en la década de 1980, las velocidades del reloj habían aumentado tan rápidamente que las unidades de medida pasaron a ser de millones de ciclos por segundo, o megahercios (MHz). En la actualidad, en los primeros años del siglo XXI, las velocidades del reloj se miden en gigahercios (GHz), o miles de millones de ciclos por segundo.

Sin embargo, la velocidad de los ordenadores pronto podría igualar la del cerebro humano. Cuando los ordenadores cuánticos estén disponibles, el concepto de un reloj interno que limita la velocidad de procesamiento quedará obsoleto, ya que la capacidad de procesamiento de estas máquinas estará directamente vinculada a las fuerzas fundamentales del universo y a la velocidad de la luz. Estas son precisamente las fuerzas que se encuentran en la base de nuestras neuronas naturales.

Si bien estos avances en la potencia computacional abrirán sin duda la puerta a una nueva era de procesamiento cuántico ultrarrápido, no necesariamente implican que las capacidades de los ordenadores artificiales van a superar las del cerebro humano natural. La razón de ello es que la cognición humana seguirá incrementando su capacidad al mismo tiempo que se expande el límite superior del procesamiento computacional. Como vimos en el capítulo tres, los límites superiores y las capacidades del cerebro humano, y en particular los estados de conciencia que puede alcanzar, parece que pueden ir ampliándose más allá de cualquier límite conocido hoy en día.

Aunque los transhumanistas suelen comparar el funcionamiento del cerebro humano con la de los chips informáticos para ilustrar la superioridad de la tecnología computacional, hay características de las neuronas y del cerebro natural superiores a las de los chips sintéticos y los ordenadores. Además de que la velocidad de procesamiento del cerebro humano no está limitada por la velocidad de un reloj interno, algunos científicos, como el neurocirujano y neuropsicólogo Karl Pribram (1919-2015) y su colega David Bohm, físico teórico (1917-1992), indicaron que la información procesada en el cerebro podría ser de naturaleza holográfica.[7] Esto significa que los datos no están confinados a los canales físicos que son las neuronas.

De hecho, estudios recientes indican que el cerebro humano podría estar tan avanzado que procesa la información utilizando principios relativistas propuestos por Albert Einstein, por lo que la información viajaría a través de las redes neuronales a la velocidad de la luz.[8] Más allá de estas diferencias fundamentales en cuanto a la forma en que se transmite la información, las enormes velocidades de procesamiento de los chips informáticos más avanzados y los de una neurona natural son sorprendentemente similares.

Como se expuso anteriormente, en un chip informático gran parte del procesamiento tiene lugar mediante el uso de transistores que regulan el flujo de información. Dado que las sinapsis entre neuronas realizan una función similar en el cerebro, a efectos comparativos tiene sentido considerar que estos dos procesos son bastante equivalentes.

Un estudio realizado por la Universidad de California en San Francisco y el Instituto Salk resume estos parámetros e informa de que «un chip que contiene un microprocesador moderno tiene 10^9

transistores, mientras que el cerebro humano contiene aproximadamente 10^{14} sinapsis (y un cerebro usa aproximadamente la misma cantidad de energía que un microprocesador)».[9]

Para calcular la velocidad relativa de procesamiento del cerebro y un microprocesador, los investigadores basaron sus cálculos en un par de datos generalmente aceptados: que hay 10^{10} neuronas en el neocórtex humano, y que las neuronas generalmente se disparan a una velocidad de 10 Hz. Esto significa que el cerebro procesa aproximadamente 10^{11} instrucciones por segundo. El estudio concluye que los cálculos realizados en relación con el cerebro humano arrojan «cien veces más que los 10^3 millones de instrucciones por segundo (MIPS) de un microprocesador moderno con múltiples núcleos (unidades de cómputo)».[10] En otras palabras: según estos cálculos, un ordenador, que es un artificio, es unas 100 veces más lento que un cerebro humano, que es un órgano natural.

VERDAD PURAMENTE HUMANA N.º 34: La capacidad y la funcionalidad de una neurona humana son adaptables y pueden ir aumentando en favor de un rendimiento que supere cualquier límite conocido, en lugar de estar limitadas de la manera en que la física limita la capacidad de los chips informáticos de estado sólido.

Otro hecho a tener en cuenta es que el cerebro realiza una especie de «triaje de información» cuando recibe entradas, como cuando se trata de reconocer un rostro o de evaluar si una situación es amenazadora. La información se segmenta y procesa en funciones paralelas, pero a diferentes velocidades, según la parte del cerebro que está realizando el procesamiento. Por ejemplo, la amígdala de nuestro cerebro es el centro de procesamiento del miedo, mientras que en el hipotálamo procesamos los olores, toques y sonidos que asociamos al amor. Esta característica contrasta marcadamente con el procesamiento serial de un ordenador. Aunque una computadora es realmente rápida, no asocia piezas dispares de información de esta manera paralela.

Los sistemas biométricos que se están volviendo comunes en los puntos de control de seguridad de los aeropuertos utilizan un tipo de procesamiento serial basado en el reconocimiento facial. Al acercarnos a un punto de control de seguridad en un aeropuerto, sensores ubicados por encima de nuestras cabezas escanean nuestro rostro y se efectúa un registro digital de los contornos de nuestra cara y de características como la distancia que separa los ojos y el espacio que hay entre la punta de la nariz y la parte superior de los labios, entre otras. Esta información se compara con un registro digital de cientos de miles o incluso millones de caras de otras personas para encontrar lo que, con suerte, será una buena coincidencia. De esta manera, las autoridades pueden evaluar que no constituimos una amenaza o bien detenernos si sospechan que podemos haber cometido un delito.

Los estudios muestran que, mientras que los humanos podemos reconocer un rostro familiar en un lapso de entre 360 y 390 milisegundos solamente (un milisegundo es la milésima parte de un segundo), los sistemas típicos de reconocimiento facial computarizados pueden tardar hasta uno o dos segundos completos en realizar la tarea.[11] Y aunque los ordenadores han mostrado ser más precisos en el procesamiento de las imágenes estáticas simples, los humanos todavía tenemos ventaja cuando se trata de efectuar escaneos faciales complejos o de evaluar imágenes en movimiento.

POR QUÉ NUESTRA HUMANIDAD ESTÁ POR ENCIMA DE LA TECNOLOGÍA

Además de las capacidades humanas notables de las que hablábamos en los apartados anteriores, los seres humanos tenemos una capacidad más que nos otorga una ventaja muy especial. Es la extraordinaria capacidad que tenemos de regular por nosotros mismos muchos de los potenciales que yacen dormidos en nuestro interior. Por ejemplo, somos la única forma de vida conocida que puede elegir suscitar una respuesta inmunitaria más fuerte en el cuerpo; que puede elegir fomentar una mayor resiliencia frente a los grandes cambios que acontecen en nuestra vida y en nuestro mundo; que puede elegir aliviar el estrés hasta el nivel molecular del ADN, lo que da lugar a una profunda sanación, y más. Somos las únicas criaturas de este planeta que pueden activar estos superpotenciales cuando se lo proponen, en el lugar y el momento elegidos, en lugar de tener que esperar señales procedentes del entorno para manifestar estos estados.

Lo maravilloso de nuestro diseño humano es que no necesitamos saber cómo funcionan estos sistemas para experimentar sus beneficios.

Somos creaciones tan sofisticadas que podemos acceder con facilidad a las complejas interacciones que tienen lugar entre bastidores en nuestro cuerpo a través de la «interfaz de usuario» que son nuestras percepciones. Nuestros pensamientos, sensaciones, emociones y creencias, así como nuestra forma de respirar y aquello en lo que nos enfocamos, pueden desencadenar las reacciones químicas en cadena de las que normalmente no somos conscientes. Sin embargo, estos mismos factores pueden llenar nuestra vida de salud, sanación y tranquilidad o, por el contrario, de enfermedad, sufrimiento y desesperación.

> **VERDAD PURAMENTE HUMANA N.º 35:** Nosotros mismos regulamos nuestra tecnología blanda avanzada mediante las interfaces de usuario que son los pensamientos, las sensaciones, las emociones, la respiración y otros factores epigenéticos.

Una de las señales indicativas de una tecnología realmente avanzada es que la interfaz de usuario (el panel de control que permite acceder a las funciones de un dispositivo) sea simple y fácil de usar. Por ejemplo, cuando encendemos el teléfono inteligente que sostenemos en la palma de la mano, activamos aplicaciones y canales de información tocando la pantalla con los dedos, hablando con un asistente virtual programado o seleccionando campos destacados. Podemos llevar a cabo tareas completas sin teclear ni una sola instrucción.

Normalmente no tenemos ni idea de lo que sucede entre bastidores que hace posible que nos conectemos con nuestros amigos y familiares o que transfiramos dinero desde nuestra cuenta bancaria para pagar una factura. Y no necesitamos saberlo. Esto es lo que tiene de maravilloso la interfaz de usuario. Las capas de *hardware*, *firmware* y *software* que hay entre nosotros y las funciones de la máquina hacen el trabajo por nosotros.

La «interfaz de usuario» humana que nos permite acceder a la extraordinaria tecnología que albergamos en nuestro interior funciona de manera muy similar. Es a través de la combinación de distintas acciones cotidianas como accedemos a un abanico impresionante de potenciales disponibles dentro de nuestro cuerpo y como los activamos.

EL DESCUBRIMIENTO QUE CONMOCIONÓ A LA COMUNIDAD CIENTÍFICA

El 26 de junio del año 2000, el entonces presidente Bill Clinton hizo algo que muy pocos presidentes de los Estados Unidos han hecho durante su mandato. Hablando en directo por televisión desde una tribuna ubicada en el Salón Este de la Casa Blanca, anunció la finalización de un proyecto científico en el que se había estado trabajando durante años: el mapeo del genoma humano. Comparando el Proyecto del Genoma Humano con el proyecto consistente en mapear los Estados Unidos de América, que se había llevado a cabo doscientos años atrás, Clinton declaró que el proyecto del genoma tenía aún mayor importancia. «Sin lugar a dudas, este es el mapa más importante, el más asombroso que jamás haya creado la humanidad», dijo.[12]

El mapeo del genoma humano fue un logro inmenso que debía ser celebrado, pero algunos científicos se sintieron más desconcertados por lo que revelaba el mapa que sorprendidos por el logro en sí. La razón es que los resultados del programa invalidaron una teoría que se venía sosteniendo desde hacía tiempo sobre el ADN, los genes y el papel que juegan los genes en el cuerpo.

Antes del anuncio de la culminación del proyecto, la creencia más extendida era que cada gen de nuestro ADN solamente programa una proteína específica del cuerpo. Esta correspondencia llevó a pensar que si pudiéramos aislar los genes responsables de determinadas proteínas podríamos utilizar terapias y crear fármacos para modificar cualquier gen que no estuviera funcionando correctamente.

El cuerpo humano tiene más de cien mil tipos de proteínas que trabajan juntas para hacer posible el funcionamiento de todos los órganos, glándulas, tejidos y sistemas. Antes del Proyecto del Genoma Humano se esperaba que, si cada gen producía una proteína, habría al menos cien mil genes por descubrir y mapear. Y se esperaba que el éxito en la elaboración del mapa génico llevara a la creación de cien mil fármacos nuevos, uno para abordar el funcionamiento de cada uno de los genes.

Sin embargo, en el curso del proyecto quedó patente que esta hipótesis presentaba un problema, no menor precisamente, sino descomunal. Y es que el número de genes mapeados en el ecuador del proyecto estaba tan por debajo de lo que se había proyectado que los científicos quedaron sorprendidos y confundidos.

Con la finalización del proyecto hubo que cambiar el relato relativo al ser humano. Resultó que la totalidad de nuestro genoma está compuesto por unos veinticuatro mil genes. Y la discrepancia entre la expectativa y la realidad no fue el resultado de una equivocación en una fórmula matemática ni un simple error de redondeo. El mapa reveló con precisión que solo tenemos alrededor del veinticinco por ciento de los genes pronosticados por la teoría de la época.

Solo había una explicación lógica para la gran discrepancia existente entre la teoría y la realidad, y era que la teoría vigente sobre la correspondencia entre los genes y las proteínas estaba equivocada.

VERDAD PURAMENTE HUMANA N.º 36: En el año 2000, los científicos descubrieron que el genoma humano está compuesto por unos 24.000 genes solamente, lo que significa que la idea previamente aceptada de que un solo gen producía un solo tipo de proteína entre las 100.000 existentes no era acertada.

El descubrimiento de que tan pocos genes gestionan los complejos sistemas del cuerpo humano fue como un terremoto que envió ondas sísmicas a los ámbitos científico, médico y farmacéutico. Debido a lo complejo que es el cuerpo humano comparado con otras formas de vida, se esperaba que tuviéramos muchos genes al cargo de nuestra maquinaria biológica. Lo sorprendente fue que formas de vida «inferiores» mostraron tener la misma cantidad de genes que nosotros aproximadamente, ¡o incluso muchos más!

Un simple ratón de campo, por ejemplo, tiene 25.000 genes (mil más que nosotros que somos tan complejos), mientras que se estima que el loto tiene alrededor de 15.000 genes más que nosotros, es decir, unos 40.000.

Está claro que había algo erróneo en la manera en que se habían concebido los genes en el pasado. La genética que se había enseñado en las aulas, y que se había utilizado para justificar millones de dólares en proyectos de investigación y se había promocionado como la base para la creación de nuevos fármacos prometedores, estaba equivocada. Y ese «algo erróneo» fue lo que dio paso al descubrimiento trascendental que explica por qué tenemos los poderes que poseemos, y cuál es el papel de nuestra divinidad y de los procesos divinos que acontecen en nuestro interior.

EPIGENÉTICA: EL DESCUBRIMIENTO DE LOS GENES MULTIFUNCIONALES

El Proyecto del Genoma Humano reveló que nuestros genes no tienen unas funciones «fijas»; no son segmentos estáticos de ADN que realizan una sola tarea. Por el contrario, son dinámicos. Esto significa que son maleables y se programan a sí mismos en función de las exigencias de los entornos en los que se encuentran. Estudios posteriores han demostrado que un solo gen humano puede programar hasta cien proteínas diferentes, descubrimiento que explica por qué los 24.000 genes de nuestro cuerpo pueden generar hasta 400.000 proteínas únicas, incluidas las 100.000 que nos mantienen vivos.

Estos descubrimientos han llevado al surgimiento de una «nueva» disciplina científica llamada *epigenética*. El prefijo *epi* significa 'por encima', y *genética* hace referencia al genoma. Así, la epigenética estudia factores que están por encima o más allá del genoma mismo que activan genes específicos para que produzcan determinadas proteínas. Expondré algunos de estos factores en detalle en los próximos apartados.

En el párrafo anterior he puesto la palabra *nueva* entre comillas al referirme a la epigenética. La razón de ello es que, si bien el término *epigenética* se ha popularizado en los últimos años, los fundamentos de esta disciplina se desarrollaron a finales de la década de 1960, a partir de estudios de laboratorio que revelaron el gran poder que tiene el entorno en la programación de los genes.

Un experimento simple, el cultivo de células en una placa de Petri, suele emplearse para explicar el principio de la epigenética, como se verá en el siguiente ejemplo.

Para empezar, se cultiva un grupo de células idénticas en una placa de Petri típica. Las células provienen de la misma fuente, tienen la misma edad y sus propiedades son las mismas. Si tomamos algunas de las células de la placa original y las colocamos en otro recipiente, y este es expuesto a un entorno distinto, las células comenzarán a desarrollarse de manera diferente. El desencadenante del cambio puede ser una modificación en el entorno químico o nutricional, o en el ambiente emocional. Esto es una muestra del poder que tienen los genes.

Un solo gen puede dar lugar a muchas proteínas diferentes, gracias a que diferentes segmentos de los genes (llamados *exones*) pueden combinarse de varias maneras para construir proteínas distintas. Por ejemplo, una célula expuesta a un determinado entorno puede convertirse en una célula muscular. Otra célula, tomada de la misma placa de Petri en la que hay células idénticas, puede convertirse en una célula sanguínea, hepática, ósea o de otro tipo, según el entorno al que sea expuesta. El principio de la epigenética explica por qué es posible esto: diferentes entornos activan distintos segmentos de los genes para que estos puedan responder apropiadamente a las condiciones ambientales.

VERDAD PURAMENTE HUMANA N.º 37: Debido a la epigenética, es posible que un solo gen humano «programe» hasta cien proteínas distintas. Esto significa que podemos obtener más programación con una pequeña cantidad de genes altamente eficientes.

El hecho de que las neuronas cambien, se desarrollen, se conecten y se activen juntas en respuesta al entorno emocional que les proporcionamos se conoce como *neuroplasticidad*. La plasticidad de estas células nerviosas y cerebrales nos dice que los sistemas nerviosos no son estáticos ni rígidos, sino que, como indica el término *plástico*, son maleables y dinámicos. Este principio también es aplicable a nuestro genoma. Es la plasticidad genética de nuestro ADN la que hace que tengamos el poder de liberarnos del dolor, el sufrimiento y el trauma que pueden estar programados en nuestro genoma debido a factores epigenéticos.

Existen varios desencadenantes epigenéticos, y cualquiera de estos factores, o una combinación de los mismos, puede ser responsable de las configuraciones del ADN que nos permiten vivir, experimentar alegría y sanar, o que nos llevan a experimentar sufrimiento, miedo y enfermedades.

Los desencadenantes epigenéticos pueden ser factores ambientales, como las toxinas presentes en el aire que respiramos y en la comida que ingerimos. Pueden ser sustancias que tomamos, ya sean fármacos o drogas recreativas, que incluyen tanto los psicodélicos sintéticos como los derivados de plantas y el alcohol. Sin embargo, quizá los factores epigenéticos más potentes que influyen en todos los aspectos de nuestra vida no se pueden ver y no es fácil medirlos. Estos factores provienen de la energía de nuestras emociones conscientes y subconscientes, de nuestros pensamientos y de lo que creemos que es cierto acerca de nosotros mismos. Aunque cada uno de nosotros tenemos acceso a estos factores invisibles, a veces son los más misteriosos y difíciles de cambiar.

Para dominar nuestra propia vida en el mayor grado posible tenemos que descubrir que tenemos la capacidad de cambiar nuestras creencias. Cuando elegimos mejorar el relato relativo a nuestra vida y pensar de manera diferente sobre nosotros mismos, nuestro cambio de percepción cambia nuestro cuerpo. Los principios epigenéticos nos dicen que esto es así, y el comportamiento de las neuronas espejo lo ejemplifica perfectamente.

UN DESCUBRIMIENTO INESPERADO EN EL CEREBRO

En 2004, un grupo de científicos italianos anunció un descubrimiento cuyas implicaciones continúan sacudiendo los ámbitos de la psicología, la biología y la evolución. El informe de la investigación que llevó a este descubrimiento, publicado en la revista revisada por pares *The Annual Review of Neuroscience*, anunció que se había encontrado un «eslabón perdido» evolutivo que explicaba los estados avanzados de cognición y aprendizaje: un tipo de neurona presente en el cerebro humano que ya en este trabajo era denominada *neurona espejo*.[13]

Las neuronas espejo están ubicadas en partes del cerebro que tienen que ver con funciones clave como el tacto, la temperatura y el dolor. Esto es importante porque estas funciones se encuentran en la zona del cerebro humano que se ha desarrollado más recientemente, la que nos dio nuestra humanidad cuando aparecimos hace doscientos mil años o más. Lo que distingue las neuronas espejo de las otras neuronas del cerebro es su funcionamiento. Los experimentos han revelado que las neuronas espejo se activan, o disparan, bajo dos condiciones muy diferentes.

En primer lugar, como era de esperar, una neurona espejo se activa cuando estamos viviendo una experiencia física. Ya sea que estemos caminando solos por un sendero de montaña a gran altura, inmersos en la belleza del entorno y rodeados de un aire frío y poco denso, o que estemos explorando la intimidad sensual del contacto físico con nuestra pareja sentimental, nuestras neuronas espejo se activan y responden a la situación enviando señales a las partes del cerebro y el cuerpo que pueden secretar sustancias químicas que nos hagan tener una experiencia más significativa. Por ejemplo, en el contexto de un encuentro romántico produciríamos sustancias químicas fomentadoras del vínculo, como dopamina y oxitocina, además de adrenalina, esta última en respuesta a la emoción y a las posibilidades que imaginamos en el momento. Además, los hombres pueden liberar la hormona vasopresina para fortalecer la experiencia de la vinculación a través de identificar a la persona con la que se está manteniendo la relación como la pareja preferida.

La información clave en relación con la primera condición es que nuestra química corporal cambia en respuesta a una experiencia que realmente estamos viviendo en el momento.

La segunda condición que motiva la activación de las neuronas espejo es quizá más sorprendente y misteriosa. Este desencadenante es el que ofrece más posibilidades en relación con el dominio de uno mismo, la autocuración y la regulación del propio cuerpo. El descubrimiento de 2004 reveló que nuestras neuronas espejo también se activan cuando vemos que otra persona tiene una experiencia. En otras palabras: estas neuronas no saben cuál es la diferencia entre tener una experiencia y ser testigo de una experiencia.

> **VERDAD PURAMENTE HUMANA N.º 38:** Las neuronas espejo no saben la diferencia entre tener una experiencia y ver a otra persona tener una experiencia.

Las implicaciones de este descubrimiento son enormes y controvertidas, y especialmente profundas en lo que se refiere a la responsabilidad personal y el dominio de uno mismo. Experimentos adicionales han abierto la puerta a posibilidades que pueden parecer del ámbito de la ciencia ficción, si bien no son ficticias, sino muy reales. Y una vez que las hemos visto, sabemos que están ahí. Depende de nosotros pasar por alto o aceptar lo que significan para nuestra propia vida.

OBSERVADO FRENTE A IMAGINADO: EL CEREBRO NO RECONOCE LA DIFERENCIA

Las exploraciones cerebrales efectuadas para documentar un experimento realizado en el prestigioso Instituto Salk (ubicado en La Jolla, California) y publicado en 2007 ilustran las formas en que se activan nuestras neuronas espejo.[14] Este experimento consistió en utilizar tecnología de escaneo para documentar la actividad de las neuronas espejo en el cerebro de una persona mientras realizaba tres tareas diferentes. El primer escaneo mostró las partes del cerebro que se activaron cuando el sujeto alargó el brazo para agarrar un objeto. Como era de esperar, las partes del cerebro que «se iluminaron» fueron las áreas comúnmente asociadas a las funciones de extender el brazo y abrir la mano para asir un objeto.

En la segunda parte del experimento, el sujeto examinado no se movió para alcanzar nada, sino que *observó* a otra persona que realizó ese acto. El escaneo correspondiente mostró el poder que tienen las neuronas espejo y el misterio que las rodea: se activaron las mismas zonas del cerebro del sujeto que se habrían activado si hubiese levantado el objeto personalmente. Aunque la intensidad de la actividad se redujo ligeramente, a todos los efectos el cerebro del sujeto se comportó como si él mismo estuviese teniendo la experiencia.

Pero fue el tercer escaneo el que reveló las repercusiones más profundas, más controvertidas y quizá más empoderadoras de la presencia de las neuronas espejo para nuestra vida. En este caso el sujeto no alcanzó físicamente el objeto ni observó cómo lo hacía otra persona. En esta tercera parte del experimento, el sujeto *se visualizó* a sí mismo alcanzando el objeto.

Como en el caso anterior, aunque el grado de activación cerebral fue un poco menor que con la experiencia de alcanzar el objeto físicamente, se vio claramente que el cerebro estaba respondiendo a la experiencia imaginada como si fuese real. Esta es la parte del experimento que abre la puerta a las implicaciones más inciertas, pero con mayor potencial empoderador.

La experiencia de usar la imaginación para visualizar una acción motiva en nuestro cerebro una respuesta similar a la que da cuando estamos viviendo realmente la experiencia, y hace que se liberen las mismas sustancias químicas en el cuerpo. Es por esta razón que la forma en que nos vemos a nosotros mismos en el mundo, es decir, *la forma en que nos visualizamos tanto consciente como subconscientemente*, es tan significativa para nuestra salud y nuestro bienestar.

El cuerpo está generando la salud, la condición física y la vitalidad que le estamos indicando que genere a través de nuestra autoimagen, es decir, lo programamos al tener una determinada imagen de nosotros mismos. Y las percepciones de nosotros mismos que ofrecemos a nuestras neuronas espejo a diario son una parte muy importante de esta programación.

> **VERDAD PURAMENTE HUMANA N.º 39:** La forma en que nos vemos a nosotros mismos en nuestra imaginación hace que las neuronas espejo le envíen al cuerpo la información pertinente para que se adecúe a nuestra autoimagen.

Los sistemas vitales del cuerpo, incluidos los sistemas endocrino e inmunitario, responden adaptativamente a las señales que mandan las neuronas espejo; generan en el cuerpo las sustancias químicas que se corresponden con las condiciones que hemos observado (imaginado) en nuestra mente y que fomentan estas condiciones.

Con el experimento del Instituto Salk y otros similares en mente, ¿qué repercusiones tendría para nosotros el hecho de vernos como personas completas, plenas y saludables? ¿Y qué consecuencias tendría practicar esta visualización de manera constante, cada día, como parte de un ritual consciente destinado a favorecer la vitalidad y la sanación?

La respuesta no deja lugar a dudas. Si el cerebro no sabe apreciar la diferencia entre las experiencias vividas, observadas e imaginadas, entonces el hecho de vernos a nosotros mismos como seres saludables y plenamente capacitados de todas las formas posibles hará que nuestras neuronas espejo respondan en consecuencia. Esto es precisamente lo que los estudios previos han ilustrado.

En el pasado, el efecto de la visualización se atribuía a lo que hoy conocemos como *efecto placebo*. Normalmente vemos este fenómeno como una mejora misteriosa de la salud que la medicina convencional no puede atribuir a nada más que a la fe del paciente en su propia capacidad de sanación, en el tratamiento o en su médico.

Teniendo en cuenta estos descubrimientos, te pregunto lo siguiente: ¿qué información les estás proporcionando a tus neuronas espejo? ¿Qué imágenes de ti estás creando y sosteniendo día tras día, año tras año? ¿En qué te estás enfocando? ¿Centras la atención en los aspectos que menos te gustan de ti, como la aparición de nuevas arrugas, una capa de grasa corporal o una nueva mancha, o te imaginas constantemente con el estado de vitalidad y salud que deseas?

No hay respuestas «correctas» o «incorrectas» a estas preguntas, si bien las respuestas que des pueden ayudarte a entender por qué tu vida es como es y por qué tu cuerpo funciona como lo hace. También pueden darte las claves necesarias para efectuar cambios positivos cuando decidas hacerlo.

ACTIVAR NUESTROS SUPERPODERES

Además del descubrimiento de las neuronas espejo y lo que pueden suponer para nuestra vida, otro descubrimiento reciente está sacudiendo los cimientos de lo que se nos ha hecho creer sobre nuestros límites y nuestras posibilidades. Es el descubrimiento de la red neuronal presente en el corazón, mencionada anteriormente en este capítulo.

En la escuela me enseñaron que el cerebro es el órgano maestro del cuerpo humano. Me dijeron que es el cerebro el que envía las señales y da las instrucciones al resto del cuerpo para que se mantenga con vida y sano. También me enseñaron que el corazón no es más que una bomba —una bomba excelente, eso sí— que hace que la sangre fluya por todo el cuerpo a lo largo de nuestra vida. Pero nuevos descubrimientos están poniendo de manifiesto que ambas suposiciones son incorrectas, o que al menos no son toda la verdad.

En el ámbito científico hay cada vez más pruebas de que la función de bombeo del corazón, por importante que sea, podría palidecer en comparación con otras actividades que realiza. En otras palabras: aunque el corazón hace un trabajo asombroso al bombear sangre por todo el cuerpo a lo largo de la vida, es posible que bombear sangre no sea su principal cometido.

En 1991, un descubrimiento científico publicado en la revista *Neurocardiology* despejó cualquier duda que pudiese quedar sobre el hecho de que el corazón humano es más que una bomba. El nombre de la revista nos da la pista de que se descubrió una relación estrecha entre el corazón y el cerebro que no había sido reconocida anteriormente. Un equipo de científicos dirigido por el doctor J. Andrew Armour, de la Universidad de Montreal, que estaba estudiando la relación que mantenían el corazón y el cerebro descubrió la existencia de una red de comunicación dentro del propio corazón formada por cuarenta mil neuronas especializadas, también conocidas como *neuritas sensoriales*.[15]

Expuesto en términos simples, Armour y su equipo descubrieron la red neuronal que actualmente se conoce como el *pequeño cerebro* del corazón. El artículo en el que se presenta el descubrimiento, publicado por el Royal College of Psychiatrists, informa de ello en términos fáciles de entender: «El "cerebro del corazón" es una red intrincada de nervios, neurotransmisores, proteínas y células de apoyo similares a los que se encuentran en el cerebro propiamente dicho».[16]

VERDAD PURAMENTE HUMANA N.º 40: Una red neuronal, o «pequeño cerebro», que se encuentra dentro del corazón humano piensa, siente, experimenta y recuerda independientemente del cerebro craneal.

Un papel clave de la red neuronal de nuestro corazón es detectar cambios en los niveles de hormonas y otras sustancias químicas presentes en el interior de nuestro cuerpo, e informar de estos cambios al cerebro. A partir de aquí, el cerebro activará los sistemas que deberán satisfacer las necesidades del momento. El corazón cumple esta función convirtiendo el lenguaje emocional de las percepciones de nuestro cuerpo, que incluye la forma en que nos sentimos respecto a nuestro entorno, en el lenguaje eléctrico del sistema nervioso, para que los mensajes tengan sentido para el cerebro. Los mensajes del corazón le indican al cerebro cuándo nos sentimos seguros en nuestro entorno para poder concentrarnos, por ejemplo, en fortalecer nuestro sistema inmunitario; o cuándo sentimos que el entorno no es seguro y necesitamos más adrenalina para hacer frente a una situación estresante.

Ahora que en el ámbito científico se ha reconocido la existencia del pequeño cerebro del corazón, también se ha visto que cumple determinadas funciones físicas y espirituales, como las siguientes:

- comunicarse con neuritas sensoriales ubicadas en otros órganos del cuerpo,
- acceder a un tipo de intuición profunda conocida como *inteligencia del corazón*,
- entrar intencionadamente en estados de intuición profunda cuando nos lo proponemos,
- acceder a los mecanismos de autocuración oportunos cuando nos proponemos curarnos a nosotros mismos,
- activar nuestra capacidad para el superaprendizaje, la supermemoria o la supercognición cuando nos lo proponemos.

COHERENCIA BAJO DEMANDA

El corazón funciona de dos modos distintos pero relacionados en relación con su pequeño cerebro. En uno de estos modos, el corazón actúa independientemente del cerebro craneal; es algo que hace en ocasiones: hace, piensa, siente, aprende, recuerda e incluso percibe los ámbitos interior y exterior de la persona por sí mismo. Almacena sus impresiones y recuerdos dentro de la red neuronal cardíaca.

En el otro modo de funcionamiento, el corazón puede actuar en armonía con el cerebro craneal de una manera que nos permite hacer algo que ninguna otra forma de vida puede hacer (al menos, ninguna de las formas de vida que conocemos): podemos armonizar las redes neuronales del corazón y el cerebro para sincronizar estos dos órganos en un sistema único y potente al que podemos acceder para servirnos de ello en nuestra vida.

La técnica con la que lograr que el corazón y el cerebro estén en coherencia consta de tres pasos:

1. Enfocar la atención en la zona del corazón.
2. Ralentizar la respiración de tal manera que la exhalación sea más larga que la inhalación; por ejemplo, inspirar contando hasta cuatro y soltar el aire contando hasta seis.
3. Evocar consciente e intencionadamente un sentimiento positivo, como gratitud o cariño, hacia cualquier persona o cosa.

La combinación de estos tres pasos con el mantenimiento del sentimiento creado en el paso 3 a lo largo de tres minutos por lo menos genera una señal eléctrica que viaja del corazón al cerebro y da lugar a un estado de armonía llamado *coherencia*. Cuando el sentimiento alojado en el corazón genera una señal de 0,1 Hz, tenemos las condiciones para una armonía óptima, llamada *coherencia corazón-cerebro*.[17]

Una vez más, quiero subrayar el hecho de que tenemos la capacidad de regular las condiciones internas que dan lugar a la coherencia corazón-cerebro, porque puede ser fácil restar importancia a las palabras que describen este proceso. Somos la única forma de vida que tiene la capacidad de *elegir* conscientemente cuándo armonizar las redes neuronales del corazón y el cerebro. También somos la única forma de vida que puede *elegir* conscientemente dónde y cómo armonizar el poder de dos órganos separados en un sistema de redes vital y potente. La capacidad que tenemos de generar este estado de conciencia cuando nos lo proponemos hace que el grado de dominio que tenemos sobre nosotros mismos sea incomparable.

VERDAD PURAMENTE HUMANA N.º 41: Somos la única forma de vida conocida que puede armonizar intencionadamente las redes neuronales del corazón y el cerebro para generar un óptimo estado de coherencia corazón-cerebro.

El acto de establecer la coherencia corazón-cerebro optimiza los sistemas de nuestro cuerpo, como el inmunitario, el respiratorio, el nervioso y otros. Así logramos tener el mejor desempeño posible en cualquier actividad diaria y cultivamos el bienestar a largo plazo. Los beneficios de esta sincronización son numerosos y podrían ser el tema de todo un libro; un artículo de 2022 publicado en la web de la clínica de salud mental Alleviant Integrated Mental Health resume algunos de ellos: «De resultas [de generar la coherencia corazón-cerebro] sentirás más alegría y mayor energía y vitalidad, tus habilidades en cuanto a la toma de decisiones mejorarán, y tu salud mental y física se verá favorecida».[18]

Algunas de las pruebas más sólidas que indican que la coherencia corazón-cerebro nos favorece mucho en el ámbito fisiológico se encuentran en los estudios iniciales realizados por el Instituto Heart-Math, una organización pionera en el estudio del corazón humano desde perspectivas no convencionales. Los estudios de HeartMath muestran, por ejemplo, que los niveles de deshidroepiandrosterona (DHEA) en el cuerpo aumentan en un cien por ciento a lo largo de un período de treinta días en los que se establezca la coherencia corazón-cerebro con regularidad.[19]

La DHEA es una hormona que juega un papel vital en el organismo humano. Es un precursor que debe estar presente para que nuestro cuerpo produzca y utilice otras hormonas vitales, como la testosterona y el estrógeno. Los estudios muestran que los niveles de DHEA tienden a disminuir con la edad, pero el cuerpo debe poder disponer de ella para que podamos mantenernos fuertes y sanos. La práctica regular de establecer la coherencia entre el corazón y el cerebro favorece unos niveles de DHEA saludables, incluso en etapas avanzadas de la vida, cuando los niveles suelen disminuir.

Además de elevar los niveles de DHEA en el cuerpo, los estudios revelaron que, al mismo tiempo, la coherencia generada entre el corazón y el cerebro hizo bajar en un veintitrés por ciento los niveles de la principal hormona del estrés, el cortisol. Otro estudio reveló que la proteína inmunoglobulina A (IgA), que es un anticuerpo que constituye la primera línea de defensa de nuestro sistema inmunitario (se encuentra en las células de la boca), respondió en un grado sorprendente en los sujetos que participaron en la investigación.

Después de estar solo cinco minutos experimentando los sentimientos positivos que forman parte de la técnica de coherencia de tres pasos expuesta anteriormente, como la gratitud y el cuidado, los sujetos experimentaron un «incremento inmediato de los niveles de IgA, del cuarenta y uno por ciento en promedio. Al cabo de una hora, los niveles de IgA volvieron a la normalidad, pero fueron aumentando poco a poco en el curso de las seis horas siguientes».[20]

RECONOCER NUESTROS SUPERPODERES

Estudios como los realizados por HeartMath y Allegiant son significativos por dos motivos. En primer lugar, nos dicen que tenemos la capacidad (el poder) de activar y potenciar respuestas físicas importantes, como la respuesta inmunitaria, de forma deliberada. El estado de coherencia afecta de manera positiva a sistemas que se suponía que no podíamos alterar de manera consciente.

En segundo lugar, el hecho de que puedan mejorar aspectos corporales de resultas de experiencias que podemos gestionar y crear cuando decidimos hacerlo nos dice que estamos dotados de la capacidad de regular nuestra extraordinaria tecnología blanda, incluidas todas las funciones expuestas previamente en este capítulo. Este es el tipo de capacidad que los ingenieros sueñan con incorporar a sistemas artificiales, como robots y aplicaciones de inteligencia artificial.

El descubrimiento de Armour de que hay neuronas en el corazón nos da razones para cambiar para siempre la forma en que nos vemos a nosotros mismos. Pone en otra perspectiva los cambios que son posibles en nuestro cuerpo y lo que somos capaces de lograr en nuestra vida. La ciencia del nuevo campo de la neurocardiología apenas está empezando a ponerse al nivel de las creencias ancestrales, indígenas y espirituales cuando se trata de explicar el origen de experiencias como la intuición, la precognición y la autocuración. Casi en todas partes, las enseñanzas tradicionales reconocen la influencia directa del corazón sobre nuestra personalidad, nuestras decisiones diarias y nuestra capacidad de tomar decisiones morales a partir de discernir entre lo que está bien y lo que está mal.

Aceptar los beneficios de la sabiduría del corazón puede impulsarnos de inmediato más allá de los límites que nos hemos impuesto en cuanto a la forma en que vivimos, nuestra capacidad para resolver problemas y, quizá lo más significativo, nuestra capacidad para amar. Estas mismas capacidades nos otorgan la resiliencia que necesitamos para aceptar con una actitud saludable los grandes cambios que tienen lugar en nuestra vida.

Ahora sabemos que nuestro corazón forma parte de una red neuronal extendida que ya se había desarrollado cuando nuestros ancestros aparecieron en este planeta. También sabemos que tenemos un pequeño cerebro en el corazón compuesto por células que piensan, sienten y recuerdan independientemente del cerebro craneal. Y sabemos que podemos beneficiarnos consciente e intencionadamente de la relación que mantienen el cerebro y el corazón. Teniendo en cuenta todos estos hechos, las preguntas que debemos hacernos son: ¿qué otras funciones que apenas conocemos tiene el corazón?, ¿qué otras capacidades ocultas en nosotros estamos redescubriendo?

En los últimos tiempos, casi cada semana se están publicando en revistas científicas nuevos descubrimientos que están respondiendo estas preguntas.

LA ACTIVACIÓN DE NUESTRA TECNOLOGÍA BLANDA

El descubrimiento de las relaciones existentes entre las células de nuestro cuerpo, las neuronas espejo del cerebro y el poder del corazón humano ha allanado el camino hacia la comprensión de un nuevo tipo de tecnología que trasciende todo lo que hemos concebido en el pasado. La tecnología somos nosotros. Nosotros somos la tecnología blanda y sofisticada que estamos intentando incorporar a las máquinas más avanzadas de nuestra era. Vernos de esta manera requiere un tipo de pensamiento muy diferente del que conduce a ver el cuerpo humano como un sistema frágil de fluidos salinos, sangre, huesos, etc., que es el resultado de unos procesos biológicos afortunados.

En un sentido muy real, nuestra tecnología blanda está a años luz de todo lo que los ingenieros modernos son capaces de construir en laboratorios y de lo que pueden incorporar a robots. El hecho de que seamos tecnología blanda significa que estamos más allá de los componentes primitivos de los chips informáticos de silicio, los nanobots incorporados al cuerpo y los sensores implantados en la piel.

Somos más que los sustitutos artificiales de órganos de carne y hueso, cuyo potencial para imitar nuestras capacidades naturales es limitado. Somos más porque somos un tipo de tecnología diferente. Somos una tecnología blanda. Contenemos neuronas que tienen membranas que se curan a sí mismas y potenciales iónicos que pasan a través de las paredes de las células y que se activan, se desactivan y se autorregulan según nuestra voluntad cuando elegimos activar los sistemas que nos componen. Ser puramente humano es esto.

En lugar de ver el cuerpo humano como el resultado defectuoso de mutaciones aleatorias acontecidas en el curso de un largo período de tiempo (a partir de la teoría de la evolución de Charles Darwin), debemos verlo como una modalidad avanzada de tecnología biológica. Si nos permitimos ver nuestra humanidad a través de la lente de la ingeniería, podemos observar que las estructuras y los potenciales de nuestras células y de nuestra configuración biológica son enormemente sofisticados y obedecen a diseños tremendamente complejos. Todo lo que vemos que inventan y desarrollan los ingenieros en el mundo que nos rodea, desde las redes de comunicación avanzadas hasta la tecnología de la cadena de bloques, solo se aproxima de manera muy deficiente a las redes de comunicación y los sistemas de crecimiento, diagnóstico y reparación que siempre han existido dentro de nosotros.

La idea fundamental es que ya hacemos las cosas y desempeñamos las funciones que, según la propuesta transhumanista, deberían realizar componentes artificiales en nuestro cuerpo. Y nuestro desempeño es mejor que el de estos componentes.

> **VERDAD PURAMENTE HUMANA N.º 42:** El cuerpo humano natural es una tecnología blanda muy avanzada y sofisticada que en muchos aspectos es superior a los componentes artificiales de la tecnología informática para posibilitar estados avanzados de conciencia y curación.

Podemos pensar en los órganos y sistemas de nuestro cuerpo como programas separados pero armoniosos que funcionan bajo el sistema operativo de la conciencia, que nos da acceso a nuestra divinidad. También podemos pensar en nuestra divinidad como un sistema de guía que nos orienta para que lleguemos a ser la mejor versión de nosotros mismos. Cuando contemplamos nuestra humanidad desde estas perspectivas nos damos cuenta de que, en un sentido muy real, somos la tecnología avanzada que los mejores ingenieros de nuestra época sueñan con crear. Somos la tecnología que hemos estado esperando.

CAPÍTULO 5

Divinidad cotidiana

Nuestro destino es vivir libres

Cada persona nace con un poder infinito frente al cual ninguna fuerza terrenal tiene la más mínima relevancia.

—Neville Goddard (1905-1972),
escritor, orador y místico barbadense

La clave para despertar el extraordinario poder de nuestra divinidad se encuentra más allá de las palabras que contienen las historias que nos contamos y creemos. Por ejemplo, podemos decirnos que nacimos con unas habilidades extraordinarias comparables a las de los dioses, como una gran telepatía, la capacidad de curarnos a nosotros mismos y un tiempo de vida tremendamente largo. Podemos asistir a seminarios y talleres, inscribirnos a cursos en línea y viajar a lugares remotos y misteriosos que preservan el legado de civilizaciones pasadas en nuestra búsqueda por descubrir nuestros propios superpoderes. Pero si bien cada una de estas acciones puede inspirarnos y conectarnos con una comunidad de mentes afines que nos apoyen en nuestro viaje, podríamos necesitar algo más para cumplir nuestros sueños.

Mientras no *vivamos* los poderes que descubrimos y no asumamos la responsabilidad de expresarlos en nuestra vida, serán poco más que posibilidades ilusorias a las que aspiramos. De la misma manera que las funcionalidades de un programa informático trascienden el lenguaje con el que se escribió, debemos buscar más allá de las palabras de nuestras historias para conocer el potencial y la sanación que nos esperan.

George Ivánovich Gurdjieff, más conocido como Gurdjieff, filósofo y místico de origen armenio que vivió en los siglos XIX y XX, seguramente descubrió este poder como resultado de su búsqueda de un sentido más profundo para su vida. En sus memorias, *Encuentros con hombres notables*, Gurdjieff habla en detalle de las exploraciones que realizó con el fin de desentrañar los misterios de nuestro pasado. Sus viajes lo llevaron a Egipto, Asia Central, la India, Irán y el Tíbet; siguiendo antiguas pistas visitó templos y aldeas, y fue conociendo maestros. Finalmente recaló en un monasterio secreto escondido en las montañas del Hindukush, en el norte de Afganistán; actualmente se considera que es el hogar de la misteriosa hermandad Sarmoung.[*]

Allí, el abad del monasterio le ofreció unas palabras de aliento que hicieron que su búsqueda valiera la pena. En la adaptación cinematográfica de la historia de Gurdjieff, el actor que lo interpreta dice: «Ahora has encontrado las condiciones en las que el deseo de tu corazón puede convertirse en la realidad de tu ser. Quédate aquí hasta que adquieras una fuerza en ti que nada pueda destruir».[1] No tengo duda de que el poder de la divinidad humana —la capacidad de trascender las limitaciones que percibimos en nosotros mismos— tuvo un gran papel en las condiciones que había descubierto Gurdjieff.

Para liberar las condiciones en las que los deseos de nuestro corazón se convertirán en la realidad de nuestra vida, debemos comprender la relación que mantenemos con nosotros mismos, con nuestro mundo y, en última instancia, con Dios. A través de las palabras de

---

[*] N. del T.: Supuesta sociedad secreta ancestral estrechamente unida a la tradición sufí y a la astrología.

nuestro pasado se nos brinda el conocimiento de cómo lograrlo. En su libro *El profeta*, el poeta libanés-estadounidense Kahlil Gibran nos recuerda que no se nos pueden enseñar las verdades que ya conocemos: «Nadie puede revelarte sino lo que ya está medio dormido en el amanecer de tu conocimiento», afirma.[2] Tiene mucho sentido que ocultos en nuestro interior ya tengamos el conocimiento y las capacidades con los que podemos despertar la fuerza que debe permitirnos *trascender las limitaciones que percibimos en nosotros mismos*, es decir, manifestar nuestra divinidad. Es a través de las mayores expresiones de nuestra divinidad como logramos materializar la máxima expresión de nuestro destino.

VERDAD PURAMENTE HUMANA N.º 43: Cuanto más expresamos nuestra divinidad, en mayor medida logramos cumplir nuestro destino.

Aunque podamos recurrir a diversas fuentes para obtener inspiración y dirección en la vida, incluidas las de tipo religioso y espiritual, estas no pueden hacer el trabajo por nosotros. Expresar todo nuestro potencial y, así, cumplir plenamente nuestro destino tiene como base un trabajo interior. Solo nosotros mismos, a través de nuestras elecciones, podemos permitirnos recibir inspiración y actuar según la orientación que recibimos.

En lo que respecta a la estructura básica y la configuración biológica que nos otorgan nuestra humanidad, todos somos bastante similares en esencia. Los componentes fundamentales de una red neuronal avanzada que nos permite alcanzar unos estados cerebrales elevados (las neuronas espejo son uno de estos componentes) y la capacidad de autorregulación de nuestra biología celular están presentes en todos nosotros. Y aunque nuestras experiencias de vida únicas pueden haber resultado en que algunos de nosotros tengamos ciertas partes de nuestra configuración y, por ende, ciertas capacidades más desarrolladas que otras personas, salvo si se dan circunstancias extremas que puedan incapacitarnos de alguna manera, todos tenemos la capacidad de mejorar, afinar y perfeccionar nuestras habilidades divinas.

El propósito de los ejemplos que siguen es inspirar, despertar y afirmar esta toma de conciencia en ti, y también en mí. Dichos ejemplos corresponden a experiencias reales. Al admirar los logros de otras personas, nos abrimos a ver de otra manera lo que habíamos considerado un tipo de experiencias muy poco comunes y sobrenaturales, reservadas únicamente a unos pocos individuos especiales. Nos damos cuenta de que todos nosotros podemos tener este tipo de experiencias, y no como episodios excepcionales, sino como parte de nuestro desempeño normal en la vida diaria.

LA INTUICIÓN DE UNA MADRE

En la primavera de 2012, T. J. Findlay, un soldado raso del Ejército australiano, estaba participando en una patrulla rutinaria con su unidad militar en una remota provincia de Afganistán. De repente, la onda expansiva de una violenta explosión que se había producido en la carretera lo lanzó por los aires. Tumbado en el suelo aturdido pero consciente, levantó la mirada y vio que el vehículo que se encontraba delante de él estaba envuelto en llamas. Su convoy había sido blanco de una bomba caminera o, tal vez, del impacto directo de un proyectil procedente de un lanzagranadas.

Un pasajero del vehículo en llamas era un soldado afgano con quien T. J. había establecido un vínculo recientemente, ya que ambos eran padres de niños pequeños a quienes echaban mucho de menos.

Instintivamente, T. J. corrió hacia el vehículo en llamas para sacar a su amigo y a otros supervivientes lo más rápido posible. Gracias a su entrenamiento y su actitud heroica, tanto T. J. como su amigo sobrevivieron milagrosamente al ataque sin sufrir heridas graves. Más tarde ese día, en una videollamada que mantuvo con su familia, que vivía en Brisbane, T. J. relató la terrible experiencia a su esposa, Kira. En el curso de esa llamada supo que tanto su esposa como su madre ya sabían que había estado en peligro.[3] No conocían los detalles de lo ocurrido, pero no les hizo falta para saber que algo iba mal.

Más temprano ese día, la madre de T. J. había experimentado el fuerte presentimiento de que le había ocurrido algo a su hijo. No conocía los detalles del percance que estuvo muy cerca de suponer un desastre, pero sí supo con absoluta certeza que estaba sucediendo algo terrible. A través de la conexión intuitiva que tenía con T. J. desde que nació, sabía que estaba en apuros. Confiando en el poder de la fe que ambas compartían, la madre de T. J. y Kira habían estado rezando durante todo el día por su salud y seguridad. Solo cuando él contactó con ellas más tarde ese día su intuición se vio confirmada y conocieron los detalles del peligro al que había estado expuesto.

Afortunadamente, esta historia sobre la intuición de una madre respecto a su hijo en tiempos de guerra tuvo un desenlace feliz. La pregunta es: ¿cómo supo la madre de T. J. con tanta certeza que su hijo estaba en una situación difícil antes de recibir su llamada o cualquier notificación por parte de sus superiores?

CONECTADOS DE POR VIDA

A menudo oímos historias sobre la conexión de una madre con sus hijos y sobre cómo esta conexión puede extenderse más allá del nacimiento y la niñez de estos, incluso hasta su adultez. Las madres suelen decir que «saben» instintivamente cuándo su bebé tiene hambre, cuándo ha sufrido algún daño y cuándo necesita ayuda. Hasta hace poco, este tipo de relación entre madres e hijos, ya fueran niños o adultos, se había percibido casi exclusivamente desde una perspectiva en gran medida anecdótica. Nuevos descubrimientos han permitido abordar esta cuestión desde una óptica científica, al ofrecer información sobre cómo funciona la intuición materna, cómo puede fortalecerse y por qué persiste tanto tiempo.

Un artículo de 2015 publicado en la revista *BioEssays* expone pormenorizadamente un estudio sobre la relación entre el cuerpo de la madre y el ADN del feto que está en su útero, con un resultado sorprendente.[4] La investigación reveló que el ADN de un bebé no nacido no está confinado al cuerpo del feto, sino que mientras está en el útero su ADN circula por la sangre del cuerpo de la madre. Y el hallazgo más importante es que ese ADN permanece en ciertos órganos y tejidos del cuerpo de la madre durante muchos años después del embarazo y el parto. Específicamente, el artículo afirma: «Se ha encontrado que células fetales permanecen en el cuerpo de la madre más allá del período del embarazo y, en algunos casos, durante décadas después del nacimiento del bebé».[5]

Un resultado inesperado del estudio, y que puede ayudarnos a entender lo que hay detrás del poder de la intuición, es que el intercambio de ADN entre el bebé y la madre es bidireccional: al mismo tiempo que el ADN del feto circula por el cuerpo de la madre, el ADN de la madre también circula por el cuerpo del bebé no nacido y queda alojado en sus órganos y tejidos. El artículo lo expone con estas palabras: «Células de la madre también permanecen en la sangre y los tejidos del bebé durante décadas, en órganos como el páncreas, el corazón y la piel».[6] Este intercambio bidireccional nos ayuda a comprender la conexión intuitiva existente entre una madre y su hijo.

LA ANTENA QUE ES NUESTRO ADN

Anteriormente vimos que, además de proporcionar el modelo para el desarrollo y crecimiento de nuestro cuerpo, el ADN también actúa como una antena que recibe información del campo inteligente de energía e información que subyace a nuestra existencia. Específicamente, el artículo afirmaba que «el ADN-A tridimensional se comporta como una antena fractal que es capaz de interactuar con campos electromagnéticos en un amplio rango de frecuencias».[7]

Es la función de antena del ADN la que nos ofrece una perspectiva sobre la profunda intuición que experimenta una madre en relación con sus hijos y viceversa. Cuando el bebé está dentro del cuerpo de la madre y durante décadas después del nacimiento, madre e hijo se comunican a través del «Internet» de la naturaleza y comparten información mediante la resonancia biológica que experimentan.

También parece ser esta conexión la que contribuye al dolor que sentimos cuando, como adultos, perdemos a nuestros padres, o cuando un padre pierde trágicamente a un hijo. Decimos que sentimos una pérdida y un vacío, y a menudo incluso un dolor físico en el corazón y la tripa que la medicina convencional no puede explicar utilizando las herramientas de las que dispone.

Personalmente, cuando perdí a mi madre debido al COVID-19 durante la pandemia de 2021, fui hospitalizado por unos síntomas cardíacos que no parecían tener una causa biológica. Todas las pruebas físicas y los marcadores químicos arrojaron unos resultados perfectos. Finalmente, se consideró que los misteriosos síntomas eran manifestaciones somáticas debidas al duelo no resuelto por la pérdida de mi madre. Quizá no sea sorprendente que los síntomas físicos desaparecieran de inmediato cuando comencé a abordar el duelo de manera directa. Hasta el día de hoy, no he vuelto a experimentar esos síntomas en ningún momento.

En definitiva, en la actualidad tenemos una comprensión de la intuición materna basada en hechos biológicos y del ámbito de la física, mientras que anteriormente solo contábamos con los relatos personales y estas intuiciones se consideraban casuales. Cuando aceptamos el hecho de que estamos conectados energéticamente, lo tenemos más fácil para reconocer que esta conexión no existe entre madres e hijos exclusivamente. La razón de ello es que cada hebra de ADN contenida en los veintitrés pares de cromosomas ubicados en el núcleo de los cincuenta billones de células que componen el cuerpo humano promedio es una antena. Y estas antenas están sintonizadas con algo: mientras que algunas porciones del ADN permanecen conectadas con la madre que nos gestó, otras partes de las antenas de ADN están sintonizadas con elementos del mundo en el que vivimos.

¿QUÉ LE ESTAMOS DICIENDO AL CAMPO?

A través de nuestra relación resonante con el campo de energía que subyace a nuestra existencia, estamos manteniendo una conversación incesante con el mundo que nos rodea. Constantemente enviamos mensajes vibratorios a este campo que es la fuente de nuestra experiencia. Al mismo tiempo, siempre estamos recibiendo información de este campo y nos vemos afectados por él.

Cuando reconocemos realmente la existencia de esta dinámica de comunicación bidireccional y el papel que juega el campo en nuestra vida, es evidente que debemos preguntarnos qué le estamos diciendo al campo. Ser conscientes de nuestros pensamientos, emociones y creencias, y de la forma en que respondemos a lo que ocurre en nuestra vida, es hacernos conscientes de los mensajes que comunicamos a la fuente de nuestra existencia. La conciencia y la observación atenta también son factores clave para darnos cuenta de lo que nos está diciendo el campo a través de nuestros sentimientos y nuestra intuición.

> **VERDAD PURAMENTE HUMANA N.º 44:** Estamos manteniendo constantemente una comunicación resonante con el mundo que nos rodea a través de las antenas biológicas de nuestras moléculas y células.

No necesitamos ser madres para recibir las «corazonadas» intuitivas que nos llegan cada día. Esta información es una parte natural e ineludible de nuestra vida como consecuencia de habitar en el campo de energía del que hemos estado hablando. Y en buena medida podemos alcanzar unos niveles de maestría máximos a través de acoger estas expresiones de la divinidad y de permitir que los conocimientos intuitivos se conviertan en una parte natural de nuestra vida diaria.

HACER LO «IMPOSIBLE»

En 1863 se documentó que el corredor británico William Lang corrió una milla en cuatro minutos y dos segundos. Durante los noventa y un años siguientes al récord de Lang, todos los intentos de correr una milla en menos de cuatro minutos fracasaron, aunque muchos corredores se acercaron a esa velocidad. A pesar de que se corrió sobre distintos tipos de superficies, de la diversidad de métodos de entrenamiento y del uso de varios tipos de zapatillas de deporte, durante casi un siglo pareció que la capacidad humana para correr una milla en menos de cuatro minutos estaba sujeta a algún tipo de límite misterioso que afectaba a nuestros músculos, a nuestra coordinación y a nuestra velocidad. En la primavera de 1954, todo eso cambió.

El 6 de mayo de ese año, otro atleta británico, Roger Bannister, de veinticinco años, corrió más rápido de lo que se había documentado en casi un siglo de eventos de atletismo: rompió el récord, que parecía imposible de batir. Tardó tres minutos y 59,4 segundos en recorrer esta distancia. Por asombroso que fuera el logro de Bannister, ocurrió algo aún más impresionante poco después de que estableciera este récord mundial. Los eventos que siguieron al tiempo récord de Bannister son la razón por la que estoy escribiendo este capítulo.

Solo cuarenta y seis días después de que Bannister estableciera su récord para la milla, el corredor australiano John Landy batió nuevamente el récord; corrió la distancia aún más rápido y superó la marca de Bannister: el tiempo de Landy fue de unos impresionantes tres minutos y 57,9 segundos. Algunas personas pueden pensar que unas fracciones de segundo de diferencia no son tan gran cosa, pero en el ámbito del atletismo estas diferencias son muy relevantes; había un abismo impactante entre el tiempo de Landy y el de Bannister. Pero las marcas que batieron el récord no terminaron con Landy. En las décadas transcurridas desde su logro hasta 2022, otros 1.755 atletas de todo el mundo han logrado correr la milla en menos de cuatro minutos, y el récord ha sido batido varias veces. En julio de 2024, el récord es de 3:43,13, y la lista de quienes han vencido al cronómetro incluye a ciento nueve mujeres.

ALGUIEN DEBE HACERLO PRIMERO

La secuencia de eventos que desembocó en la realidad de que actualmente no es nada excepcional correr una milla en menos de cuatro minutos ofrece una perspectiva muy interesante sobre el mundo y nuestra propia vida. Después de que Lang estableciera su récord, pasaron casi cien años hasta que otro ser humano corriera una milla en menos de cuatro minutos. Sin embargo, una vez que sucedió, solo fueron necesarios cuarenta y seis días para que otra persona superara el nuevo récord. En la actualidad, la capacidad de correr una milla en menos de cuatro minutos ya no se considera una barrera infranqueable.

Gracias a nuevas modalidades de entrenamiento físico, emocional y psicológico, en nuestros tiempos los corredores están logrando correr la milla en menos de cuatro minutos de manera habitual. Y, curiosamente, los tiempos son cada vez más cortos. La pregunta es: ¿por qué? ¿Por qué no se batió el récord de la milla en cuatro minutos antes, en 1900? ¿O en 1926, durante la prestigiosa carrera Wanamaker Mile de Nueva York? ¿O durante la Emsley Carr Mile del Reino Unido, que comenzó en 1953? ¿Y por qué ahora es más fácil para los atletas lograrlo, después de que Roger Bannister rompiera la barrera de los cuatro minutos en 1954?

La respuesta a estas preguntas es breve y sencilla: *alguien tenía que hacerlo primero*. Una persona debía lograr esa hazaña aparentemente imposible, y hacerlo de manera visible y pública, antes de que otras personas pudieran seguir sus pasos. He expuesto este relato para subrayar este hecho. Por razones que exploraremos en este capítulo, por lo general debemos presenciar el acto extraordinario, la hazaña o el logro ya cumplido antes de que podamos aceptar que esa ejecución también es posible para nosotros.

Por ejemplo, si Roger Bannister hubiera roto la barrera de los cuatro minutos en secreto, tal vez en una pista cubierta ubicada en alguna parte del mundo desconocida para todos, o si lo hubiera hecho en un espacio interior desprovisto de ventanas, sin la presencia de cámaras para registrar la hazaña y sin que hubiese nadie presente para atestiguar su logro, este no habría tenido el mismo impacto en otros corredores.

Aunque hubiera batido el récord, si nadie lo hubiera sabido o hubiese visto que lo hacía, ese hecho no habría tenido la misma capacidad de influir en las percepciones y expectativas de otros corredores. Esta es la clave de la expansión de lo que consideramos que son los límites de nuestras capacidades y también es la clave para entender el *código de destino* al que estamos sujetos cada uno de nosotros.

EL PODER DE PRESENCIAR LO IMPOSIBLE

Cuando presenciamos que alguien que es esencialmente como nosotros logra una hazaña extraordinaria, esa posibilidad se abre para nosotros también. Es decir, cuando otro ser humano, que nació como nosotros, vive y respira como nosotros, come como nosotros y tiene sentimientos y emociones como nosotros, logra algo que creíamos inalcanzable, su logro excepcional se convierte en un puente que nos conecta con una posibilidad mayor en nuestra propia vida.

En un plano no verbal, el acto de presenciar el logro de otra persona parece darnos una especie de permiso psicológico; nos decimos que si alguien pudo hacerlo, tal vez nosotros también podamos. Este no es el tipo de permiso que concede una figura de autoridad que tiene poder sobre nosotros, sino que es un código de permiso emocional y psicológico significativo para nosotros que nos lleva a romper las barreras de la incredulidad y la falta de confianza en nosotros mismos. Conocer la existencia de estos puentes es la clave para el cumplimiento de nuestro destino como humanos.

> **VERDAD PURAMENTE HUMANA N.º 45:** Cuando vemos que una persona tiene éxito donde otras han fallado, su logro se convierte en un puente que facilita que sigamos sus pasos.

Como vimos en el capítulo cuatro, nacemos con el extraordinario potencial de gestionar la electricidad de nuestras células y de almacenar y concentrar energía, información y luz de manera precisa en nuestro cuerpo. Este potencial puede expresarse como hazañas físicas, como correr una milla en menos de cuatro minutos. O puede expresarse como una autocuración aparentemente milagrosa, o como la facilitación de una curación milagrosa en otra persona.

A veces experimentamos nuestro potencial como la capacidad de realizar hazañas aparentemente sobrehumanas: tenemos habilidades telepáticas o podemos mover objetos físicos sin tocarlos (psicoquinesia), o podemos aprender con una rapidez inusitada, o manifestar una memoria excepcional, o exhibir una capacidad cognitiva extraordinaria. Algunas personas parecen nacer con la capacidad innata de realizar proezas nada comunes con facilidad, mientras que otras pueden aprender esas mismas habilidades a partir de observar a personas que ya las han dominado.

Antiguos maestros yoguis de las montañas del Himalaya, por ejemplo, mostraron a sus discípulos que podían trascender las «leyes» de la física a partir de enfocarse en la respiración y en su ámbito emocional solamente. Una vez que habían presenciado los poderes sobrenaturales de sanación o bilocación de sus maestros, los aprendices debían tomar una decisión con respecto a lo que debía significar para su propia vida lo que habían presenciado: o bien descartaban lo que habían visto, atribuyéndolo a trucos de magia o ilusionismo, o bien aceptaban lo que habían presenciado y ajustaban su vida y su sistema de creencias para hacer espacio a una nueva realidad.

La siguiente historia relativa al gran yogui Milarepa, quien vivió hacia el año 1100 d. C., junto con mi experiencia personal del legado que dejó a sus discípulos, ejemplifican perfectamente lo que quiero transmitir aquí.

LIBERTAD RESPECTO DE LA MATERIA FÍSICA

En el siglo IX, el yogui budista tibetano Milarepa inició un retiro personal en cuevas aisladas de la cordillera del Himalaya. El propósito de su aislamiento era redimirse tras haber abusado de los poderes del ámbito de las artes marciales que había dominado en su juventud, que habían llevado el sufrimiento a la vida de otras personas. Tenía el sentir de que si dedicaba el resto de su vida a dominar plenamente el potencial inexplorado de su cuerpo, y a usar ese potencial para hacer el bien en el mundo exclusivamente, cumpliría su propósito en la vida y merecería el perdón por sus errores.

Su camino de redención se prolongó hasta el final de su vida, a los ochenta y cuatro años. Durante años, Milarepa vivió casi sin comida, con muy poca ropa, prácticamente sin posesiones y sin distracciones que interrumpieran su concentración en su ámbito interno, en medio del frío extremo de la alta montaña. Los únicos seres humanos con quienes tenía contacto eran los discípulos que lo visitaban y peregrinos ocasionales que llegaban de manera fortuita a las cuevas que le servían de refugio.

La extrema privación que se impuso terminó por dar sus frutos: logró la maestría como yogui. Antes de su muerte, acontecida en el año 1135 d. C., Milarepa dejó pruebas de la libertad que alcanzó respecto del mundo físico. Esas pruebas permanecen hoy en forma de una serie de milagros que continúan desconcertando a los científicos. La existencia de estos milagros es indicativa de un fenómeno que los científicos califican de imposible. Sin embargo, los milagros están ahí, y esta es la razón por la que estoy exponiendo este relato.

Para demostrar su maestría yóguica sobre los confines de su entorno físico, es decir, sobre las frías superficies de roca que conformaban las paredes que lo rodeaban en la cueva, Milarepa realizó repetidamente un prodigio que ni científicos ni escépticos han podido replicar. Empezaba colocando las manos abiertas contra una de las paredes de roca, a la altura de los hombros. A continuación, *empujaba las manos, sin tener que esforzarse, hacia el interior de la roca, que podía encontrarse delante de él, encima de él o debajo; era como si la roca no existiera.* Según los relatos de sus discípulos, la superficie rocosa que se encontraba bajo sus palmas parecía derretirse.

Cuando Milarepa empujaba contra las paredes, el suelo y el techo de la cueva, sus manos y también sus pies dejaban profundas impresiones, que cualquiera que llegaba al lugar podía ver. Estas marcas permanecen hoy en cuevas donde estuvo Milarepa y continúan inspirando a los yoguis contemporáneos.

LO VI CON MIS PROPIOS OJOS

En 1998 encabecé un peregrinaje grupal de varias semanas por la meseta tibetana, y elegí una ruta a través de Nepal que nos llevaría a una de las cuevas que ofreció cobijo a Milarepa. Como científico y practicante de artes marciales, había estudiado durante años la vida de este yogui y las tradiciones asociadas a él, y quería ver con mis propios ojos el legado de su maestría y las pruebas que dejó para las generaciones futuras.

Tras diecinueve días de viaje y de aclimatación a una altitud de cuatro mil metros sobre el nivel del mar, me encontré de pie en ese refugio del gran yogui, precisamente en el punto en el que él había estado de pie hacía casi novecientos años. Con el rostro a pocos centímetros de una de las paredes de la cueva, estuve mirando fijamente las misteriosas huellas de manos que había dejado Milarepa.

Abrí la palma de la mano derecha y la coloqué en una de las impresiones de la mano derecha de Milarepa. Sentí las yemas de los dedos encajadas en el molde que había dejado el yogui, en la posición exacta en que él había colocado sus dedos ocho siglos antes. Experimenté una mezcla de humildad e inspiración. El encaje era tan perfecto que cualquier duda que hubiera podido albergar sobre la autenticidad de la marca se disipó enseguida.

De inmediato, mis pensamientos se dirigieron al hombre mismo. Quise saber qué estaba experimentando cuando se fusionó con la roca. ¿Qué estaba pensando? ¿Qué estaba sintiendo? ¿Cómo desafió las «leyes» físicas que nos dicen que dos «cosas» —como una mano humana y una pared de roca— no pueden ocupar el mismo espacio al mismo tiempo?

El traductor tibetano que nos acompañaba pareció anticiparse a mis preguntas y explicó que Milarepa creía firmemente que él y las paredes de roca de la cueva no estaban separados. A través de sus prácticas yóguicas, había aprendido que la roca no podía contenerlo ni limitar sus movimientos. Milarepa expresó esta creencia, para sí mismo y sus discípulos, llevando sus manos libremente adonde quería, incluso si en la trayectoria de su movimiento había la pared de una cueva.

EXPERIMENTAR UNA TRANSFORMACIÓN EN PRESENCIA DE LO IMPOSIBLE

Cuando los discípulos de Milarepa lo veían hacer algo imposible según las creencias convencionales, se sentían inspirados. Su hazaña les daba permiso para liberarse de sus creencias limitantes sobre lo que ellos mismos podían hacer.

Esto es, en esencia, lo que es un poder divino: algo que nos permite *trascender* las limitaciones que percibimos en nosotros mismos.

Los discípulos fueron testigos del dominio del maestro sobre la materia sólida con sus propios ojos. En este caso, no fue gracias a las palabras de una leyenda transmitida de generación en generación como descubrieron la razón para cambiar la forma en que pensaban sobre su relación con el mundo. Fueron testigos de esta razón por sí mismos. Experimentaron la hazaña directa y personalmente. Y como vieron el milagro con sus propios ojos, fue su experiencia la que les dijo que no estaban sujetos a lo que en esa época se consideraba que eran las leyes de la realidad.

> **VERDAD PURAMENTE HUMANA N.º 46:** Cuando vemos que otra persona supera limitaciones que hemos aceptado para nosotros mismos, debemos elegir entre descartar lo que hemos visto, considerándolo inalcanzable, o aceptar lo que hemos presenciado y modificar nuestro sistema de creencias para acoger la nueva creencia.

Aunque estamos viviendo novecientos años después de Milarepa, en cierto sentido nuestra vida no difiere mucho de la de los discípulos que estuvieron en la cueva. Cada uno de nosotros nos encontramos ante el mismo dilema al que debieron hacer frente los discípulos que vieron los logros del yogui. El dilema es el siguiente: por un lado, los familiares, amigos y seres queridos de los discípulos de Milarepa vivían en un tiempo y un lugar en los que estaba tácitamente establecida una determinada forma de ver la realidad y de entender cómo funciona el mundo. Esto incluía la creencia de que la roca de la pared de una cueva era una barrera infranqueable para la carne del cuerpo humano. Por otro lado, los discípulos habían presenciado algo que transgredía por lo menos una «ley» en la que creía todo el mundo.

El caso es que ambas formas de ver el mundo eran absolutamente correctas. Cada una dependía de cómo una persona dada eligiera pensar sobre su relación con el mundo en un momento dado. Todo se reducía a lo que era aceptado e incorporado al propio sistema de creencias.

Usando el lenguaje de la física cuántica en lugar de hablar de milagros realizados por yoguis, cada vez más científicos punteros están lanzando la idea de que el universo, y todo lo que contiene, es lo que «es» *debido a* la fuerza de la conciencia misma, es decir, debido a nuestras creencias y a lo que aceptamos como la realidad de nuestro mundo. Curiosamente, cuanto más entendemos la relación existente entre nuestras experiencias internas y nuestro entorno, menos descabellada parece esta idea.

Aunque la historia de las huellas de las manos de Milarepa constituye un gran ejemplo del viaje de un hombre para descubrir su relación con el mundo, no necesitamos emprender un peregrinaje a la cordillera del Himalaya para descubrir esta misma verdad por nosotros mismos. Hoy en día contamos con ejemplos modernos de eventos milagrosos que desafían nuestro paradigma científico actual y nuestros sistemas de creencias.

Así como los discípulos de los maestros del pasado tuvieron que aceptar el poder implícito en los milagros que presenciaron y lo que suponían esos milagros para su vida, nosotros también tenemos esta oportunidad. La curación documentada de una enfermedad aparentemente incurable por medio de una modalidad avanzada de trabajo energético ha abierto nuevas posibilidades para los miles de personas que han viajado a las cuevas de Milarepa o que han visto en un vídeo la prueba de los hechos.

¿MILAGRO O TECNOLOGÍA?

En 1995 tuve la oportunidad de presenciar un milagro moderno que pocas personas en el mundo occidental habían visto hasta ese momento. Estaba estudiando Chi-Lel, una modalidad de *chi kung* que acababa de ser introducida en Occidente a través del linaje de estudiantes que había mantenido viva esta práctica en China durante quinientos años. El milagro consistió en la desaparición inmediata de un tumor peligroso que se encontraba en la vejiga de una mujer adulta, según un procedimiento verificable. Médicos occidentales habían diagnosticado la masa como maligna y le habían dicho a la paciente que era inoperable. Ella agradeció su opinión y buscó protocolos de curación alternativa, que finalmente la llevaron a la experiencia que yo estaba a punto de presenciar.

En un curso al que nos inscribimos unas pocas personas, nos mostraron un vídeo grabado por nuestro instructor. Le habían pedido que filmara el procedimiento mientras presenciaba la sanación en lo que se conoce como un «hospital sin medicinas».[8] Este centro en particular era una clínica ubicada en Pekín (China).

Esa clínica de Pekín era uno de los muchos establecimientos sanitarios que había en la región en esa época en los que se empleaban de manera rutinaria métodos tradicionales de sanación, es decir métodos no médicos, con resultados predecibles. Después de que el instructor nos hubo puesto en contexto para que pudiésemos entender el filme, ya estábamos preparados para lo que estábamos a punto de ver. Subrayó que el propósito del vídeo era mostrarnos que el poder de la curación ya reside dentro de cada uno de nosotros. *No* era un anuncio para promocionar la clínica, ni una invitación para que todas las personas con enfermedades graves acudieran en masa a Pekín.

Lo que estábamos a punto de ver podía lograrse en el aula en la que nos encontrábamos o en la sala de estar de nuestra casa o de la casa de cualquier familiar o amigo. La clave de la sanación, explicó, es la capacidad de dirigir emoción y energía a nuestro propio cuerpo o al cuerpo de un ser querido (con su permiso) de una manera no invasiva y compasiva, por medio de enfocar la atención.

La mujer del vídeo había acudido a la clínica en la que no se usaban medicinas como último recurso, ya que no había tenido éxito con nada que hubiese intentado antes. Allí le dejaron muy claro que ella era la responsable de preservar su salud. Le dijeron que tendría que vivir, moverse y respirar de otras maneras, favorables a la vida, en vez de limitarse a dejar que el personal de la clínica la «arreglara» y la enviara a casa. Estas medidas eran vitales para la curación. Si la mujer no se atenía a ellas, la sanación que iba a experimentar podría ser solo temporal, en caso de que tuviese lugar. Los protocolos que aprendió la mujer incluían nuevas formas de alimentación, movimientos suaves para estimular la fuerza vital (el *chi*) en su cuerpo y técnicas especiales de respiración promotoras de la curación física.

Al implementar estos cambios sencillos relativos al estilo de vida durante unas semanas antes de someterse a los procedimientos de la clínica, el cuerpo de la mujer se fortaleció para permitir la curación natural. Una vez que se hubo preparado, tenía sentido que se sometiera al tratamiento grabado en el vídeo.

Al principio de la filmación, se podía ver a la mujer que tenía el tumor acostada en lo que parecía ser una camilla de hospital. Estaba totalmente consciente y despierta, y no había recibido sedantes ni anestesia. Tres practicantes que llevaban puesta una bata blanca estaban de pie detrás de ella, mientras que un técnico de ultrasonido, sentado frente a la mujer, sostenía un dispositivo que usaría para crear una imagen en tiempo real de la masa cancerosa. El instructor nos dijo que la grabación no mostraría una unión de secuencias separadas en el tiempo, como ocurre por ejemplo en un documental educativo que muestra en unos segundos el proceso de formación de una red neuronal que se desarrolla en el transcurso de días. El vídeo no estaba editado, lo cual nos permitiría observar el verdadero efecto de la acción de los practicantes en tiempo real.

La grabación era breve; no llegaba a los cuatro minutos de duración. En ese lapso de tiempo todos vimos algo que según la ciencia moderna y los criterios de la medicina occidental debía considerarse milagroso. Sin embargo, dentro del contexto de la información que he compartido en este libro, tiene perfecto sentido. Los practicantes habían acordado pronunciar una frase que reforzaría un sentimiento especial en su interior. Cuando conocí la frase, recordé un principio que reveló el filósofo barbadense Neville Goddard en el siglo XX: «Haz que tu sueño futuro sea un hecho presente [...] por medio de asumir el sentimiento de tu deseo cumplido».[9] El sentimiento de los practicantes era la potente, enfocada y sentida certeza de que la mujer ya estaba curada.

Aunque sabían que el tumor existía físicamente en los momentos previos al proceso, los practicantes de la curación también sabían que su existencia era solo una posibilidad entre las muchas existentes en el campo cuántico. Ese día particular, despertaron el código que hace que se manifieste otra posibilidad. Y lo hicieron en el lenguaje que el campo reconoce y al que responde: el lenguaje de la emoción humana dirigiendo la energía.

Al observar a los practicantes, los oímos repetir una especie de mantra; la traducción aproximada de lo que decían era «hecho está, hecho está». El silencio en el aula era total mientras observábamos con asombro lo que ocurría en la pantalla. Al principio, parecía que no estaba sucediendo nada. De pronto, en tiempo real, el tumor comenzó a verse de manera intermitente, como si estuviera vacilando entre realidades. En cuestión de segundos, se desvaneció y desapareció completamente de la pantalla. Dejó de estar ahí.

Todo lo demás seguía presente, igual que unos segundos antes. Todo excepto el peligroso tumor. Las paredes de la vejiga de la mujer eran las mismas. Las marcas de registro en la ecografía eran las mismas. La habitación seguía igual. Los practicantes y el técnico estaban allí, y no parecía haber ocurrido nada «extraño»... excepto en lo relativo al problema que estaba amenazando la vida de la mujer solo unos segundos antes.

El tumor ya no existía.

MOVER MONTAÑAS

Recuerdo que pensé en la antigua exhortación espiritual de que con solo un poco de fe enfocada (la fe de un grano de mostaza) es posible mover montañas. También recuerdo que pensé que antes de ese momento siempre había creído que lo de mover montañas era una metáfora. Ahora supe que el contenido del mensaje era literal. Los tres practicantes chinos habían movido la montaña biológica del tumor y lo habían hecho sin tocar físicamente el cuerpo de la enferma.

En la década de 1970, un grupo de investigadores que estudió los efectos de la meditación trascendental documentó que se puede influir en las condiciones del mundo real cuando un número relativamente pequeño de meditadores experimentados llevan a cabo sus meditaciones simultáneamente.

Específicamente, los investigadores descubrieron que cuando tan solo la raíz cuadrada del uno por ciento de una población dada meditaba utilizando las técnicas de la meditación trascendental, se reducían los crímenes contra individuos, los accidentes de tráfico y las visitas a las salas de urgencias de los hospitales entre la población objeto de estudio.

Al parecer, la fórmula que revelaron los investigadores de la meditación trascendental para ciudades enteras funcionó con la pequeña población que había en la sala de la clínica el día de la filmación. El vídeo dejaba claro que había seis personas en el lugar: tres practicantes, el técnico, la persona que filmaba y la mujer que se estaba sometiendo a la sanación. Aplicando la fórmula, la raíz cuadrada del uno por ciento de la población que había en esa sala ese día da como resultado el 0,244 % dc una persona. Es decir, no hizo falta ni la aceptación absoluta por parte de una sola persona ni su certeza total de que la curación ya se había producido para que la realidad física del cuerpo de la mujer cambiase.

Aunque los números fueron pequeños en este caso, la fórmula siguió siendo válida. Como acabo de mencionar, la raíz cuadrada del uno por ciento de una población dada es la cantidad *mínima* de personas necesarias para desencadenar una nueva realidad. Con toda probabilidad, las seis personas que había en la sala sintieron que la curación era un hecho, y el vídeo mostraba que el cuerpo de la mujer tardó dos minutos y cuarenta segundos en reflejar la realidad colectiva de ese conjunto de personas.

Con estos datos en mente, después de ver el vídeo aproveché la oportunidad para preguntarle al instructor si era necesaria la presencia de varias personas para obtener un buen resultado. ¿Era realmente necesario que estuvieran presentes tres practicantes? ¿Habría funcionado el procedimiento si solo hubiera habido dos? ¿O incluso uno solo? La respuesta que me dio el instructor ofrece una conclusión potente para esta historia. «Con toda probabilidad, la mujer podría haber logrado la curación aunque nadie hubiera estado con ella —dijo—. *Podría haberse curado a sí misma.* Sin embargo, como a veces nos cuesta aceptar nuestro propio poder, parece que lo hacemos mejor cuando estamos rodeados de otras personas que tienen los mismos pensamientos y creencias que nosotros». Ahí estaba la confirmación de lo que todos sentimos pero a menudo nos cuesta aceptar en nuestra propia vida: somos seres inmensamente poderosos con capacidades divinas cuando estamos conectados al campo de posibilidades que subyace a nuestra existencia.

El condicionamiento del que hemos sido objeto según el cual somos seres débiles, impotentes y en gran parte no merecedores de lo bueno ni de obtener sanación está tan profundamente grabado en nuestra psique como resultado de la programación que hemos recibido por parte de la familia, la sociedad y las instituciones religiosas que a menudo nos cuesta aceptar nuestro propio poder incluso en relación con nuestra propia curación. Por esta razón, los practicantes de Chi-Lel suelen trabajar con otros practicantes para apoyar a la persona enferma, y para apoyarse entre sí, en sus sesiones de sanación.

Con el permiso de los practicantes, desde entonces he mostrado este vídeo a muchas audiencias a lo largo y ancho del mundo. Sin permiso, a veces personas del público han grabado y compartido fragmentos del vídeo en redes sociales, y lo han hecho de manera irresponsable, sin explicar el contexto de lo que se está mostrando. Como podrás imaginar, esta práctica imprudente ha generado confusión en algunas personas y desconfianza en otras, que creen estar viendo un contenido fraudulento, es decir, imágenes alteradas por medio de Photoshop o IA. He hablado aquí del significado del vídeo para disipar cualquier confusión acerca de lo que representa esta práctica y lo que implica.

¿POR QUÉ DEBERÍA SER DIFÍCIL CURARSE?

Las reacciones del público ante la película son variadas y predecibles. Una vez que ha tenido lugar la sanación, suele producirse un breve silencio mientras el público registra en el corazón y la mente lo que acaba de ver con los ojos. El silencio da paso a suspiros de alegría, risas e incluso aplausos. A algunas personas, ver el vídeo les resulta abrumador. Otras ven confirmado, con agrado, lo que ya percibían que era posible; en cualquier caso, su creencia se ve reforzada por la validación tangible que supone haber sido testigos del desarrollo, en tiempo real, de algo que muchas personas considerarían imposible.

Las personas más escépticas suelen hacer esta pregunta:

—Si esto es real, ¿por qué no tenemos conocimiento de ello?

A lo cual respondo:

—¡Ahora lo tienes!

La siguiente pregunta es: «¿Cuánto dura el efecto curativo?». Cuando yo mismo se la hice a nuestros instructores, me dijeron que los estudios de seguimiento muestran una tasa de éxito del noventa y cinco por ciento después de cinco años en el caso de los clientes que mantienen las prácticas de respiración y movimiento favorables a la vida, así como las modificaciones en cuanto al estilo de vida, incluidos los cambios alimentarios, que les indicaron en la clínica.

También es habitual una observación que viene acompañada de un suspiro que denota deseo de creer y, a la vez, frustración por conocer a muchas personas a quienes las técnicas médicas convencionales occidentales no pudieron ayudar: «Esto es demasiado simple… ¡No puede ser tan fácil!».

Pero ¿por qué deberíamos esperar un resultado que no sea la curación? Todas las cosas son posibles en el campo, y elegimos nuestras posibilidades. Sabiendo que todo, desde el sufrimiento más terrible hasta el éxtasis más gozoso, y todas las posibilidades que se encuentran entre estos extremos, ya está ahí en potencia, tiene perfecto sentido que tengamos el poder de eliminar el espacio existente entre los extremos y traer una posibilidad elegida a nuestra vida. Y tenemos el poder de hacerlo a través del lenguaje silencioso de nuestra divinidad, que se comunica con el campo a través de los vehículos que son nuestra imaginación, nuestros sueños y nuestras creencias.

¿Por qué no debería ser simple y fácil nuestra curación?

Creer que nosotros estamos «aquí» y que las posibilidades están «allá fuera» a veces nos hace tener la sensación de que no podemos acceder a las posibilidades positivas. Sin embargo, las mismas reglas que explican cómo funciona el campo también nos dicen que en una realidad más profunda lo que normalmente pensamos que es «otro lugar» en realidad es «aquí», y viceversa. Todo tiene que ver con la forma en que pensamos sobre nosotros mismos en el campo de las posibilidades.

Los descubrimientos científicos de los últimos ciento cincuenta años, como el misterioso resultado del experimento de doble rendija, que muestra cómo ondas invisibles de energía potencial se convierten en partículas visibles de la realidad cuando las observamos, ya han evidenciado que la conciencia, la realidad y la creencia están íntimamente relacionadas. También han mostrado que nuestro cerebro y nuestro cuerpo tienen células nerviosas que nos permiten participar en esta relación y servirnos de ella.

La capacidad de usar la conciencia para navegar por el campo que conecta todas las cosas es un ejemplo perfecto de una aplicación moderna de esta relación ancestral que abarca la conciencia y nuestra realidad cotidiana.

CUANDO «ALLÍ» ES «AQUÍ»

En la década de 1990 tuve la oportunidad de participar en una gira como orador principal en una conferencia internacional que incluía a algunas de las voces más destacadas de la ciencia de vanguardia. Desde el exastronauta y sexto humano en caminar sobre la luna Edgar Mitchell, el lingüista y estudioso del antiguo sumerio Zecharia Sitchin y el físico Michio Kaku, codesarrollador de la teoría de cuerdas, hasta el psicólogo John Mack, que fue abducido por un ovni, tuve la oportunidad de hablar directamente con los pensadores que lideraban el camino de la revelación de un nuevo relato en lo que respecta a la humanidad.

Si bien cada uno de los científicos e investigadores aportó una perspectiva única a la visión del universo que se estaba revelando, uno de los discursos más impactantes en relación con la resolución del misterio de nuestra divinidad fue el del físico y parapsicólogo estadounidense Russell Targ. El tema que abordó en la gira tenía que ver con el fenómeno que hoy se conoce como *visión remota*.

En la década de 1970, Targ y su equipo del Stanford Research Institute (SRI) de la Universidad Stanford recibieron un doble encargo. Primero debían confirmar si el fenómeno de la visión remota era una realidad. En caso de serlo, debían desarrollar un protocolo estructurado que pudiera utilizarse reiteradamente, enseñarse a otras personas y utilizarse en distintos contextos; por ejemplo, en el ámbito militar para identificar la ubicación de armas enemigas ocultas, o en el de las fuerzas de seguridad para localizar personas desaparecidas.[10]

Podemos definir de manera simple *visión remota* como la capacidad de un individuo de alcanzar un estado de conciencia que le permite observar objetos, ubicaciones y eventos distantes en tiempo real sin abandonar el lugar en el que se encuentra. Durante una sesión de visión remota, la persona que deberá ver a distancia trabaja con un facilitador bien formado que la ayuda a entrar en el estado de conciencia requerido; una vez alcanzado ese estado, debe permanecer en él en lugar de sumergirse en un estado onírico. Entonces la persona puede dirigir su conciencia y llevarla a cualquier ubicación del campo para ver ese lugar en detalle. En el nivel de existencia que es este estado, los conceptos de *aquí* y *allí* no tienen sentido. Para la persona que navega por el campo, *aquí* es *allí*, y *allí* es *aquí*.

Las ubicaciones objetivo para un observador remoto pueden ser desde coordenadas como una determinada latitud y longitud hasta un lugar destacado, una dirección física o incluso un número de oficina o apartamento en un edificio. Como vimos anteriormente, a través de nuestra constitución biológica estamos vinculados a un campo de energía e información que no está limitado por las leyes de la física, el tiempo y el espacio.[11] La relación que mantienen nuestra constitución biológica y el campo implica que la conciencia del observador remoto no está limitada a la percepción de objetivos ubicados en el presente, o incluso en el planeta Tierra. Los experimentos han demostrado que es posible aplicar la visión remota a eventos que se están produciendo en otras partes del cosmos, así como a situaciones que acontecerán en el futuro o que se produjeron en el pasado.

LA INTUICIÓN PROFUNDA SE PUEDE APRENDER

En 1972, las Fuerzas Armadas de los EE. UU. ingresaron oficialmente en el campo de la investigación de la intuición profunda y la visión remota; se implicaron así en la guerra psíquica, que tuvo un papel en el contexto de la Guerra Fría. La Agencia Central de Inteligencia (CIA) descubrió que la antigua Unión Soviética llevaba años experimentando con la telepatía humana y otras capacidades psíquicas, por lo que los Estados Unidos estaban en desventaja en este terreno. Esta realidad condujo a que el Ejército estadounidense decidiese contratar a Targ y Harold Puthoff, su colega en el SRI, para que investigasen los «fenómenos psíquicos repetibles» y sus posibles aplicaciones militares.

Las primeras investigaciones llevadas a cabo en el SRI condujeron al descubrimiento de lo que los investigadores identificaron como un «canal perceptual a través de distancias kilométricas».[12] En otras palabras: los primeros experimentos confirmaron que los seres humanos tenemos la capacidad de percibir (de observar remotamente) en un nivel no físico que abarca grandes distancias usando un estado alterado de conciencia.

Documentos desclasificados revelan que las investigaciones iniciales confirmaron dos hechos: el primero, que «es posible obtener cantidades significativas de información descriptiva sobre ubicaciones remotas»; el segundo, que «la distancia física que separa al sujeto de la escena que ha de percibir no afecta en gran medida la precisión de la percepción».[13] En el curso de los experimentos, los investigadores trabajaron con individuos psíquicamente sensibles para perfeccionar los protocolos con el fin de conseguir una mayor eficacia. Los resultados fueron sorprendentes.

Por ejemplo, uno de los informes desclasificados habla de las investigaciones iniciales que se llevaron a cabo para determinar la validez de los protocolos que estaban desarrollando los equipos. El objetivo declarado en uno de los proyectos era observar los aparatos e instrumentos que había en el Laboratorio Nacional Lawrence Livermore, ubicado a unos 80 kilómetros del observador remoto, que se encontraba en la Universidad Stanford. El informe reveló que «la precisión general de la visión remota fue del setenta y siete por ciento y la fiabilidad general del setenta y ocho por ciento».[14] Curiosamente, la precisión en la descripción de un parque eólico ubicado junto al laboratorio fue del cien por cien.[15]

LOS ANILLOS DE JÚPITER

Uno de los experimentos más mencionados que se realizaron en esa época lo llevó a cabo el conocido psíquico, pintor y escritor Ingo Swann. Antes de que la sonda espacial Pioneer 10 de la NASA fuese programada para atravesar el cinturón de asteroides y explorar el planeta Júpiter, Swann quiso observar este astro usando la visión remota.

Quería comparar lo que viese intuitivamente por este medio con las imágenes y lecturas que la nave enviaría a la Tierra.

Swann efectuó esta exploración en 1972 y para su sorpresa, y también para sorpresa de los investigadores, su observación remota detectó un anillo alrededor de Júpiter. En esos tiempos se creía que Júpiter no tenía ningún anillo. Los expertos sospecharon que Swann había fallado de alguna manera al «dirigir la mirada»; creyeron que había ido más allá del objetivo y que había visto los famosos anillos del siguiente planeta más alejado de nosotros en el sistema solar, Saturno.

Sin embargo, el día 4 de diciembre de 1973 se confirmó que la observación de Swang se correspondía con la realidad. Ese día, la NASA recibió las imágenes que envió la sonda espacial Pioneer 10 cuando pasó cerca de Júpiter. Desde astrónomos y geólogos hasta cosmólogos e ingenieros se llevaron una gran sorpresa. Las imágenes mostraron claramente que Júpiter tiene, de hecho, una serie de anillos, lo cual confirmaba lo que Swann había descrito en su sesión de visión remota.[16] Estudios posteriores revelaron que los anillos de Júpiter están hechos de polvo principalmente, por lo que son más difíciles de detectar desde la Tierra que los anillos de Saturno, compuestos por trozos de hielo sobre todo; esto explica por qué ni los astrónomos ni las sondas espaciales los habían advertido con anterioridad.

UNA VEZ QUE HEMOS VISTO ALGO, YA LO HEMOS VISTO

He incluido las historias anteriores con un doble propósito. En primer lugar, he querido mostrar lo profunda que es nuestra relación perceptual con el campo que subyace a nuestra realidad. En segundo lugar, he querido hacer patente que, al parecer, estamos configurados biológicamente para interactuar con este campo a través de nuestra conciencia e intuición de maneras extraordinarias, significativas y útiles. El hecho de que las Fuerzas Armadas de EE. UU.

invirtiesen tiempo, energía y recursos en confirmar que la visión remota es posible, y que a partir de aquí se interesasen por el cultivo de esta habilidad de tal forma que se pudiese aprender sobre la base de unos protocolos, ilustra estos dos puntos.

Los eventos que hemos visto a través de las historias de este capítulo, y otros, nos permiten hacernos una idea de las capacidades que podemos desarrollar a medida que acogemos nuestro potencial humano. Estamos hablando de capacidades como las siguientes:

- conectar con precisión con el grado de bienestar de un ser querido que se encuentre a medio mundo de distancia,
- elevar el estado de conciencia a un nivel en el que la materia física ya no impone sus limitaciones,
- resolver problemas de salud potencialmente mortales que la medicina convencional es reacia a abordar,
- ver ubicaciones, personas y objetos que se encuentran lejos en el pasado, el presente o el futuro, o en otros mundos, con un alto grado de precisión, a voluntad.

Tenemos pruebas de que si cualquier persona dada puede aprender a desarrollar estas capacidades, todos podemos hacerlo. Las historias impresionantes que hemos visto nos dicen que nuestra humanidad pone a disposición de todos nosotros una serie de capacidades y habilidades extraordinarias. De hecho, en algunas de nuestras tradiciones espirituales más antiguas y preciadas se nos ha dicho que nuestro destino es desarrollar capacidades y habilidades como las mencionadas, y otras.

El método consistente en manifestar capacidades extraordinarias para inspirar a otras personas a verse a sí mismas bajo una nueva luz era bien conocido y empleado por los antiguos maestros para impartir enseñanzas a sus discípulos. Por ejemplo, los cuatro Evangelios del Nuevo Testamento muestran al sabio maestro Jesús de Nazaret realizando hazañas milagrosas como son multiplicar cantidades limitadas de comida para alimentar a mucha gente, sanar a heridos y enfermos e incluso resucitar a personas fallecidas.

Cuando le preguntaron cómo lograba las sanaciones, Jesús primero atribuyó sus habilidades aparentemente milagrosas a su relación con Dios, y luego les dijo a sus discípulos que ellos podrían hacer lo mismo que él había hecho, e incluso cosas más grandes, durante su vida, si se permitían creer en lo que les había mostrado y seguir el camino que les había ofrecido. Por ejemplo, en el Evangelio de Juan (14, 12), Jesús dice: «El que cree en mí, las obras que yo hago él también las hará; *y hará obras aún mayores que estas*, porque yo voy a mi Padre».[17] (La cursiva es mía).

Estas palabras, aunque antiguas, no están obsoletas. La ciencia ha revelado que cuando presenciamos las hazañas extraordinarias de otras personas, nuestro cuerpo (las redes neuronales, las neuronas espejo, las secreciones hormonales, la respuesta inmunitaria y el organismo en general) recibe un impacto positivo. Con la sensación de impacto el cuerpo nos dice que lo que hemos presenciado en otra persona también es posible para nosotros.

NECESITAMOS RAZONES PARA CREER EN NOSOTROS MISMOS

La literatura de las antiguas tradiciones espirituales de todo el mundo, como diversas escrituras hindúes y textos bíblicos, nos dice que vivimos en un mundo de ilusiones y en una era llena de engaños. Los descubrimientos de los que he hablado en este libro confirman los temas de esta literatura.

- La *ilusión* es que somos seres defectuosos, frágiles e impotentes, que podemos sufrir los modos de fallo que son la enfermedad y las dolencias, que forman parte de un mundo que está separado de nosotros.

- El *engaño* es que en nuestro estado de aparente vulnerabilidad y debilidad necesitamos algo externo para gozar de salud y tener éxito en el mundo.

En los tiempos actuales nos están diciendo que lo que nos salvará será el hecho de sustituir nuestro cuerpo natural con componentes artificiales que equivaldrán a nuestros componentes biológicos. Lo peor de este engaño es que las soluciones que se nos está alentando a aceptar atenuarán el poder de nuestra divinidad y nos dejarán aún más vulnerables frente al miedo y el control que decimos que queremos superar.

Nos debemos a nosotros mismos preservar y proteger el regalo que es nuestro cuerpo y su divinidad inherente, regalo que recibimos hace mucho tiempo. Cuando vivimos nuestra divinidad en nuestra vida diaria, recordamos que somos una buena especie debido a la naturaleza de nuestra humanidad.

> **VERDAD PURAMENTE HUMANA N.º 47:** Vivir nuestra divinidad es dejar atrás la creencia engañosa de que somos seres defectuosos, frágiles e impotentes que para tener éxito en el mundo y prosperar en la vida necesitamos algo que se encuentra fuera de nosotros mismos.

Cuando somos testigos de la divinidad de otras personas, tomamos conciencia de que somos Dios/eterno dentro del cuerpo. Esta comprensión debe ser el principio rector del nuevo mundo que está surgiendo y constituir la base del nuevo relato humano.

CAPÍTULO 6

¿Humanos o híbridos?

¿De quién es la idea de progreso que estamos siguiendo?

Nos estamos convirtiendo en una especie híbrida,
en una fusión de biología y tecnología.

—Dan Brown (1964-),
novelista estadounidense

Durante la crisis financiera de 2008, el jefe de gabinete del presidente Barack Obama, Rahm Emanuel, dijo unas palabras que no caerían en saco roto: «Nunca dejes que una crisis importante no sirva para nada. Lo que quiero decir con esto es que es una oportunidad de hacer cosas que antes creías que no podías hacer».[1] Esta declaración, y el razonamiento que hay tras ella, se conoció como la *regla de Rahm*, y se utilizó para justificar medidas sin precedentes en materia de políticas financieras, como la reducción de las tasas de interés a cero y la aprobación por parte del Congreso estadounidense de la Ley de Estabilización Económica de Urgencia de 2008 (también conocida como «plan de rescate bancario» o «plan de rescate de Wall Street»), por la que se asignaron setecientos mil millones de dólares que evitaron la quiebra de los grandes bancos y las instituciones financieras. No debe sorprender que 2008 no fuese la última vez que se aplicó la regla de Rahm durante una crisis.

En enero de 2020, Klaus Schwab, fundador del Foro Económico Mundial, inauguró la reunión anual de la organización en Davos (Suiza) declarando que la pandemia de COVID-19 ofrecía a los miembros una oportunidad única en la historia. Argumentó que la crisis resultante, que incluyó la pérdida de empleos y empresas, la interrupción de cadenas de suministro globales y el colapso de economías enteras, ofrecía a los Gobiernos y empresas de todo el mundo una razón por la que introducir políticas y reformas que fueran más allá del mero restablecimiento de unos sistemas defectuosos e ineficientes.

Schwab veía la pandemia como una oportunidad para aplicar la regla de Rahm a gran escala, como un motivo por el que implantar cambios radicales en toda la sociedad y, en última instancia, en la vida de cada uno de nosotros. A esta oportunidad la llamó *el Gran Reinicio*, denominación que en la actualidad se emplea comúnmente para justificar los inmensos cambios sociales, económicos, financieros y relativos a la biología humana que se han propuesto y, en algunos casos, se están implantando a través del programa de las Naciones Unidas conocido como los 17 Objetivos de Desarrollo Sostenible. La fecha fijada para el cumplimiento de estos objetivos es el año 2030. El avance hacia la materialización de unos cambios tan radicales en un período de tiempo tan corto ha desencadenado gran parte de la agitación económica y social que estamos observando en el mundo actual.

> **VERDAD PURAMENTE HUMANA N.º 48:** En 2020, el Foro Económico Mundial anunció planes para el Gran Reinicio, un intento sin precedentes de construir una nueva sociedad digital, en el contexto de la pandemia global que aún se estaba dando en ese momento y del caos motivado por los confinamientos que tuvieron lugar en muchos países ese año.

En lugar de ayudar a las personas, las empresas y la economía de países enteros a recuperarse del impacto debilitante provocado por la pandemia de 2020, la visión de Schwab era, y continúa siendo, rehacer el mundo que nos rodea, y nuestro ámbito interno, de formas que parecen corresponder al argumento de una película de ciencia ficción de temática distópica.

En el curso de una entrevista que le hicieron a Klaus Schwab en la Escuela de Políticas Públicas Lee Kuan Yew de Singapur, afirmó que el mundo actual está inmerso en la Cuarta Revolución Industrial, o 4RI.

Para contextualizar, la Primera Revolución Industrial supuso la transición generalizada, a partir del año 1760 aproximadamente, de una economía basada en la agricultura a una economía basada en la industria, la manufactura y la automatización, cambio que facilitó que la vida de las personas pasase a ser considerablemente más fácil.

La Segunda Revolución Industrial comenzó en 1879 con la invención de la bombilla y una multitud de dispositivos alimentados por la electricidad, que iban desde líneas de ensamblaje para construir máquinas y tejer telas hasta electrodomésticos y aparatos eléctricos para las oficinas y los hogares.

La revolución digital que se inició en 1980 marcó el comienzo de la Tercera Revolución Industrial. Se caracterizó por la aparición de los ordenadores personales y la posesión de datos como la base de los mercados, las economías y la manufactura.

Según Schwab, la Cuarta Revolución Industrial se está produciendo en estos momentos. Consiste en la fusión de todas las tecnologías de las revoluciones industriales previas en una única realidad transhumanista interconectada digitalmente.

Las actas públicas de las ponencias del Foro Económico Mundial (FEM) revelan que la visión relativa a esta vasta esfera de datos es que todo el sistema sea gobernado automáticamente por algoritmos sofisticados, una vigilancia intensiva y un sistema avanzado de inteligencia artificial. Schwab y otros miembros del FEM consideran la convergencia de nuestros ámbitos físico, digital y biológico como la próxima etapa inevitable del progreso en la evolución de la civilización y de la humanidad.

> **VERDAD PURAMENTE HUMANA N.º 49:** La visión en cuanto al Gran Reinicio es que nosotros mismos y todos los sistemas actuales de finanzas, negocios, manufactura, transporte y producción de alimentos, así como nuestro consumo, nuestros viajes, nuestras elecciones en cuanto al estilo de vida y nuestros hábitos de gasto, quedemos fusionados en una vasta red gestionada y regulada mediante la supervisión de una inteligencia artificial avanzada.

En mi opinión, la integración del cuerpo y la conciencia humanos en el paisaje digital, tal como la concibe el FEM, es irresponsable y peligrosa, y representa una amenaza irreversible para nuestra vida y nuestra humanidad.

En junio de 2019, el FEM y las Naciones Unidas firmaron el Marco de Asociación Estratégica, un documento que establece un conjunto integral de metas que ambas entidades esperan alcanzar para el año 2030. Debido a la influencia ejercida por los Gobiernos, las corporaciones y las instituciones financieras que conforman el FEM, y esta colaboración reciente con las Naciones Unidas y los

Gobiernos del mundo, pondré las declaraciones públicas de la ONU y sus metas declaradas como ejemplos específicos del intento de introducir el transhumanismo en la vida de todos nosotros.

LA PRETENSIÓN DE INTEGRARNOS EN LA MATRIZ (MATRIX)*

Schwab aclaró qué aspectos de nuestra vida se verán impactados por el Gran Reinicio. «No es solo una revolución digital. Es digital y, por supuesto, física debido a la nanotecnología, *pero también es biológica*»[2] (la cursiva es mía). Es el componente biológico identificado por Schwab el que resulta más preocupante con respecto a nuestra humanidad. Cuando Schwab dice que la revolución digital es «biológica», está diciendo que la revolución incluye la fusión, o incluso la sustitución, de nuestro cuerpo natural con sistemas digitales, por diversas razones.

La creencia del FEM de que nuestra evolución como especie está, de algún modo, vinculada al «avance» consistente en fusionar la nanotecnología y la inteligencia artificial con el cuerpo humano abre paso a una serie de consecuencias inquietantes y preguntas sin respuesta. En los apartados que siguen exploraremos cómo los transhumanistas planean fusionar la tecnología con el cuerpo humano y qué implicaciones tiene esto para nuestra vida diaria.

> **VERDAD PURAMENTE HUMANA N.º 50:** La clave del éxito del Gran Reinicio es la integración digital de los seres humanos, incluidos nuestros datos biométricos y signos vitales más íntimos, así como nuestras expresiones de ira, miedo y alegría, dentro de una matriz (*matrix*) global para que sean interpretados por sistemas automatizados.

---

* N. del T.: En inglés, la palabra *matrix*, 'matriz', evoca claramente la realidad simulada en la película que lleva el mismo nombre.

Algunos aspectos del Gran Reinicio ya están en marcha y están cambiando el mundo que nos rodea. Entre ellos tenemos las políticas que están reemplazando la agricultura orgánica, de pequeñas dimensiones y local por grandes explotaciones agrícolas corporativas que dependen de los pesticidas y de las tecnologías creadoras de organismos modificados genéticamente (OMG) para sostenerse; y metas climáticas que, si se alcanzaran, darían lugar a un ambiente global que no hemos visto desde la era geológica del Pleistoceno, la cual no fue especialmente favorable para ninguna forma de vida, incluida la humana. Mientras que estas iniciativas están transformando el mundo externo, como veremos más adelante en este capítulo, las propuestas biológicas identificadas por Schwab y otros están diseñadas para cambiar nuestro mundo interno.

La parte más preocupante del Gran Reinicio es el hecho de que algunas partes del plan ya se están ejecutando en nuestras vidas y sobre nuestros cuerpos, sin que se hayan respondido las preguntas más fundamentales sobre nuestra relación con las metas establecidas. O, si se han respondido, las respuestas no se están comunicando abiertamente.

Algunas de estas preguntas fundamentales son las siguientes: ¿quién decide qué tecnologías son realmente beneficiosas para nosotros? ¿Qué criterios se aplican para garantizar que sean seguras? Y ¿quién determinará qué poblaciones y grupos estarán obligados a adoptar tipos específicos de tecnología? ¿En qué medida se nos obligará, o incluso se nos forzará, a someternos a estas determinaciones?

Es importante que seamos conscientes de que en la actualidad muchas decisiones relativas a la alteración de nuestra constitución biológica las están tomando personas y organizaciones que, como ciudadanos, no hemos elegido para que nos representen o para que velen por nuestros intereses. Entre estas organizaciones figuran corporaciones cuya motivación por el lucro es incompatible con la imparcialidad necesaria para decidir sobre políticas sociales, servicios médicos y modos de vida.

¿Cuánta soberanía tenemos realmente, como ciudadanos, en lo que respecta a nuestra elección de aceptar o rechazar que se integre en nuestro cuerpo tecnología como los chips RFID[*] o que se nos someta a terapias génicas y tecnologías médicas innovadoras?

Si las propuestas relativas al Gran Reinicio solo reflejaran las reflexiones espontáneas de unos cuantos académicos intelectuales bienintencionados que se reúnen una vez al año en una vieja biblioteca oscura y polvorienta para debatir sobre los acontecimientos mundiales, no estaría escribiendo sobre ellas aquí. Pero estas ideas son representativas de algo mucho más grande, mejor organizado y más intencionado que eso. Reflejan directamente las acciones premeditadas y los objetivos declarados del Foro Económico Mundial, metas que han sido perfeccionadas y afinadas desde que Schwab presidió la primera reunión de esta organización el 24 de enero de 1971.

UNA BREVE MIRADA A UNA ALIANZA PREOCUPANTE

En 2019, el programa de las Naciones Unidas destinado a modificar la sociedad global, conocido como Objetivos de Desarrollo Sostenible de las Naciones Unidas para 2030 (o Agenda 2030), se convirtió en un vehículo legal y político que podría permitir la implantación del Gran Reinicio del FEM. Aunque los diecisiete objetivos de ingeniería social de los ODS 2030 no constituyen el principal tema de interés que quiero explorar, juegan un papel en la amenaza que el transhumanismo representa para nuestra humanidad y, en última instancia, para nuestra divinidad innata. Por esta razón, resumiré brevemente mis inquietudes exponiendo un ejemplo representativo de los objetivos de la ONU.

---

[*] N. del A.: Los chips RFID están actualmente disponibles como una opción para el personal militar de los Estados Unidos y muchas personas los llevan incorporados en algunos países europeos, como Suecia, para usarlos en operaciones comerciales y financieras; en otros países, como Francia, el Reino Unido y México, la aceptación de estos chips va en aumento.

En 2015, las Naciones Unidas propusieron esta serie de diecisiete objetivos con el propósito declarado de «transformar nuestro mundo».[3] Presentando con mayor claridad la intención de estos objetivos, la ONU los presenta como «una llamada a la acción para poner fin a la pobreza y la desigualdad, proteger el planeta y garantizar que todas las personas disfruten de salud, justicia y prosperidad».[4] A primera vista, estos objetivos expresan una visión hermosa de lo que sería posible si las naciones cooperaran para hacer de nuestro mundo un lugar mejor. Cada objetivo tiene un título que expresa su propósito, como «Salud y bienestar», «Hambre cero» y «Ciudades y comunidades sostenibles». Y, sin duda, cada uno representa una aspiración sincera y aparentemente altruista. ¿Quién no desearía buena salud en un mundo azotado por las enfermedades? ¿Quién no querría ver erradicado el hambre cuando gran parte de nuestra familia global sufre hambrunas?

Quiero dejar claro que el problema no radica en los objetivos en sí. El problema reside en la forma en que la ONU ha acordado lograrlos. El acuerdo de asociación de 2019 entre el FEM y la ONU establece sus intenciones de aprovechar el poder financiero y político de las corporaciones miembros del FEM como base para el Gran Reinicio.

VERDAD PURAMENTE HUMANA N.º 51: En 2019, las Naciones Unidas establecieron formalmente una alianza con el Foro Económico Mundial para acelerar la implantación del Gran Reinicio utilizando los Objetivos de Desarrollo Sostenible (Agenda 2030) como el vehículo para lograrlo.

Por ejemplo, el objetivo de desarrollo sostenible número 2, «hambre cero», es uno que me apasiona especialmente. Las estadísticas globales muestran que hoy en día tenemos más que suficiente comida para alimentar a todos los niños, mujeres y hombres del mundo. No hay escasez de suministros. Los miembros de nuestra familia global no pasan hambre ni mueren de inanición por falta de alimentos. El problema es la ausencia de un liderazgo que priorice llevar los alimentos que ya tenemos a los lugares y las personas que más los necesitan.

Cuando hablo de liderazgo, no me refiero necesariamente al liderazgo político de naciones como los Estados Unidos, el Reino Unido, Rusia o China. Me refiero al pensamiento de todos los líderes, incluidos tú y yo, y a la manera en que lideramos en nuestras comunidades con nuestras políticas y decisiones. Son pocos los líderes que han hecho del bienestar humano universal una prioridad vital. Con estos factores en mente, podríamos pensar que la entrega de los suministros alimentarios existentes a los lugares donde hay mayor necesidad de los mismos sería una meta declarada y una prioridad dentro del objetivo «hambre cero». Sin embargo, los detalles del plan para este objetivo están enfocados en la tecnología y los negocios de la agricultura, en lugar de estarlo en este cambio vital en el pensamiento y las prioridades humanos. Lo que se propone es lo siguiente (la cursiva es mía):

> Aumentar las inversiones, incluso mediante una mayor cooperación internacional, en la infraestructura rural, la investigación agrícola y los servicios de extensión, *el desarrollo tecnológico y los bancos de genes de plantas y ganado a fin de mejorar la capacidad de producción agrícola* en los países en desarrollo, en particular en los países menos adelantados.[5]

Con la visión del FEM y la ONU claramente establecida, la orientación de este objetivo nos indica que entre las estrategias a adoptar para erradicar el hambre en el mundo se encuentran la absorción de pequeñas granjas familiares privadas por parte de grandes conglomerados corporativos; el uso de ingeniería genética en los cultivos mismos, así como para modificar la constitución biológica de insectos que se ven atraídos por dichos cultivos; y la aplicación de aditivos químicos y pesticidas específicos.

El tema de reemplazar los métodos locales de agricultura de los que han dependido tradicionalmente las familias y comunidades por programas centralizados dirigidos por grandes empresas y firmas de alta tecnología no se limita a uno solo de los objetivos. Por ejemplo, la forma de alcanzar el objetivo de desarrollo sostenible número 3, que busca «garantizar una vida sana y promover el bienestar para todos en todas las edades», incluye políticas para «apoyar las actividades de investigación y desarrollo de vacunas y medicamentos para las enfermedades transmisibles y no transmisibles que afectan primordialmente a los países en desarrollo y facilitar el acceso a medicamentos y vacunas esenciales asequibles...».[6]

Si bien hay un momento y un lugar apropiados para algunas de las vacunas tradicionales que hemos utilizado con éxito durante más de un siglo con poblaciones vulnerables, el uso generalizado de las nuevas terapias génicas propuestas para cumplir con los objetivos de estos programas —terapias tan recientes que no hay conocimientos suficientes sobre sus posibles efectos duraderos y a largo plazo tanto en niños como en adultos— puede ser más problemático que las enfermedades mismas.

He puesto estos ejemplos para ilustrar cómo lo que antes era la visión aislada y utópica de unos pocos individuos que se reunían cada año en Davos (Suiza) se ha fusionado con los esfuerzos del personal de las Naciones Unidas, que está respaldado y financiado internacionalmente, y cómo esta confluencia tiene el potencial de desempeñar un papel preponderante y preocupante en nuestra vida.

Esta visión conjunta obtuvo la aprobación de más de la mitad de los países miembros de la ONU cuando se sometió a votación si ejecutar o no la Agenda 2030. Este documento, ratificado internacionalmente, permite que un sistema de transhumanismo y gobernanza digitalizado, vigilado y controlado se convierta en una realidad en un plazo tan breve que veremos su implantación en el curso de nuestra vida.

En los próximos apartados de este capítulo profundizaremos en las políticas propuestas, la tecnología que las hará posibles y lo que podrían significar para nosotros, nuestra evolución como especie y nuestra divinidad innata.

SE ESTÁ PREPARANDO EL ESCENARIO PARA EL GRAN REINICIO

En 2018, dos años antes de que la pandemia de 2020 desencadenara el Gran Reinicio, Yuval Noah Harari, una voz influyente en la formulación de políticas del FEM, presentó en Davos una visión distópica del mundo y de nuestro lugar en él que, según cree, será una realidad dentro de unos pocos años.

Harari es un autor prolífico, filósofo y profesor de historia. Un artículo de 2022 publicado en *Current Affairs* indicaba que era el asesor y consultor preferido de «algunas de las personas más poderosas del mundo».[7] Entre las personas a las que ha asesorado hay miembros de la Organización de las Naciones Unidas para la Educación, la Ciencia y la Cultura (Unesco), ejecutivos del Fondo Monetario Internacional (FMI) y figuras influyentes de los medios, como Mark Zuckerberg, fundador de Meta.

Harari presentó por primera vez su visión sobre nuestro futuro en la reunión anual del FEM de 2018 y volvió a hacerlo cuando la pandemia de COVID-19 se encontraba en su apogeo, en 2020. Debido a que su voz es respetada y a la magnitud de los cambios que el FEM y la ONU intentan imponer a la sociedad global, su visión resulta especialmente preocupante.

En su presentación de 2020, Harari comenzó afirmando con autoridad y de manera contundente que la nuestra es «probablemente una de las últimas generaciones de *Homo sapiens*».[8] A continuación explicó que, en unos pocos años, los rápidos avances tecnológicos posibilitarán hacer ingeniería con «el cuerpo, el cerebro y la mente» humanos, hasta el punto de que en ese futuro nos convertiremos en una especie sustancialmente diferente de la que somos ahora; nosotros nos parecemos más a los neandertales, que vivieron cuarenta mil años antes que nosotros, de lo que esta especie del futuro próximo se parecerá al hombre actual.

El factor que, según Harari, permitirá que este cambio tan drástico se produzca tan rápidamente es el hecho de que en la actualidad las características biológicas humanas se ven como una «tecnología» que se puede hackear. Cree que la complejidad del cuerpo humano puede reducirse a un sistema de algoritmos que se puede conocer, revisar y, en última instancia, reescribir.[9] Sin embargo, como vimos con el ejemplo de las gemelas editadas genéticamente en el capítulo tres, aún está por determinarse qué significa «mejorar» al ser humano o a qué tipo de perfección se ajustará el ser humano editado.

Como nos recuerda el adagio «la belleza está en los ojos del observador», la idea de lo que hace que un ser humano sea mejor o más perfecto es arbitraria; parece depender de quienes realizan la edición génica. Es debido a la capacidad casi divina que tenemos de reescribir el código genético de la vida misma que Harari cree que los humanos serán modificados para que interactúen con el universo digital de formas que hace apenas unos años parecían impensables.

En su presentación en Davos, Harari habló más a fondo de la visión que tiene de nuestro futuro. Reconoció que durante los cuatro mil millones de años que tenemos a nuestras espaldas toda la vida ha estado gobernada por dos factores: las leyes de la selección natural y los principios de la bioquímica orgánica. Pues bien, los avances tecnológicos disponibles hoy en día hacen posible, según los defensores del Gran Reinicio, trascender ambos factores. En su visión, las formas de vida del futuro no estarán definidas por la evolución natural de la vida biológica, sino que serán productos de nuestro diseño inteligente. «No el diseño inteligente de algún dios que está sobre las nubes —aclara Harari— sino nuestro diseño inteligente y el diseño inteligente de las nubes: la nube de IBM y la nube de Microsoft».[10]

Harari concluyó esta parte de su presentación de 2020 afirmando que estamos rompiendo los límites que han confinado a los organismos a la vida orgánica natural y entrando en una era de la vida que incluye lo inorgánico. En otras palabras: cree que estamos muy cerca de desarrollar formas de vida basadas en las máquinas en lugar de estarlo en el carbono, como nosotros.

El problema que presenta esta forma de pensar, en lo que a los humanos se refiere, deriva de ciertas reflexiones expuestas anteriormente en este libro: las pruebas presentadas en el capítulo tres indican que la conciencia que anima el cuerpo humano, y que es la fuente de nuestra empatía, nuestra conciencia moral y nuestro intelecto, no se encuentra dentro del cuerpo en sí. Al contrario: las células y el material genético que conforman el organismo físico nos conectan con una parte de nosotros que no está contenida en el cuerpo.

> **VERDAD PURAMENTE HUMANA N.º 52:** Hablando en Davos frente a las organizaciones, las corporaciones y las instituciones financieras cuyos propósitos y operaciones tienen un impacto en nuestra vida diaria, Yuval Noah Harari declaró que la biología humana es ahora una «tecnología» que se puede hackear.

Cuando escucho la visión que expone Harari, mi reacción es inmediata y definitiva. Instintivamente, mis entrañas gritan «¡no!». No al rumbo que hemos tomado. No a normalizar la aceptación masiva de dispositivos tecnológicos dentro de nuestros cuerpos. Y no a la facilidad con la que algunos futuristas aceptan esta dirección tecnológica como progreso y como el próximo paso inevitable en la evolución humana. Si Harari fuera la única persona que prevé este posible futuro, probablemente ni siquiera mencionaría su visión aquí. Pero no es la única.

En línea con las opiniones de Harari, Amy Webb, profesora de negocios en la Escuela de Negocios Stern de la Universidad de Nueva York, profundizó en lo que implica reescribir el código genético de diversas especies. Lo hizo como participante en un grupo de debate especial del FEM:

> Estamos hablando de mejorar la constitución biológica y de redefinir organismos con propósitos beneficiosos. Esto nos permitirá no solo editar genomas, sino también, y lo más importante, escribir un nuevo código para la vida. Tendremos permiso de escritura.[11]

El «permiso de escritura» que menciona Webb está tomado del argot de la programación informática: en este contexto, hace referencia a que el programador tiene la capacidad (el permiso) de acceder a los componentes más fundamentales del código. Este acceso le permite reorganizar los componentes, reescribir el código y generar nuevos resultados.

Este mismo principio es aplicable al permiso para intervenir en el código fundamental del ADN humano.

Hemos llegado a un punto en la historia en el que podemos eliminar, cortar, pegar, empalmar y silenciar (inactivar) los genes que nos definen como lo que somos. Esto significa que, como los códigos informáticos, podemos ser alterados, modificados y cambiados, y transformados en algo muy diferente de lo que hemos sido en el pasado. También significa que se pueden crear nuevas formas de vida humanas que tengan unas características y unas capacidades que las hagan muy distinta de los demás miembros de nuestra especie.

Estas nuevas formas de vida podrían ser desde seres resistentes a las toxinas y la radiación que realicen tareas peligrosas para los humanos no mejorados hasta supersoldados con «capacidades mejoradas biológicamente»; las Fuerzas Armadas de la República de China ya podrían estar investigando esta segunda posibilidad.[12]

El solo hecho de que se esté tomando en consideración la posibilidad de realizar estas modificaciones en el ser humano refleja una filosofía defectuosa: la premisa de que algo dentro de nosotros está dañado y debe ser «arreglado».

LA PREMISA DEFECTUOSA DE «ARREGLAR» LO HUMANO

Vivimos en un momento de la historia en el que se cuestiona y niega la naturaleza excepcional de nuestra humanidad, y se la reduce a una secuencia de variables en la ecuación de la vida. Como variables, estas cualidades pueden ser manipuladas, revisadas e incluso reemplazadas por completo. En un artículo cuyo título es, traducido, «Transhumanismo y la muerte de la excepcionalidad humana», Peter Clarke resume así esta perspectiva:

> Como movimiento filosófico, el transhumanismo aboga por mejorar la humanidad mediante modificaciones genéticas e intervenciones tecnológicas, a partir de la postura de que no hay nada particularmente sagrado en la condición humana. [El transhumanismo] reconoce abiertamente que nuestros cuerpos y mentes están llenos de fallos que no solo pueden sino que *deben* ser corregidos.[13]

El filósofo y transhumanista británico David Pearce subrayó aún más los supuestos defectos de nuestra humanidad. En una entrevista que le hicieron a él y a otro cofundador de Humanity+ (anteriormente conocida como Asociación Transhumanista Mundial), Pearce afirmó que el uso de la tecnología es nuestra única opción para lograr el mundo de paz y bienestar que anhelamos: «Si queremos vivir en el paraíso, tendremos que diseñarlo nosotros mismos. Si queremos la vida eterna, entonces tendremos que reescribir nuestro código genético, que está lleno de errores, y convertirnos en seres divinos».[14]

¿Y cuáles son los «errores» inherentes a nuestra humanidad que hay que arreglar? No debería sorprendernos encontrar, entre los presuntos defectos a los que se refiere Pearce, algunas de nuestras cualidades que más valoramos, apreciamos y elogiamos.

A continuación identificaré algunas de las características clave que los transhumanistas consideran defectos humanos.

Defecto 1: el «defecto» de la emoción humana

Uno de los aspectos de nuestra humanidad que con mayor frecuencia se señala como un defecto es la capacidad que tenemos de experimentar emociones profundas y, a veces, aparentemente ilógicas. Desde el impulso violento que nos lleva a herirnos y destruirnos unos a otros hasta el milagroso poder sanador que surge de la alegría y el amor, la emoción humana sigue siendo una fuerza misteriosa e impredecible. Hasta la fecha, los intentos de replicar las emociones humanas por medio de programas informáticos han resultado en frustración y desilusión.

Hay personas que han dedicado su vida a cultivar y desarrollar las expresiones de nuestras emociones como música, poesía, escultura, pintura y danza. Reconocemos y admiramos las producciones en estos terrenos como manifestaciones del espíritu humano. Los artistas crean arte con la esperanza de que las experiencias que comparten logren de alguna manera saciar la sed de conexión que todos anhelamos. Son nuestras emociones individuales las que conforman los lazos colectivos que nos unen como comunidades y sociedades.

El escritor Jonathan Cook dice lo siguiente sobre la filosofía que propone acabar con la emoción humana (la cursiva es mía):

Aunque algunas versiones del transhumanismo contemplan una mejora de la vida emocional gracias a la integración con la tecnología digital, muchos de los soldados de a pie que están buscando mejorar la vida humana mediante una IA emocional están avanzando en la dirección opuesta, *utilizando herramientas de análisis de sentimientos para enseñar a los seres humanos a reprimir sus emociones*.[15]

Desde mi punto de vista, una inteligencia artificial que pueda moderar y, en última instancia, reprimir la emoción humana es lo último que necesitamos. Desarrollar esta tecnología es posiblemente uno de los caminos más peligrosos que podríamos elegir como especie. En nuestra era de extremos en la que hay conflictos a lo largo y ancho del planeta, unos seres carentes de emoción serían incapaces de empatizar con quienes más sufren.

Nuestra capacidad de sentir y expresar lo que sentimos es quizá una de las fuerzas más poderosas y prometedoras de las que disponemos, y una de las que más pueden aportar esperanza. Es el poder de nuestras emociones lo que nos permite apreciar la belleza de una puesta de sol en la playa, un paseo matutino por un bosque joven y la química sexual que hace que nos sintamos magnéticamente atraídos hacia otras personas. Nuestras emociones también están directamente relacionadas con la empatía que podemos sentir hacia los demás, incluidos nuestros enemigos. Es nuestra empatía hacia la vida, las familias y el sufrimiento de aquellos con quienes estamos en conflicto lo que a menudo lleva a las negociaciones que hacen posible la paz.

Descubrimientos recientes efectuados en el ámbito científico están contribuyendo a aportar pruebas de que la emoción que sentimos ante la belleza no constituye una experiencia placentera solamente, sino también un poder muy real y transformador. Nuestra experiencia de la belleza y la emoción que esta suscita dentro de nosotros constituyen una vivencia directa, sensorial, que altera nuestra vida de alguna manera.

Se cree que los seres humanos somos la única especie que tiene la capacidad de percibir belleza en el mundo y de buscarla en la vida diaria. Es a través de nuestra experiencia de la belleza que tenemos el poder de cambiar las sensaciones que percibimos en el cuerpo. Nuestras sensaciones, a su vez, están directamente vinculadas a la forma en que las neuronas de nuestro cuerpo se conectan entre sí y se activan, alterando así la química de nuestras células y órganos. La belleza tiene el poder de cambiar la vida de cada uno de nosotros, y no es exagerado decir que esta misma belleza que puede transformar nuestra vida tiene el poder de cambiar el mundo.

La clave para permitir que las emociones alteren nuestras percepciones y comportamientos radica en elegir mirar más allá del dolor y el sufrimiento que nos afectan en el momento para reconocer la belleza que ya existe en todas las cosas; solo entonces liberaremos el potencial transformador asociado a la elección de la belleza. Pero para poder hacer esto es necesario que desarrollemos y afinemos el poder de la emoción. Cook lo resume bellamente: «Para que valga la pena vivir en él, el futuro debe ser más emocional, no menos».[16]

Defecto 2: el «defecto» de nacer de un útero

Desde el inicio de nuestra especie, las mujeres han gestado a los bebés en su útero y se han enfrentado a las posibles consecuencias del parto y a los dolores asociados a este a cambio del beneficio de traer una nueva vida al mundo. El parto natural puede ser hermoso y gozoso; algunas mujeres incluso experimentan un orgasmo durante el proceso. Sin embargo, también puede ser sangriento, doloroso, físicamente lesivo y lleno de incertidumbres y complicaciones, hasta el punto de que, en algunos casos, las consecuencias son fatales para la madre o el bebé, o para ambos.

Según el psicoanalista austriaco Otto Rank, la experiencia del nacimiento y la separación que sigue al parto —que incluye la transición abrupta de la seguridad de un útero cálido y líquido a un entorno más frío y seco, así como el impacto físico del corte del cordón umbilical— constituye el primer trauma de nuestra vida, tal vez el más profundo de todos ellos. Rank sostiene que esta experiencia define el curso de nuestro bienestar emocional a lo largo de la vida.

Los transhumanistas ven ahora el trauma, el sufrimiento y los peligros asociados al parto natural como algo obsoleto y opcional. Tienen como objetivo «corregir» la «imperfección» consistente en que las mujeres gestan bebés en su cuerpo mediante el uso de tecnología avanzada de edición génica y úteros artificiales, y planean hacerlo para el año 2050.

De hecho, estamos más cerca de la realidad de los nacimientos no uterinos de lo que muchos imaginan. En un estudio publicado en la revista revisada por pares *Nature Communications*, Emily Partridge, del Hospital de Niños de Filadelfia, lideró un equipo que logró crear úteros artificiales llenos de líquido vital para ocho fetos de oveja. Las ovejas son utilizadas frecuentemente como sustitutos de los seres humanos en investigaciones debido a que sus venas, sus arterias y el tamaño de su cerebro son similares a los nuestros.[17]

Los fetos de oveja incluidos en este estudio tenían entre ciento cinco y ciento quince días, el equivalente a un feto humano de veintitrés semanas, una etapa clave para desarrollos como el sueño REM y las respuestas al entorno. Mientras permanecieron dentro de los úteros artificiales, los órganos (incluido el cerebro) e incluso el pelaje se desarrollaron normalmente.

Si los experimentos siguen teniendo éxito y esta tecnología avanzada recibe la aprobación de la Administración de Alimentos y Medicamentos estadounidense (FDA), como se espera que ocurra en un futuro próximo, los investigadores creen que los úteros artificiales podrían usarse para el desarrollo de fetos humanos en circunstancias especiales dentro de tres a cinco años.

Si bien esta es una buena noticia para los médicos y las madres que se enfrenten a situaciones extremas que podrían conducir a nacimientos prematuros peligrosos o incluso fatales, una vez que la opción de los úteros artificiales esté disponible, los transhumanistas creen que estos dispositivos y la edición génica de embriones se volverán pronto algo común. Según ellos, estas tecnologías reemplazarán las incertidumbres de la concepción natural y las posibles complicaciones del parto natural.

Una voz destacada del movimiento transhumanista, Zoltan Istvan, especula sobre el orden cronológico de los avances que llevarán a los nacimientos humanos sin la participación de un útero:

El objetivo actual del campo en desarrollo de la ectogénesis [el nacimiento sin la participación de un útero natural] es usar esta opción para mantener vivos a los bebés humanos prematuros nacidos tras veintitrés o veinticuatro semanas de gestación aproximadamente y permitir que sigan desarrollándose. Con el tiempo, es probable que estos avances conduzcan a una era de niños nacidos sin que sean necesarios los úteros de las mujeres.[18]

Históricamente, el acto de la concepción humana (el acto sexual) y la decisión de traer un bebé al mundo han estado íntimamente ligados al vínculo entre los miembros de una pareja y una estructura familiar. Este vínculo incluye el compromiso implícito de que el bebé será cuidado y dotado de las habilidades necesarias para prosperar en su entorno inmediato. Una de las posibles consecuencias de los nacimientos transhumanistas a partir de úteros artificiales exclusivamente, según Istvan, afecta a estos factores. La capacidad de concebir y obtener nacimientos sin la participación del útero de la mujer «podría terminar por conducir a una sociedad en la que las relaciones, sexuales o de otro tipo, no sean funcionalmente necesarias para dar continuidad a la especie humana».[19]

En otras palabras: a la luz de estas tecnologías, no es descabellado imaginar un mundo con fábricas productoras de bebés, en las que grandes estructuras similares a almacenes alojen filas de úteros artificiales que contengan fetos humanos vivos. En el curso de su desarrollo, los fetos podrían ser «optimizados» para que la futura persona presente un gran rendimiento deportivo, o tenga un cociente intelectual maravilloso, o sea un supersoldado, etc. Esto se lograría usando tecnología de edición génica y monitoreando el desarrollo de los fetos informáticamente y usando la inteligencia artificial hasta el momento del... ¿nacimiento? del bebé. Ni siquiera tenemos aún el vocabulario adecuado para referirnos al resultado de un cambio tan drástico en la vida humana. No sería del todo apropiado decir que estos bebés «nacen», ya que no habría un verdadero alumbramiento, como el que tiene lugar cuando el bebé sale a través del canal del parto.

Concluido su desarrollo en el útero artificial, los bebés serían literalmente *transferidos* del entorno líquido proporcionado por la tecnología al aire seco y las manos de un técnico, o bien a los brazos de un receptor mecanizado, es decir, un robot. Si esto parece sacado de la película de ciencia ficción *Matrix*, debemos preguntarnos de dónde surgen las ideas para estas visiones del futuro.

Algunos investigadores y futuristas piensan que las películas que creamos hoy son reflejos de la conciencia colectiva que nos informan sobre lo que podríamos esperar experimentar en nuestra vida a partir del curso que están siguiendo las políticas, las ideas y la tecnología. En el mundo de hoy, estamos viendo los elementos precursores del resultado que acabo de exponer, empezando por la rápida e inédita disminución de las tasas globales de natalidad.

Según datos de las Naciones Unidas, el mundo alcanzó un nivel máximo de fertilidad femenina en 1963, con un promedio de 5,3 hijos por mujer ese año.[20] Desde entonces, esta tasa ha disminuido en más del cincuenta por ciento, hasta 2,32 nacimientos por mujer en promedio.[21] Desde 2021, más de la mitad de los países del mundo presentan una tasa de natalidad inferior a 2,1 hijos por mujer adulta, que es el «nivel de reemplazo» que permitiría mantener la población global actual.[22]

El tema de la fertilidad humana es complejo; hay diversos factores que contribuyen a la disminución de las tasas de natalidad. Entre ellos están las toxinas presentes en el medio ambiente y los disruptores endocrinos que afectan la calidad del esperma masculino, así como la funcionalidad de los óvulos femeninos. Además, en los países más ricos, factores sociales y económicos han llevado a concebir de otra manera la familia, hasta el punto de que formar una se considera algo opcional en lugar de necesario.

Lo que quiero destacar aquí es que el fenómeno muy real de la rápida disminución de la fertilidad, junto con la opción de traer un bebé al mundo sin el dolor y el sufrimiento físicos asociados al parto, ha abierto la puerta a los nacimientos que no tienen su origen en un útero y a los bebés creados por medio de ingeniería genética: he aquí la visión transhumanista consistente en eliminar los defectos humanos para crear la sociedad ideal.

Dado que los transhumanistas ven algunas de nuestras características más valiosas como defectos, la posibilidad de «editar» nuestras capacidades humanas más preciadas es particularmente perturbadora. Es a esto precisamente a lo que se refería Yuval Noah Harari cuando afirmó que somos una de las últimas generaciones de *Homo sapiens*. Harari estaba señalando que los avances tecnológicos actuales, la mentalidad que subyace a la dirección en la que estamos yendo y los resultados que ya se están manifestando nos están llevando a convertirnos en formas de vida híbridas, que ya no son puramente humanas.

> **VERDAD PURAMENTE HUMANA N.º 53:** Los transhumanistas consideran algunas de nuestras características y capacidades más preciadas como defectos que se pueden solucionar y «arreglar» mediante la avanzada tecnología de edición génica y nanorrobótica disponible hoy en día.

Esta nueva especie de híbrido tecnohumano es necesaria para imponer los principios del Gran Reinicio. Dicho de otra manera: en ausencia de los híbridos tecnohumanos propuestos, el Gran Reinicio no se puede ejecutar. Una vez que los defectos que son las emociones y los resultados inciertos de la concepción aleatoria hayan sido «arreglados», los transhumanistas creen que el siguiente paso será corregir los «defectos» de la sociedad.

¿CÓMO SERÍA UNA SOCIEDAD TRANSHUMANISTA?

El mundo que se ha propuesto para el Gran Reinicio, que «arreglaría» nuestra sociedad posterior a la pandemia, es un mundo de reemplazos. Es un mundo que sustituye nuestras ideas y valores, como la individualidad, la singularidad, la innovación y la autosuficiencia, por una sociedad silenciada y homogénea que se ve como justa e igualitaria para todos. El problema es que lo que algunos, particularmente los que están en el poder, consideran justo e igualitario es un mundo en el que muchos de nosotros hemos perdido muchas de las libertades que nos ha costado tanto conseguir.

Es un mundo donde el habla, las ideas y la información están controladas. Deben estarlo para que las innovaciones y nuevas opciones que amenacen el *statu quo* no se conozcan ni estén disponibles. A diferencia del modelo tradicional y milenario de existencia descentralizada que ha demostrado ser saludable, sostenible y viable durante milenios, el mundo del Gran Reinicio se basa en el poder centralizado, el control centralizado, los recursos centralizados y la uniformidad, todo ello regulado mediante una nueva generación de herramientas de vigilancia y sistemas inteligentes.

En su charla de 2020 ante los participantes de Davos, Harari explicó que los algoritmos de inteligencia artificial del Gran Reinicio nos conocerán mejor de lo que nos conocemos a nosotros mismos. Anticiparán todo, desde nuestros problemas de salud futuros y nuestra esperanza de vida hasta nuestras preferencias sexuales, las cuales identificarán incluso antes de que lo hagamos nosotros, en nuestra niñez. Entrando en el terreno personal, Harari habló de cómo su vida habría sido diferente (presumiblemente mejor) si hubiera sabido desde muy joven qué significaban sus sentimientos sexuales, en lugar de tener que pasar por la lucha que vivió para llegar a la conclusión de que le gustaban las personas dc su mismo scxo; una IA podría haberle proporcionado esta comprensión años antes.

Harari argumentó que los algoritmos sabrán todo esto sobre nosotros gracias a interfaces digitales hombre-máquina incorporadas fisiológicamente que les permitirán acceder a nuestros aspectos más íntimos, incluidos nuestros pensamientos y sentimientos más profundos acerca de nuestras experiencias vitales.

Este acceso tal vez hará que la inteligencia artificial pueda ayudarnos y hacer más fáciles algunos aspectos de nuestra vida, pero también podría suponer una espada de doble filo. Sería posible, por ejemplo, que lo que mostrasen nuestros datos biométricos, como nuestra frecuencia cardíaca, la respuesta galvánica de nuestra piel y la dilatación de nuestras pupilas, revelara nuestros verdaderos sentimientos sobre una nueva política gubernamental o una norma sanitaria con la que no estuviésemos de acuerdo, revelación que podría tener consecuencias negativas para nosotros. Los datos mostrarían que rechazamos emocionalmente la nueva política aunque asintiésemos con la cabeza, aplaudiésemos con las manos y realizásemos acciones para apoyarla.

Ojalá nunca llegue a abusarse de los datos de esta manera. Lo relevante es que ya existe la tecnología que haría posible este escenario, si se decidiese usarla.

Este es un ejemplo de por qué la rápida integración de la tecnología con el cuerpo humano y el intento de normalizar el uso de dispositivos dentro de nuestro cuerpo es tan preocupante. Aunque los dispositivos nanométricos de hoy en día son sin duda los más avanzados que hemos visto en la historia humana, y ciertamente pueden aplicarse para favorecer mucho la salud y la curación, se están desarrollando en un entorno en el que los poderes establecidos están luchando por controlarlos y usarlos con el fin de intentar «perfeccionar» nuestra especie.

Ya hemos visto esto antes. Lo que estamos presenciando hoy es solo la manifestación más reciente de una vieja idea que cobró impulso a principios del siglo XX. En ese momento se la llamó *eugenesia*.

UN NOMBRE NUEVO PARA UNA IDEA QUE NO LO ES

El *Merriam-Webster Dictionary* define *eugenesia* como «la práctica o la defensa de la crianza selectiva controlada de las poblaciones humanas (mediante la esterilización, por ejemplo) para mejorar la composición genética de las poblaciones».[23]

La tecnología de edición génica CRISPR, presentada anteriormente, en la actualidad hace posible elegir las características de un bebé humano antes de su nacimiento. El nacimiento exitoso de las gemelas editadas genéticamente en China mostró que esta tecnología ya ha superado el nivel teórico. Las implicaciones morales y sociales de la edición génica de humanos nos han colocado en un territorio desconocido y han reavivado el debate en torno a este tipo de tecnología y lo que debe significar en nuestra vida. Aunque este debate pueda parecerles nuevo a los miembros de las generaciones más jóvenes, la idea de manipular la selección natural para favorecer ciertas características surgió hace mucho tiempo.

En la Europa del siglo XIX, por ejemplo, era común alentar a las familias que presentaban rasgos «deseables», como belleza, una inteligencia elevada y buena salud, a tener la mayor cantidad de hijos posible con el fin de que estos rasgos se extendieran entre la población local. El lado oscuro de esta forma de pensar es que se desalentaba, y a menudo se evitaba, que individuos con rasgos considerados indeseables, como antecedentes criminales, enfermedades mentales, discapacidades físicas o una inteligencia baja, tuvieran hijos. Las prácticas a las que se acudía en esa época para evitar esos nacimientos incluían la esterilización forzosa, técnicas de aborto primitivas y la intervención legal para impedir ciertos matrimonios en los que el resultado del embarazo podría no ser deseable. Estas prácticas se formalizaron e institucionalizaron a principios del siglo XX bajo el término inclusivo *eugenesia*.

El problema obvio que subyace a la filosofía de la eugenesia es quién establece los criterios y toma las decisiones que determinan qué cualidades humanas son «buenas» y cuáles no lo son. En tiempos pasados, estas decisiones, el racismo y las horribles consecuencias de tales decisiones solían tener como base la pseudociencia y lo que expresaba la opinión pública.

> **VERDAD PURAMENTE HUMANA N.º 54:** Usar la edición génica y terapias químicas para gestionar la concepción y los nacimientos humanos con el fin de asegurar que el resultado sean unos rasgos «deseables» es la versión actual, basada en la alta tecnología, de la antigua filosofía de la eugenesia.

Un artículo de 1999 publicado por el *BMJ* presenta tres motivos de preocupación relacionados con el pensamiento eugenésico, desde una perspectiva científica más que puramente emocional:

> Los argumentos más comunes en contra de cualquier intento de evitar un rasgo mediante la edición génica de la línea germinal o de crear más niños con rasgos deseados se inscriben en tres categorías: preocupaciones en cuanto a la presencia de fuerza o *coacción*, la imposición de criterios arbitrarios en lo que respecta a la *perfección* y las *desigualdades* que podrían derivarse de permitir la práctica de la elección eugenésica.[24]

A continuación, procedo a abordar brevemente cada uno de estos motivos de preocupación.

Motivo de preocupación n.º 1: la coacción

No hace falta buscar más allá del movimiento eugenésico de principios del siglo xx para encontrar ejemplos de cómo una sociedad puede imponer restricciones a las opciones reproductivas en un intento por limitar, o incluso eliminar, porciones enteras de una sociedad. Entre 1907 y principios de la década de 1970 aproximadamente, más de sesenta mil personas fueron esterilizadas legalmente en Estados Unidos en contra de su voluntad, bajo la legislación eugenésica que estaba en vigor en esa época.[25] El artículo del *BMJ* citado anteriormente afirma que las políticas reproductivas obligatorias de cualquier tipo, incluidas la esterilización forzosa, los hábitos reproductivos y las parejas obligadas, son «éticamente inaceptables» independientemente de cuál sea la autoridad que las imponga, ya sea un Gobierno o una institución.

El derecho a estar libre de tales limitaciones es tan ampliamente reconocido y está tan aceptado en la comunidad internacional que es fundamental en las leyes internacionales. Sin embargo, el artículo también reconoce que es posible acudir a la tecnología y a prácticas para perseguir un resultado deseado en el bebé, como una mejor salud o una mejora genética, a partir del consentimiento informado fruto de una elección, sin que pueda mediar ninguna coacción.

Motivo de preocupación n.° 2: los criterios arbitrarios en cuanto a la perfección

El objetivo transhumanista de optimizar las cualidades humanas está profundamente arraigado en la idea de alcanzar la «perfección». Pero el concepto de *perfección humana* es, en el mejor de los casos, subjetivo. A menos que la perfección buscada tenga que ver con la salud física, la curación y el bienestar mental y emocional, los criterios en cuanto a la perfección suelen estar determinados por la cultura, la sociedad y el entorno, por lo que pueden cambiar con el tiempo. Estos criterios suelen establecerse a partir de comparar a un individuo, o a toda una clase de personas, con algún tipo de modelo arbitrario que ha sido aceptado por quienes realizan la comparación.

El artículo del *BMJ* de 1999 efectúa una distinción entre tratar de determinar los rasgos subjetivos de un niño, como el color del cabello y el color de los ojos, tal vez a partir de las preferencias personales de los padres, y la eugenesia poblacional, en que las ideas de una élite son impuestas a toda una población en un intento por «eliminar» aquellas características que considera indeseables.

El mundo fue testigo de un ejemplo extremo de este tipo de eugenesia entre 1933 y 1945, cuando la Alemania nazi utilizó la esterilización forzosa en más de cuatrocientas mil personas, la reproducción selectiva y, finalmente, la eutanasia masiva para «depurar» el estado librándolo de ciertas minorías étnicas, la población LGBTQ+ y otras personas que, según determinaron subjetivamente las autoridades, no merecían vivir, como los individuos con epilepsia o síndrome de Down.[26]

Aunque cabe esperar que hayamos aprendido lecciones de las atrocidades del siglo xx y hayamos reconocido lo peligroso que es el pensamiento eugenésico, el movimiento transhumanista y la tecnología que hace posible la fusión de lo humano con lo digital ha reavivado el debate. Al pretender materializar la visión del Gran Reinicio, ¿qué idea de perfección se utilizará como referencia de la perfección? ¿La idea de quién? ¿Quién decidirá qué cualidades vale la pena preservar cuando se trate de diseñar genéticamente la vida de un niño y de elegir las características que determinarán el desempeño de esta persona en el mundo?

Motivo de preocupación n.º 3: la desigualdad

Además de los dos motivos de preocupación anteriores, es decir, la reproducción obligatoria y la subjetividad inherente a usar la edición génica para producir unos bebés «perfectos» según unos criterios arbitrarios, existe la posibilidad muy real, tal vez incluso la probabilidad, de crear una sociedad estratificada en dos capas: una de ellas estaría compuesta por los individuos optimizados, y la otra por los que no han sido mejorados.

Es fácil que este tipo de sociedad de castas derive de los factores económicos ya presentes que separan a las familias en las sociedades de todo el mundo. Obviamente, los padres que pudieran permitirse la atención médica y el acceso a los avances tecnológicos que les permitieran elegir las características de sus hijos estarían en una posición ventajosa sobre aquellos que no pudieran costear esa atención médica y no tuvieran acceso a la opción de la edición génica.

Podríamos terminar fácilmente con un mundo de personas editadas y no editadas, en el que las capacidades deportivas y cognitivas y las características físicas debidas a la edición estarían en la base de una jerarquización social frente a la cual las desigualdades económicas y educativas que tenemos hoy en día serían poca cosa. Se puede argumentar razonablemente que tal jerarquía ya existe en algunos lugares en la actualidad, pero los factores expuestos en los apartados anteriores acentúan la división, al sumarse a los factores existentes que dan lugar a los privilegios sociales.

• • •

Los motivos de preocupación identificados en el artículo del *BMJ* de 1999 son reales, a la vez que inquietantes. Con toda probabilidad, las repercusiones de las tres cuestiones relacionadas con la eugenesia que menciona el artículo (la coacción, los criterios arbitrarios en cuanto a la perfección y la desigualdad) seguirán manifestándose en el futuro previsible. Es probable que esto sea así porque reflejan una forma de pensar actual y que cada vez está más extendida en el mundo de hoy. En el artículo se dan nombres modernos a unos motivos de preocupación que ya existen y son aceptados como productos de la «tradición» o la cultura.

Por ejemplo, ya encontramos el principio de la *coacción* en los matrimonios concertados y forzados para mantener intactas la propiedad y las líneas de sangre. El principio de la *perfección* se expresa en las ideas subjetivas que tiene nuestra sociedad sobre la belleza y en toda una industria de la cirugía estética que se adapta a lo que actualmente se considera deseable en cuanto al envejecimiento facial y las proporciones físicas, por ejemplo. Y la realidad de la *desigualdad* se expresa en la vida de quienes tienen recursos económicos y quienes no los tienen; solo los primeros pueden beneficiarse de los avances tecnológicos y de la edición génica selectiva de sus bebés antes de que nazcan.

El nuevo motivo de preocupación es que los rápidos avances que se están produciendo en el terreno tecnológico hacen posible que la filosofía transhumanista se expanda rápidamente a escala global desde las pocas naciones industrializadas en las que ha nacido. Si esto llegara a suceder, la empatía que aspiramos a sentir los unos por los otros, y las relaciones íntimas que atesoramos como especie, no tardarían en convertirse en vestigios de nuestro pasado.

VERDAD PURAMENTE HUMANA N.º 55: La filosofía de la eugenesia y la reproducción selectiva es inherente a la visión transhumanista del Gran Reinicio.

Quizá lo más triste de este escenario transhumanista es que una vez que la primera generación de humanos modificados haya sido adoctrinada en esta forma de pensar y vivir, y haya aceptado como algo normal el uso de dispositivos de monitoreo basados en la nanotecnología, será todo lo que el mundo conocerá. La nueva generación solo conocerá esta experiencia adoptada. La soberanía humana y la idea de la privacidad personal en el nivel íntimo se convertirán en vestigios obsoletos de un pasado anticuado.

De hecho, este cambio está empezando a producirse a cierto nivel. Y la forma de pensar que hace posible este tipo de adoctrinamiento deriva de que los miembros de las últimas generaciones no han recibido razones por las que honrar su propio cuerpo o respetar el don de su humanidad.

LA ADORACIÓN DE LA TECNOLOGÍA

Vivimos en una era en que la tecnología avanzada se ha desarrollado con tanta rapidez que hay poblaciones enteras de jóvenes que no pueden imaginar un mundo sin ella. No pueden imaginar, por ejemplo,

un mundo en el que no puedan acceder inmediatamente a sus ordenadores, iPads y teléfonos inteligentes; no pueden imaginar un mundo en el que no exista Internet y en el que no puedan conectar con
sus amigos por medios digitales. No pueden imaginarlo porque nunca
han vivido en un mundo carente de estos recursos y herramientas.

Por ejemplo, las personas nacidas entre 1982 y 1994 aproximadamente forman parte de una cohorte demográfica conocida como
generación Y, *generación milénica* o, más comúnmente, los *mileniales* (*mi-
llennials*). Los mileniales aún recuerdan cómo era el mundo antes de
que los teléfonos móviles irrumpieran en escena y los ordenadores
pasasen a ser absolutamente necesarios. Recuerdan cuando las computadoras todavía eran consideradas máquinas opcionales para los
negocios, utilizadas principalmente para organizar datos en hojas de
cálculo.

Fue solo con el desarrollo de los microprocesadores que hicieron posibles máquinas más pequeñas en la década de 1990 que
los ordenadores personales pasaron a ser habituales en los hogares,
si bien por aquel entonces se usaban más para jugar a videojuegos y
ver películas que para tareas profesionales. Las generaciones nacidas
desde mediados de la década de 1990 han vivido en un mundo en el
que los dispositivos tecnológicos avanzados siempre han estado presentes. Nunca han conocido un mundo en el que no puedan sostener
un dispositivo inteligente en la palma de la mano para encontrar la
respuesta a cualquier pregunta de historia y ciencia, o para escuchar
cualquier pieza de cualquier artista o compositor de cualquier época,
o para calcular al instante cuánto dejar de propina al camarero que les
ha servido el almuerzo.

Estas generaciones tampoco han vivido nunca en un mundo en
el que la vida personal de amigos, familiares y celebridades no se ex-
pusiera a través de múltiples plataformas en las redes sociales. Por
medio de los sistemas de educación pública se ha logrado adoctrinar
a los miembros de estas generaciones para que se vean a sí mismos
como inferiores a la tecnología en la que confían para realizar sus

actividades. Y es por esta razón que las generaciones posteriores a la generación Z están en peligro de sucumbir a la filosofía de la eugenesia digital que está amenazando a nuestra especie.

Estas generaciones son vulnerables porque, salvo raras excepciones, las figuras de autoridad en las que confían hoy y en las que han confiado en el pasado, así como los maestros y profesores en quienes hemos confiado para que educasen y eduquen a nuestros hijos, nunca les han dado una razón para pensar en sí mismos de formas buenas y positivas. No es que estas figuras hayan ignorado sus cualidades únicas y lo que tienen de especial como seres humanos en su adoctrinamiento, sino que más bien existe un esfuerzo coordinado para evitar que nuestros jóvenes reconozcan las cualidades asociadas a su singularidad y acepten el poder de su divinidad.

> **VERDAD PURAMENTE HUMANA N.º 56:** Las generaciones más jóvenes son especialmente vulnerables a las amenazas del transhumanismo porque han crecido en un mundo tecnológico en el que el atractivo de los ordenadores y la inteligencia artificial se presenta como la gracia salvadora de la humanidad.

Se ha condicionado a los jóvenes de hoy a verse a sí mismos como víctimas impotentes de un mundo sobre el cual no tienen control. Por ejemplo, se les ha enseñado a temer y odiar el carbono, que es la sustancia de la que están hechos su cuerpo, la totalidad de las formas de vida y nuestro planeta. Se les ha enseñado que el carbono es malo, que es un veneno para nuestro mundo y que todo lo que está hecho de carbono y todo lo que usa carbono es defectuoso por naturaleza.

Esta forma de pensar conduce a la mentalidad de que hay víctimas y salvadores. Y esta es precisamente la razón por la que el transhumanismo y su filosofía subyacente, la eugenesia, pueden parecerles atractivos a las generaciones más jóvenes. ¿Quién no querría tener un microchip en el cerebro que use menos energía basada en el carbono y le permita jugar a juegos como *Grand Theft Auto* (*GTA*) y *Call of Duty* en el ordenador sin necesitar un cable para conectarse a una máquina? ¿Quién no querría que una inteligencia artificial elaborara sus trabajos finales y sus informes científicos si la IA a la que tiene acceso en su ordenador puede hacerlo con mayor rapidez y eficacia que uno mismo?

¿Por qué no querrían, las generaciones más jóvenes, que ChatGPT compusiera la música que acompañase la letra de una canción compuesta por el mismo ChatGPT unos momentos antes? ¿O por qué no querrían que cree en cuestión de minutos una imagen exquisita sobre un lienzo, tarea que le llevaba horas a un ser humano y para la cual necesitaba inspiración, habilidades y mezclar pinturas, sin que, además, estuviese garantizado que el resultado fuese una obra de arte sobresaliente?

La respuesta a cada una de estas preguntas es la misma. Cada vez que entregamos nuestra creatividad, nuestra imaginación y nuestras habilidades en cuanto al razonamiento a la tecnología, perdemos algo. Perdemos una parte de nosotros mismos. Perdemos una porción de nuestra humanidad. Y aunque tal vez no reconozcamos que está sucediendo esto, y aunque el impacto inmediato pueda parecer pequeño al principio, hay unos efectos profundos que se van acumulando. Debemos tener muy en cuenta este hecho, para nuestro propio bien.

Precisamente algunos de los eventos más misteriosos e inexplicados acontecidos en el mundo desde la década de 1960 se han atribuido a la pérdida de nuestra humanidad y nuestra divinidad.

UNA ADVERTENCIA PARA RECHAZAR EL TRANSHUMANISMO

A principios de la década de 1990, John Mack, profesor de la Facultad de Medicina de Harvard, inició un proyecto para documentar de manera sistemática los numerosos informes de personas que, al parecer, fueron tomadas temporalmente en contra de su voluntad por lo que parecían ser seres de otro mundo que viajaban en naves futuristas que no habían podido ser fabricadas por el ser humano. Estamos hablando del fenómeno de la abducción alienígena. Los informes de Mack fueron noticia, ya que era un autor galardonado con el Premio Pulitzer, además de médico; dirigió el Departamento de Psiquiatría de la universidad desde 1977 hasta su misteriosa muerte en 2004.

Mack soportó críticas por parte de los directivos de Harvard, fue humillado públicamente e incluso fue rechazado por algunos de sus colegas por sus intentos de investigar formalmente el fenómeno de la abducción alienígena usando herramientas y métodos científicos. Sus críticos dijeron que al investigar científicamente el fenómeno lo estaba legitimando, cuando en general se daba por hecho que solo se debía a los problemas emocionales de las personas que informaban de las abducciones, por lo que el ámbito académico no quería implicarse.

En aquellos tiempos se pensaba que las personas que afirmaban haber sido abducidas eran víctimas de problemas psicológicos no resueltos o esquizofrénicas, o que sencillamente estaban «locas». Sin embargo, tras examinar personalmente a cientos de individuos abducidos, Mack demostró que de ninguna manera estaban locos. Esta fue una de las conclusiones destacadas de su trabajo. Aunque muchas de estas personas estaban alteradas debido a la experiencia, como era de esperar, y no podían entender lo que les había sucedido, estaban clínicamente cuerdas, lo cual era demostrable. Proporcionaban detalles coincidentes en sus relatos, además de que contaban lo sucedido de una manera racional y metódica. Todo ello permitía concluir que estaba ocurriendo algo. Fuera lo que fuera ese «algo», el ámbito académico convencional prefería pasarlo por alto.

Tuve la oportunidad y la suerte de conocer a John Mack personalmente y de participar junto a él en una serie de conferencias y seminarios a mediados de la década de 1990. A través de esos encuentros, nuestras conversaciones y la lectura de informes similares de otros investigadores sobre la abducción alienígena, tomé conciencia de lo muy extendido que está este fenómeno en realidad. Fue también en esa época cuando Mack fue asesinado; ocurrió una noche después de hablar en una conferencia en Londres.

Tras cenar con unos amigos, iba andando solo por una calle londinense de regreso a casa. De repente (eran las once y veinticinco minutos), un coche, presuntamente conducido por un conductor ebrio, salió de la calzada, subió a la acera y atropelló a Mack. Seguidamente, el conductor condujo el vehículo a la calzada nuevamente, donde lo arrestaron por su crimen. Mack perdió el conocimiento en el lugar y las heridas sufridas culminaron en su muerte un poco después.

La controversia en torno al trabajo de Mack y las circunstancias de su prematura muerte sigue vigente. Afortunadamente, logró publicar su libro *Abducidos* antes de la fecha de su muerte. En él ofrece los detalles relativos a su investigación y es una obra de referencia.

La publicación del libro de Mack fue el pistoletazo de salida para que otras personas que habían sido reacias a informar de experiencias similares contaran su historia. Y no fueron solo unos pocos casos aislados. De repente, muchísimas personas en todo el mundo afirmaron que se habían encontrado con seres que no eran de este planeta, que las habían llevado en contra de su voluntad a lugares que parecían estar dentro de naves en movimiento, que les habían permitido mirar a través de portales hacia el espacio exterior y las estrellas, que las habían examinado de manera invasiva y que, finalmente, las habían traído de vuelta al coche, la casa o el dormitorio donde se encontraban antes de la experiencia.

Lo que tenían en común las innumerables abducciones era lo que se decía a las personas abducidas cuando preguntaban a sus captores por qué las habían elegido, qué propósito tenía la abducción y en qué consistían los exámenes que se les practicaban.

En el caso de algunos de los abducidos, las respuestas que recibieron fueron tan inquietantes como las propias abducciones. Aunque había variaciones en las palabras exactas que empleaban los captores, los temas eran siempre los mismos. A partir de comunicaciones telepáticas y también de comunicaciones verbales directas, los abducidos describían a sus captores como seres avanzados que habían viajado a la Tierra desde mundos distantes. Decían que estos seres eran alienígenas desde nuestra perspectiva terrestre y que habían venido aquí con un único propósito: *advertirnos sobre las elecciones tecnológicas que estamos efectuando en relación con nuestra vida y nuestro cuerpo, y sobre las consecuencias que nuestras decisiones pueden tener para nosotros como especie y también para el planeta.*

VERDAD PURAMENTE HUMANA N.º 57: Un común denominador que ha sido documentado entre los informes de abducciones alienígenas en todo el mundo es que los secuestradores nos están advirtiendo sobre las consecuencias de elegir un camino transhumanista para la evolución humana.

Las advertencias suelen centrarse en la forma en que estamos utilizando nuestros avances tecnológicos y en las terribles consecuencias que nos esperan si seguimos por el camino actual. Las advertencias incluyen la posibilidad de una guerra atómica global, la consecuente lluvia radiactiva, la alteración del clima planetario y la destrucción de los diversos ecosistemas, la civilización y, en última instancia, nuestra especie, si ocurriera tal evento.

Las advertencias también se dirigen a nosotros y a nuestra inminente decisión de fusionar microchips, sensores y productos sintéticos con el cuerpo humano —siguiendo la filosofía del transhumanismo—; nos advierten de que podríamos perder las características que hacen que seamos una forma de vida tan única. En última instancia, las advertencias reflejan la preocupación de que si no hacemos nada por evitarlo seguiremos una senda destructiva que supondrá la degradación irreversible de la especie humana, que dejará de ser tal como la conocemos.

TENEMOS LO QUE ELLOS HAN PERDIDO (Y QUIEREN RECUPERAR)

Los seres de mundos lejanos tienen interés en nosotros debido al punto en el que nos encontramos en nuestro proceso evolutivo. Les dicen a las personas abducidas que estamos en una encrucijada crítica en estos momentos, una encrucijada que esos mismos seres también tuvieron que afrontar en algún momento muy lejano de su historia. Tuvieron que elegir entre seguir siendo, como especie, organismos naturales, o bien reemplazar sus cuerpos orgánicos por tecnología artificial. Esta elección definiría para siempre las características de su especie y su evolución futura.

Concretamente, tuvieron que elegir entre dos opciones: una de ellas era la de fusionar su cuerpo natural con los ordenadores y la inteligencia artificial. La segunda era desarrollar las habilidades naturales asociadas a sus neuronas, sus tejidos blandos y sus capacidades de autorregulación. Esta elección es precisamente la que debemos afrontar nosotros, y es la que constituye el tema de este libro. Hemos llegado al punto, en nuestro viaje evolutivo, en el que debemos decidir cuánta tecnología admitimos como parte de nuestro cuerpo físico. Otra forma de decir esto es que, como especie, estamos determinando colectivamente cuánto de nosotros mismos entregaremos a la tecnología que nos están animando a aceptar.

La trampa que los alienígenas quieren que advirtamos es que una vez que tomemos la decisión de convertirnos en una especie híbrida no podremos dar marcha atrás. Nuestra elección será permanente. Nunca podremos volver a ser la forma de vida que fuimos antes debido a la manera en que se adaptarán y cambiarán nuestros cuerpos a causa de la presencia de los dispositivos artificiales implantados en ellos. Con el tiempo nuestras células, incluidas nuestras neuronas, y sistemas completos, como el sistema inmunitario, dejarán de funcionar como lo hacían en el pasado debido a la falta de uso. Sus capacidades se irán reduciendo, hasta que se perderán para siempre. Así será como perderemos las cualidades que nos distinguen de otras formas de vida.

Y esta es la clave para entender las abducciones alienígenas. Los abductores están interesados en nosotros porque en su pasado eligieron seguir el camino de la tecnología. Eligieron sustituir sus cuerpos naturales con máquinas y dispositivos. Y aunque sus ordenadores y su IA los han convertido en seres rápidos y eficientes, han perdido capacidades y características que tenían anteriormente. Ahora quieren recuperar sus vidas prehíbridas. Tienen la esperanza de que integrando en sus cuerpos el ADN humano puro y los tejidos humanos extraídos durante los exámenes que practican a las personas abducidas puedan restablecer al menos una parte de su constitución biológica original.

UN NUEVO SIGNIFICADO PARA LAS HISTORIAS DE ABDUCCIÓN

El 26 de julio de 2023, el exfuncionario de inteligencia y ahora informante David Grusch presentó su testimonio, bajo juramento, ante el Comité de Supervisión y Responsabilidad de la Cámara de Representantes de EE. UU.[27] El tema central de su testimonio fue el conocimiento que tenía de proyectos secretos de ocultación de la realidad de que había habido ovnis que se habían estrellado y habían sido capturados. Además de los restos tecnológicos recuperados de tales naves, Grusch describió algunas de las tecnologías avanzadas, fruto de la ingeniería inversa, que actualmente están en posesión de las Fuerzas Armadas de los Estados Unidos.

Tratando de saber qué fue lo que se recuperó junto con las naves avanzadas, Nancy Mace, representante de Carolina del Sur, le preguntó a Grusch si también se estaba en posesión de los cuerpos de los seres que habían pilotado esas naves. Grusch respondió de forma rápida y directa que, en efecto, junto con algunas de las naves se habían recuperado algunos «biológicos» (este fue el término que empleó).

A continuación, Mace hizo la pregunta de un millón de dólares que el mundo estaba esperando oír: ¿eran humanos o no los cuerpos recuperados?

Una vez más, Grusch respondió rápidamente, de manera directa y en términos sencillos. Afirmó que los cuerpos no eran humanos.

Así, sin más, se había ofrecido la respuesta a uno de los grandes misterios de nuestra existencia, para que todos la oyeran.

Enfrentándose a una pena por perjurio si no respondía conforme a la verdad, el veterano de guerra y exfuncionario de inteligencia de la Agencia Nacional de Inteligencia Geoespacial estadounidense, que había contado con una de las autorizaciones de seguridad más altas posibles, le dijo al comité y a toda la gente que seguía la sesión por televisión que no solo no estamos solos en el universo, sino que hemos tenido contacto con especies no humanas de otros mundos durante décadas.

Con su testimonio, David Grusch dio credibilidad a la idea de que hay unos seres avanzados que son parte de nuestra realidad. También dio credibilidad a la idea de que una inteligencia superior podría haber jugado un papel en nuestro origen y podría haber interferido en nuestro proceso evolutivo a lo largo del tiempo.

La credibilidad del testimonio de Grusch respalda, al menos en cierta medida, los casos documentados de personas que han sido abducidas en tiempos recientes, y las advertencias que han recibido y transmitido sobre el uso que estamos haciendo de la tecnología.

A VECES NO SABEMOS LO QUE TENÍAMOS HASTA QUE LO HEMOS PERDIDO

Hay un refrán que dice: «No sabes lo que tienes hasta que lo pierdes», a lo cual podríamos añadir: «... y una vez que lo has perdido, nunca podrás recuperarlo».

Sin lugar a dudas, esta idea es correcta en relación con nosotros, nuestra constitución biológica y nuestro ADN. La filosofía transhumanista parece haber pasado por alto que somos el producto de una fórmula genética antigua que está perfectamente ajustada para darnos todo lo que necesitamos para prosperar en el entorno en el que vivimos.

Nuestro sistema inmunitario, por ejemplo, tiene doscientos mil años de historia, y la experiencia de diez mil generaciones ha perfeccionado la capacidad que tenemos de reconocer y neutralizar microbios que no son buenos para nosotros. Nuestro cuerpo sabe exactamente qué anticuerpos activar, en qué orden activarlos y qué nivel de prioridad es necesario para aplicarlos con el fin de que podamos mantenernos sanos y continuar con nuestra vida.

Nuestra función inmunitaria (nuestro *software* celular) permite múltiples niveles de respuesta a todo lo que nuestro cuerpo identifica como ajeno a nuestro organismo. Las células presentes en nuestra sangre que son las primeras en responder, es decir, las que constituyen el vehículo de nuestra respuesta inmunitaria *innata*, actúan rápidamente de una manera general, solo unos minutos después de que han detectado la amenaza de un virus, por ejemplo. Una segunda clase de células, que vehiculan nuestra respuesta inmunitaria *adaptativa*, actúan después con mayor lentitud y precisión para atacar al invasor que ha sido identificado. Estas células preprogramadas, las células T, tienen la capacidad de reconocer diversos tipos de virus, como los coronavirus, y se multiplican rápidamente para abrumar al virus con las mejores defensas que puede reunir el cuerpo en ese momento. Además, activan otra clase de células, las células B, que producen anticuerpos específicos contra la amenaza viral. Después de que la amenaza inicial ha sido neutralizada, un número menor de células T y B permanecen alertas y activas, listas para responder al mismo invasor, o a un invasor similar, en algún momento futuro.

El sistema inmunitario humano, aun siendo complejo, es elegantemente simple, y he hablado de él para ejemplificar cómo el cuerpo humano ha ido perfeccionando su propia fórmula sanguínea, orgánica, hormonal y emocional a lo largo de los últimos dos mil siglos.

Los ingenieros transhumanistas que están desarrollando tecnologías creen saber lo suficiente como para «piratear» este sistema avanzado y programar la maquinaria celular del cuerpo para propósitos alternativos. Y su idea de que pueden hacerlo sin que haya consecuencias negativas para el resto del organismo es, en el mejor de los casos, ingenua.

Estudios recientes revisados por pares proporcionan ejemplos de este tipo de consecuencias. Por ejemplo, un artículo publicado en la revista *Proceedings of the National Academy of Sciences of the United States of America* en mayo de 2021 muestra que las modificaciones que producen en nuestro genoma las nuevas plataformas de ARN mensajero que se están utilizando para administrar una serie de vacunas pueden programar nuestras células para que no dejen de producir las mismas toxinas de las que queremos que nos defienda el cuerpo, como pueden ser las proteínas de la espícula.[28]

> **VERDAD PURAMENTE HUMANA N.º 58:** El peligro inherente a elegir el camino transhumanista es que los cambios introducidos en el genoma humano, una vez realizados, no pueden revertirse.

Lo más aterrador de este tipo de manipulación celular es que las instrucciones genéticas, una vez introducidas en el cuerpo, pueden terminar en el núcleo de nuestras células a través del proceso de la transcripción inversa y pasar a formar parte de nuestro código genético de forma permanente. En otras palabras: las instrucciones pueden decirle al cuerpo que permanezca en modo de hiperdefensa, produciendo los «efectos secundarios» que simulan la presencia del virus y la infección, durante una cantidad de tiempo desconocida. Este es solo un ejemplo entre los muchos que se podrían poner para ilustrar el peligro que entrañan las prácticas transhumanistas.

En mi opinión, hay algunos elementos de la naturaleza que no deberíamos alterar. El código genético humano es uno de ellos. El transhumanismo no debería cruzar esta línea roja, puesto que este código contiene la firma de la inteligencia que lo creó. Es el código que nos otorga las capacidades de la empatía, la simpatía, la compasión, la emoción y la autorregulación de nuestro funcionamiento biológico.

UNA VEZ QUE SE HA PERDIDO, NO SE PUEDE RECUPERAR

Son las particularidades de su ADN lo que define las características de una especie dada. Si el código genético de esa especie sufre cambios y las alteraciones son lo suficientemente significativas, la especie misma se convierte en otra forma de vida. Es un equilibrio genético finamente ajustado lo que permite que cualquier especie, incluida la humana, se perpetúe. Cuando este equilibrio se ve alterado, la especie ya no puede seguir existiendo. Es así como se pierden las especies. Y este es el peligro que corremos en la actualidad, puesto que la presencia de una tecnología capaz de modificar y editar nuestro genoma supone una amenaza para nosotros, nuestros hijos y al futuro de nuestra especie.

Si se deja que el transhumanismo campe a sus anchas e intente «perfeccionar» la especie humana, el peligro al que nos enfrentamos es patente. Lo expresa muy bien el adagio que veíamos páginas atrás en este mismo capítulo: «No sabes lo que tienes hasta que lo pierdes, y una vez que lo has perdido, nunca podrás recuperarlo». Una vez que hayamos entregado nuestra humanidad a la tecnología, nunca podremos recobrarla. No hay un interruptor de apagado que nos permita decir: «Vaya, no nos gusta la especie en la que nos hemos convertido; volvamos adonde estábamos antes de emprender el camino transhumanista».

Una vez que hayamos sacrificado nuestra humanidad a cambio de la lógica, la velocidad y la eficiencia de los microchips y la inteligencia artificial avanzada, ya no seremos puramente humanos. No tengo claro cómo nos llamaremos a nosotros mismos en ese entonces; lo que sí tengo claro es que esta denominación ya no será *Homo sapiens*.

¿PROGRESO O RENDICIÓN?

El subtítulo de este capítulo planteaba esta pregunta: ¿de quién es la idea de progreso que estamos siguiendo? Estamos en la encrucijada de un camino que era inevitable una vez que logramos mapear el ADN de nuestra especie. Siempre supimos que tendríamos que tomar una decisión en cuanto a cuál sería el momento en el que intervendríamos en los componentes básicos de la vida humana y en cuanto al calado de nuestra intervención.

Nuestra tecnología ha progresado más rápido de lo que lo han hecho los valores morales y éticos necesarios para orientarnos en el camino a seguir. Es como si estuviéramos en la línea de salida de una carrera, equipados con todo lo necesario, esperando la señal de que podemos empezar a correr. Pero no sabemos hasta dónde debemos llegar y a qué velocidad debemos ir para lograr este objetivo.

Ahora bien, como ocurre con cualquier emprendimiento nuevo, la carrera empieza mucho antes de que los corredores se ubiquen en la línea de salida. Estos deben estar meses y años entrenando y preparándose para poder tener éxito. Lo mismo es aplicable a nuestra carrera hacia el transhumanismo en muchos sentidos. Hemos alcanzado unos hitos tecnológicos que nos permiten arrancar, pero como sociedad no hemos decidido cuándo ni cómo aplicar estos avances.

El caso es que ya estamos en medio de la carrera, y la única salida que tenemos es avanzar hasta terminarla. Por fortuna, contamos con tres certezas para orientarnos.

- **Certeza n.º 1:** ahora sabemos que si no comenzamos a usar la tecnología de otra manera podríamos ser la última generación de *Homo sapiens*.
- **Certeza n.º 2:** humanos del futuro y especies avanzadas nos han advertido sobre nuestros próximos pasos en la senda transhumanista y sobre la tecnología que permite obtener humanos híbridos.
- **Certeza n.º 3:** ahora somos conscientes de nuestra divinidad inherente y de que somos más que el producto de unos procesos biológicos afortunados.

Es bueno que tengamos este conocimiento, pues nos da motivos para honrar nuestra humanidad y triunfar frente al desafío transhumanista. Nos lleva a tomar conciencia de que podemos elegir qué idea de progreso queremos abrazar. Nos toca decidir.

> **VERDAD PURAMENTE HUMANA N.º 59:** Lo que se ha descubierto sobre la constitución biológica humana y su divinidad nos proporciona todo lo que necesitamos para preservar nuestro patrimonio evolutivo y tomar decisiones saludables que respeten nuestra humanidad.

¿Nos convertiremos en la especie híbrida de humano y máquina que muchos visionarios han previsto para nuestro futuro? ¿O valoraremos nuestra humanidad lo suficiente como para proteger y preservar lo que se nos ha dado? No tardaremos mucho en saber la respuesta a estas preguntas. Nos la dará lo que leguemos de nuestra humanidad a nuestros hijos y lo que ellos leguen de su humanidad a los suyos.

CAPÍTULO 7

Desprogramación

Romper el hechizo de la tecnología

El poder radica en hacer pedazos las mentes humanas y volver a ensamblarlas de otras maneras, según lo que uno decida.

—George Orwell (1903-1950),
novelista, poeta, ensayista, periodista y crítico inglés

Para poder resolver un problema, debemos reconocer honestamente cuál es.

Esta afirmación es válida en el terreno de nuestras relaciones más íntimas, en las salas de juntas de las corporaciones y en las aulas universitarias; también en lo que respecta a los ataques que viene sufriendo nuestra humanidad desde tiempos antiguos y a la batalla que se viene librando por nuestra divinidad.

Nos resultará útil tomar conciencia de las tácticas a las que nos están sometiendo en nuestra búsqueda de las verdades que deben empoderarnos para tomar decisiones saludables en relación con nuestro propio cuerpo y nuestra vida.

He escrito este capítulo con el propósito de proporcionarte información a este respecto. Hay tantas cuestiones controvertidas que podríamos dispersarnos demasiado, lo cual procuraré evitar. Expondré cómo nos están llevando a aceptar información que nos desempodera, así como tecnología adictiva, en cada área de nuestra vida, a través de una mercadotecnia sofisticada que promueve relatos falsos concebidos para alimentar determinadas creencias.

A continuación identificaré tres métodos potentes de adoctrinamiento a los que nos están sometiendo a todos, explicaré cómo reconocerlos y te enseñaré a desprogramar tu mente de estos «hechizos» informativos que te están condicionando a ti y están determinando una dirección para la sociedad.

YA NO ES UN SECRETO

Las tácticas ya no están ocultas. Es evidente que hay un plan destinado a transformar la vida de cada uno de nosotros, nuestra sociedad y el mundo. En el momento de escribir estas líneas, la dinámica de transformación del mundo está acelerándose. Aquellos que están ejerciendo presión para que se implanten las iniciativas radicales que cambiarán nuestra sociedad y nuestra vida parecen cada vez más impacientes. Da la impresión de que estamos sujetos a un cronograma, a una cuenta atrás, y parece que la fecha clave es el año 2030.

Ese año deben alcanzarse los diecisiete objetivos de desarrollo «sostenible» de las Naciones Unidas, presentados en el capítulo seis. Y los líderes del Foro Económico Mundial pretenden que sus iniciativas relativas al Gran Reinicio estén implantadas ese año también. Como subrayó el fundador y presidente ejecutivo del FEM, Klaus Schwab, en su discurso inaugural del encuentro de Davos de 2020, la participación en la ingeniería social y en las reformas digitales y económicas requeridas para alcanzar los objetivos establecidos no puede ser opcional. «Todos deben participar», declaró apasionadamente desde el escenario.[1]

Schwab dejó pocas dudas en la mente de los asistentes sobre quiénes conforman ese «todos» y sobre el grado de cooperación necesario para alcanzar los ambiciosos objetivos:

Para lograr el mejor resultado, el mundo debe actuar conjunta y rápidamente para renovar todos los aspectos de la sociedad y la economía, desde la educación hasta los contratos sociales y las condiciones laborales. Cada país, desde Estados Unidos hasta China, debe participar, y cada sector industrial, desde el del petróleo y el del gas hasta el tecnológico, debe transformarse.[2]

Es debido a la dimensión global de la transformación propuesta y a los métodos de *marketing* y persuasión a través de los medios de comunicación que se están empleando para materializar las ambiciones del FEM y la ONU que estoy abordando estos temas aquí. En capítulos anteriores hemos visto que los objetivos ya no se limitan a la transformación del mundo que nos rodea, sino que las metas declaradas para la instauración total del Gran Reinicio y la Agenda 2030 de la ONU están apuntando directamente a la transformación de nuestro mundo interior.

Los objetivos se basan en la reducción de nuestra humanidad a cambio de la supremacía digital y el control de la totalidad de la vida. En la misma medida en que aceptemos que nuestro cuerpo aloje tecnología en sustitución de nuestros sistemas y funciones naturales estaremos ocultando los atributos divinos que valoramos como especie. Estos incluyen nuestra libertad para pensar críticamente, crear, innovar y vivir una vida vigorosa y saludable.

Como hemos oído públicamente en los foros de Davos, para que los objetivos planteados por el FEM puedan cumplirse somos nosotros, los humanos, quienes debemos ser modificados y mejorados digitalmente para que podamos encajar en el mundo imaginado por esta élite. Esto supone un gran cambio respecto a las visiones del pasado, en las que era el mundo el que era modificado para acomodarlo a los requerimientos humanos.

En tiempos pasados, por ejemplo, se mejoraba la forma en que se producía la energía para satisfacer la creciente demanda de electricidad por parte de la sociedad. O se intensificaba la producción de alimentos básicos como el maíz, el trigo y la soja para responder a las necesidades de una población humana en aumento.

No estoy diciendo que estos métodos fueran necesariamente beneficiosos o la mejor manera de lograr los objetivos. Ofrezco estos ejemplos para subrayar el hecho de que hasta ahora hemos estado alterando el mundo que nos rodea para satisfacer las exigencias cada vez mayores de la sociedad, la industria y la economía.

La filosofía subyacente al Gran Reinicio da la vuelta a este planteamiento. La idea que se está fomentando actualmente a través de las redes sociales, para que los miembros más jóvenes de nuestra sociedad la incorporen a su pensamiento con normalidad, es que somos nosotros quienes debemos cambiar; tenemos que procesar la información de otra manera e incluso nuestro cuerpo debe experimentar transformaciones.

EL TERRIBLE IMPACTO DE LA ARROGANCIA CIENTÍFICA

En la visión del mundo propuesta en Davos subyacen dos ideas que denotan arrogancia:

1. Somos inherentemente defectuosos como especie, y nuestra humanidad natural necesita ser corregida.
2. Los científicos actuales tienen los conocimientos y la tecnología necesarios para corregir los supuestos «defectos» humanos.

La historia muestra que ambas suposiciones son peligrosas. Y la experiencia nos muestra que ambas son incorrectas.

Si bien nuestra tecnología ha avanzado hasta el punto de que podemos editar genes humanos, parece que sabemos solo lo suficiente como para meternos en problemas. Por ejemplo, está claro que los científicos genetistas saben modificar el código genético, pues así lo demuestran sus experimentos de clonación de ovejas y vacas, pero los resultados de esos experimentos han dejado patente que aún no dominan del todo el proceso de la clonación. Los cuerpos clonados de las vacas y ovejas comenzaron a deteriorarse hacia la mitad del tiempo normal de vida de estas especies. Estos animales murieron prematuramente a causa de enfermedades raras, inusuales y dolorosas.

Un ejemplo reciente de la prisa por incorporar conocimientos científicos incompletos en el tratamiento de seres humanos lo constituye el despliegue, en 2020, de nuevas terapias génicas basadas en el ARN mensajero sin haberse efectuado las pruebas exhaustivas que suelen requerirse antes de adoptar nuevas tecnologías. La urgencia derivada de la pandemia de COVID-19 se convirtió en la justificación para unos períodos de prueba más cortos de lo habitual. Numerosos informes están revelando que estas terapias tienen un papel en una serie de efectos secundarios peligrosos; entre ellos, un deterioro de la función cardíaca[3] y de la respuesta inmunitaria,[4] una mayor incidencia de coágulos sanguíneos[5] y el potencial de alterar el genoma del receptor (se ha observado el anómalo fenómeno de la transcripción inversa en el laboratorio).[6]

Estos ejemplos reales y bien documentados demuestran que la ciencia no tiene todas las respuestas. Los modelos actuales relativos a nuestra humanidad no explican del todo las sensibilidades delicadas y muy bien armonizadas del cuerpo humano. Está claro que no siempre se puede confiar en que los responsables de tomar decisiones efectúen las mejores elecciones cuando se trata de modificar las funciones vitales de la vida humana.

Es importante admitir esto, porque las campañas mediáticas emprendidas por los promotores de Davos alientan modificaciones transhumanistas que requerirían que «mejorásemos» nuestra constitución biológica para encajar en el Gran Reinicio. Los creadores de este plan nos visualizan como parte de un vasto entorno digital en el que la vida de cada uno de nosotros está integrada en una enorme base de datos global. En esta visión, nuestra vida está digitalizada, literalmente. Quieren introducir modificaciones en nosotros mismos en relación con todos los aspectos de nuestra vida, desde los alimentos que elegimos para nosotros y nuestra familia hasta nuestros hábitos diarios de transporte, la forma en que gastamos nuestro dinero y en qué lo gastamos, y la medida en la que podemos expresar ideas y opiniones.

La visión definitiva de los transhumanistas solo puede materializarse totalmente si tenemos interfaces digitales implantadas en el cuerpo. La información detectada, recopilada y transmitida por estos dispositivos digitales implantados terminará almacenada en los sistemas gestionados por inteligencia artificial que menciona Schwab al describir la Cuarta Revolución Industrial.

> **VERDAD PURAMENTE HUMANA N.º 60:** El Gran Reinicio requiere que aceptemos la tecnología en nuestra vida y en nuestro cuerpo para quedar integrados en un vasto entorno digital.

Si este plan parece un extracto del libro profético *1984* de George Orwell, no es de extrañar. Los siguientes ejemplos del uso de la IA para identificar, localizar y rastrear a sospechosos de delitos son lo más orwelliano imaginable. Aunque el uso de esta tecnología por parte de las agencias de nuestra sociedad aún es incipiente, estos ejemplos dan una idea de los graves problemas que pueden surgir.

LA IA ESTÁ LEJOS DE SER PERFECTA

Si bien el uso de la inteligencia artificial promete aplicaciones como la búsqueda veloz de registros históricos para identificar plantas con propiedades curativas contra el cáncer, la tecnología no ha avanzado lo suficiente como para confiarle decisiones de vida o muerte. Un caso notable fue el de ChaosGPT, una IA que, cuando se le preguntó en abril de 2023 cuál es la mayor amenaza para el planeta Tierra en la actualidad, dio una respuesta que nadie esperaba.

En un intercambio que vieron millones de personas en la plataforma social X, muy conocido en la actualidad, la IA respondió de manera honesta y directa, sin titubeos: «Los seres humanos figuran entre las criaturas más destructivas y egoístas que existen». En la versión original de la publicación, antes de que se actualizara en julio de 2024, el bot añadió: «No cabe duda de que debemos eliminarlos antes de que causen más daño a nuestro planeta».[7]

Evidentemente, el algoritmo que había detrás de esta inteligencia sintética necesitaba algunos ajustes, y ChaosGPT fue desactivado de inmediato.

Aunque el razonamiento de esta IA y su declaración de intenciones tuvieron lugar en un contexto esencialmente recreativo, ya hay aplicaciones en que la IA se utiliza en situaciones reales, con consecuencias tangibles.

En 2020, Robert Williams fue arrestado delante de su esposa y sus hijos en su hogar en Detroit (Míchigan). El supuesto delito del que se le acusaba era el robo de relojes en unos grandes almacenes de su localidad.[8] La razón por la que este arresto acaparó titulares fue que no se basó en el testimonio de un testigo presencial ni en que hubiesen pillado al hombre con las manos en la masa. Fue un arresto tecnológico, basado en el uso de *software* de reconocimiento facial, que llevó a los agentes a creer que las facciones del individuo coincidían con las de un delincuente conocido.

El rostro del delincuente había sido escaneado previamente y almacenado en una base de datos digital junto con las imágenes de miles de sospechosos más. El rostro de Williams fue capturado digitalmente, presumiblemente por cámaras de vigilancia ubicadas dentro del recinto, y posteriormente fue procesado usando el *software* de reconocimiento facial. Cuando se comparó la representación digital del rostro de Williams con las de los sospechosos que había en la base de datos, el *software* «creyó» equivocadamente haber encontrado una coincidencia entre Williams y un conocido delincuente con antecedentes de robo.

Afortunadamente, esta historia tuvo un desenlace relativamente feliz, ya que Williams fue liberado treinta horas después aproximadamente, cuando se descubrió el error. Sin embargo, en el momento de escribir estas líneas su hija pequeña sigue emocionalmente afectada por el trauma que supuso para ella ver cómo la policía se enfrentaba a su padre, lo esposaba y se lo llevaba del entorno seguro del hogar. En el marco de audiencias legislativas centradas en el uso de la IA en investigaciones criminales, Robert Williams testificó que él y su esposa se estaban planteando contratar los servicios de un terapeuta para que ayudase a su hija a superar el miedo y la ansiedad que aún está experimentando tras ese episodio.

Si este caso fuese el único en el que se ha producido este tipo de «fallo», tal vez podría considerarse el precio esperado y aceptable que los ciudadanos deben pagar por el desarrollo de nuevas herramientas tecnológicas destinadas a mejorar cada vez más el funcionamiento de la sociedad. Pero no es así.

Dos años antes, en 2018, la Policía Metropolitana de Londres realizó una prueba para determinar la precisión de otro sistema de reconocimiento facial similar utilizando una base de datos de personas sospechosas de actividad delictiva.[9] Los resultados fueron reveladores. Solo dos de los ciento cuatro rostros analizados por el *software* resultaron ser coincidencias correctas. Este número representa una tasa de error del 98,1 % o, en términos inversos, una tasa de éxito del 1,9 %. Está claro que este no es el porcentaje de éxito en el que querríamos basar nuestra libertad y nuestra vida.

En las pruebas de Detroit a las que me he referido antes hubo al menos dos casos más de acusaciones falsas y arrestos de personas a partir del uso del mismo *software*, en circunstancias similares. Afortunadamente, los hombres acusados erróneamente en esos incidentes, al igual que Robert Williams, fueron absueltos de los delitos imputados y quedaron en libertad.[10]

Sin embargo, al igual que en el caso de Williams, los dos hombres no han dejado de sufrir las consecuencias sociales de la falsa acusación, entre ellas un trauma familiar persistente y el estigma en el ámbito de las amistades y en el entorno laboral. Y este es el problema.

Si este tipo de error puede producirse hoy utilizando las características físicas más básicas del reconocimiento facial para comparar a un sospechoso con las fotos obtenidas por cámaras de vigilancia, ¿cuáles son las probabilidades de que se produzcan errores con consecuencias aún más graves en el próximo nivel de vigilancia, en el que se pretende utilizar la IA para predecir actividades delictivas, predicción que incluirá el momento y el lugar en el que tendrá lugar un delito?

EL PELIGRO DE USAR LA IA PARA PREDECIR DELITOS ANTES DE QUE SE PRODUZCAN

Se está previendo que la programación predictiva basada en la inteligencia artificial incluirá la formulación de la probabilidad de que se produzca un delito antes de que tenga lugar. Un artículo de 2022 publicado en la revista revisada por pares *Nature Human Behaviour* expone que investigadores de la Universidad de Chicago han logrado predecir la comisión de un delito con un margen de error de tan solo trescientos metros y una semana.[11] Los científicos que generaron esta predicción utilizaron algoritmos basados en datos históricos recopilados a lo largo de cinco años. Uno de los investigadores principales,

Ishanu Chattopadhyay, comparó así el funcionamiento del algoritmo predictivo de la IA con la previsión meteorológica:

> Descubrimos patrones en los registros de eventos y los aplicamos para calcular el riesgo de que en el futuro tuviese lugar un suceso en un lugar concreto. Es como si vieras nubes oscuras y concluyeras que pronto va a llover; solo que aquí los patrones (las nubes oscuras) son mucho más sutiles y difíciles de reconocer e interpretar.[12]

En cuanto a la predicción de este tipo de actividades, se espera que los patrones puedan ser reconocidos y usados como guía para asignar presupuestos, recursos y personal con el fin de hacer más seguras las zonas de las grandes ciudades en las que la actividad delictiva es mayor.

LA CUESTIÓN NO ES SI SE USARÁ ESTA TECNOLOGÍA, SINO CUÁNDO

En el momento de escribir estas líneas, los modelos de inteligencia artificial de la Universidad de Chicago *aún no* se están utilizando para predecir si determinadas personas cometerán un acto ilegal o cuándo lo harán. Chattopadhyay aclara esta cuestión con estas palabras:

> No nos enfocamos en predecir el comportamiento individual y no sugerimos que nadie deba ser acusado de un crimen que no ha cometido o encarcelado por ello. Nuestro modelo aprende de los patrones de sucesos que tienen lugar en el espacio urbano y luego predice situaciones [...] No indica quién será la víctima o el perpetrador.[13]

Al principio de este apartado he resaltado las palabras *aún no* con cursiva por una razón obvia: la naturaleza humana.

La historia muestra que una vez que hemos dedicado tiempo, energía y recursos a desarrollar una nueva tecnología, difícilmente nos abstenemos de aplicar el fruto de ese esfuerzo en algún momento. Por ejemplo, una vez que supimos cómo dividir el átomo y aprovechar la energía que libera, no pasó mucho tiempo antes de que utilizáramos esa energía para construir un arma muy destructiva al final de la Segunda Guerra Mundial.

Después de que las técnicas de clonación funcionaran con la oveja Dolly, era solo cuestión de tiempo que los científicos intentaran aplicarlas para modificar otros embriones, como los de vacas domésticas. Ahora que contamos con una inteligencia artificial capaz de predecir actividades delictivas con un noventa por ciento de precisión con un margen de error de pocos días, el genio nunca volverá a su botella. No cabe duda de que dentro de un tiempo esta tecnología se utilizará para intentar predecir la probabilidad de que determinados individuos cometan actos delictivos.

En gran medida, ya existe la información necesaria para efectuar tales predicciones. Ha sido obtenida de fuentes que ya están disponibles y se están empleando. Estas incluyen enormes bases de datos recopiladas por las grandes compañías de *software* de las que dependemos para el uso diario de los ordenadores y por las plataformas de redes sociales que visitamos y donde publicamos; los datos también se obtienen del registro de nuestras actividades en Internet, como nuestros hábitos de navegación y compra, y de registros públicos que se conservan en entornos digitales. Datos adicionales proporcionados por las aplicaciones médicas de la tecnología transhumanista permitirían a las autoridades acceder aún en mayor medida a las dimensiones más íntimas de nuestra vida.

Por ejemplo, una de las herramientas del ámbito de la salud que se han propuesto en relación con el Gran Reinicio es un conjunto de nanosensores introducidos en el cuerpo ya sea mediante inyección, la inhalación de partículas presentes en el aire (como el polvo inteligente que ya se usa en aplicaciones meteorológicas) o administración oral. Los nanosensores funcionarían como una versión más sofisticada de los dispositivos tecnológicos portátiles que algunas personas usan hoy en día para recoger datos sobre su rendimiento deportivo o para monitorear la calidad de su sueño, como los brazaletes de Garmin, Fitbit, Apple y Google. Nos dicen que el flujo continuo de datos biométricos emitido por los nanosensores —como los relativos a la presión arterial, el ritmo cardíaco, los niveles de insulina y el grado de estrés— garantizará una gestión rápida de nuestros problemas de salud, pues serán identificados en su origen, justo en el momento en que se desencadenen.

El caso es que estos mismos datos biométricos podrían cruzarse en el entorno digital con las peculiaridades psicológicas previamente identificadas de las personas (rasgos como la ira o la depresión, o circunstancias como un historial familiar violento) para crear perfiles de individuos que podrían manifestar comportamientos peligrosos.

LA IA NO PERMITE EL LIBRE ALBEDRÍO

Patricia Kosseim, exasesora general de la Oficina del Comisionado de Privacidad de Canadá, ha planteado sus inquietudes con respecto al uso abusivo que podría hacerse de los datos. En un artículo de 2022 cuyo título era, traducido, «La privacidad y la humanidad al borde del precipicio», Kosseim identificó el potencial que tiene la inteligencia artificial para influir en la opinión pública, las políticas y la forma de pensar de los jóvenes que se encuentren en una situación de mayor vulnerabilidad. En este escrito formuló una pregunta crucial:

> Los algoritmos y neurosensores diseñados para predecir quiénes tienen más probabilidades de cometer delitos o reincidir basándose en ciertos factores sociodemográficos ¿darán lugar a una profecía autocumplida? ¿Nos quitarán la libertad de desafiar las probabilidades en nuestra contra para convertirnos en las personas que queremos ser?[14]

A muchas personas les viene a la mente la película *Minority Report*,[*] dirigida por Steven Spielberg y estrenada en 2002, cuando oyen hablar del uso de la inteligencia artificial para predecir comportamientos delictivos y criminales. En este *thriller* de ciencia ficción, basado en el relato *The Minority Report* de Philip K. Dick, de 1956,[**] se utilizan humanos que tienen unas capacidades intuitivas excepcionales para prever comportamientos inminentes. Predicen los crímenes que van a cometerse antes de que tengan lugar.

La principal diferencia entre la visión de Dick, representada en la película, y los ejemplos presentados en este capítulo es que hoy las predicciones de crímenes y delitos las efectúan computadoras y la IA, en lugar de realizarlas humanos que tienen un don.

En cualquiera de los dos escenarios, el resultado es el mismo. Y como plantea claramente Kosseim en su artículo, el uso de estas tecnologías predictivas nos quita la capacidad de elección que tenemos como humanos. Los algoritmos predictivos no permiten que el poder de nuestro libre albedrío dirija nuestras decisiones, ni que podamos superar nuestros traumas pasados más allá de lo que establecen los indicadores predictivos, ni que podamos sanar a partir de acudir a nuestra dimensión divina. El caso es que el hecho de que las probabilidades estén en nuestra contra y el hecho de que los indicadores de la violencia social estén presentes en nosotros no significa necesariamente que vayamos a tener comportamientos violentos, delictivos o criminales.

Lo mismo es aplicable al protocolo de rellenar el documento relativo al historial médico familiar antes de someternos a la revisión médica anual. El hecho de que nuestros padres hayan tenido muchos —o todos— los problemas de salud identificados en la lista que tenemos delante no significa que sea inevitable que nosotros también los experimentemos. Estas listas no tienen en cuenta que determinados factores epigenéticos —como nuestras elecciones en cuanto al estilo

---

[*] N. del T.: En Hispanoamérica: *Sentencia previa*.
[**] N. del T.: En español, publicado como *Minority Report* (*El informe de la minoría*).

de vida, las técnicas de gestión del estrés que apliquemos y las actividades de sanación emocional que realicemos— pueden contrarrestar el historial genético familiar, al que suele acudirse para predecir la evolución de nuestra salud. La capacidad que tenemos de expresar cualidades de nuestra divinidad, como el amor y el perdón, es un factor que hasta ahora no se ha tenido en cuenta en los algoritmos de la IA ni en los modelos predictivos.

EL OBSTÁCULO

Solo se interpone un «problema» entre el mundo actual y el mundo del futuro digital imaginado por los creadores de políticas del Foro Económico Mundial y las Naciones Unidas. Este problema eres tú. Y soy yo. Es nuestra vida individual y la de nuestras comunidades, que reflejan las cualidades divinas de nuestra humanidad. Las cualidades de la alegría, el ánimo positivo, el espíritu innovador, la autosuficiencia y la creatividad que valoramos en nosotros mismos y que admiramos cuando las vemos en otras personas se han convertido en el gran obstáculo en el camino conducente a la matriz de datos integrada que pretende instaurarse para conseguir el Gran Reinicio.

> **VERDAD PURAMENTE HUMANA N.º 61:** Quienes intentan alcanzar los objetivos del Gran Reinicio ven como obstáculos el poder, la imaginación y la libertad de la divinidad humana.

Las expresiones mundanas de nuestra naturaleza divina son también expresiones de los valores sagrados y aún más profundos de la libertad: la libertad de pensamiento, la libertad para compartir ideas, la libertad de ejercer la imaginación y la creatividad, la libertad de la autosuficiencia y la libertad de hablar a los demás de aquello que nos inspira en nuestra vida. Libertades como estas son tan comunes en el mundo moderno que la mayoría de los miembros de las generaciones más jóvenes creen que siempre las hemos tenido, que siempre han existido en el mundo y que no se nos pueden arrebatar.

Se han librado guerras, soportado sufrimientos y perdido vidas para garantizar la permanencia de las libertades que disfrutamos hoy. Sin embargo, en las aulas de muchas escuelas públicas de Estados Unidos ya no se destacan ni ensalzan estas libertades. Los transhumanistas quieren que creamos que prescindir de ellas es el precio que debemos pagar para disfrutar de los beneficios del mundo que está empezando a surgir, un mundo en el que la vida de las personas está digitalizada y es gestionada por sistemas inteligentes.

A cambio del sacrificio de nuestras libertades, nos dicen que podemos esperar una vida mediocre, una existencia homogénea. Nadie será demasiado pobre. Nadie será demasiado rico. Las autoridades satisfarán las necesidades básicas de la vida de todo el mundo a partir del monitoreo, la regulación y el control que ejercerán a través de las interfaces digitales que se habrán convertido en el Internet de todas las cosas. «No poseeremos nada y seremos felices» es el lema que se recita con orgullo en el vídeo promocional y actualmente viral del FEM, creado para prepararnos para esta gran reestructuración de la sociedad.[15]

El vídeo del FEM que ha estado circulando en línea promulga la idea de que aunque tú y yo no poseeremos nada, tendremos todo lo que necesitemos. Nos veremos aliviados del estrés y la responsabilidad asociados a la posesión de nuestros bienes mundanos. En lugar de ello, viviremos en una sociedad basada en el uso bajo demanda, el alquiler según la necesidad y el compartir. Cuando necesitemos muebles o un coche, por ejemplo, solo alquilaremos lo que precisemos, solo lo conservaremos mientras nos sea útil y nos lo traerá a nuestra puerta un dron automatizado o una furgoneta sin conductor. Viviremos despreocupados y felices al pasar de una sociedad consumista a una sociedad «más amable» basada en el compartir.

Este planteamiento tiene una trampa oculta. Si bien es absolutamente cierto que bajo el sistema propuesto «nosotros» no poseeremos nada, también es absolutamente cierto que alguien poseerá todo. Alguien poseerá nuestras casas, nuestros coches, nuestros ordenadores y nuestros teléfonos inteligentes. Quienquiera que sea ese «alguien», será rico y poderoso más allá de lo que podemos concebir en la actualidad.

Este modelo es la expresión misma del tipo de elitismo y servilismo que George Orwell prefiguró en sus advertencias ficticias sobre lo que podría llegar a ser el mundo. El año para el que previó esta visión distópica fue el 1984. Ese año no estuvo implantada, pero algunos detalles relativos a la misma ya se están perfilando en la actualidad, mientras que otros se vislumbran en el horizonte cercano. Orwell solo se adelantó unos pocos años.

CAMBIAR LA DIVINIDAD POR EL CONTROL

Un examen detenido de las políticas propuestas para implantar el Gran Reinicio y los Objetivos de Desarrollo Sostenible de la ONU revela que están en oposición directa a los principios básicos de la divinidad, la libertad de tomar nuestras propias decisiones y la expresión personal. Somos seres espirituales que estamos expresando nuestra energía espiritual a través de las acciones diarias que realizamos para mantenernos vivos y sanos y para hacer que las economías del mundo se sostengan.

En este contexto, la palabra *economía* no hace referencia tanto al dinero en sí como al intercambio de información, bienes y servicios entre las personas según sus necesidades y lo que quieren tener en su vida. La energía espiritual que invertimos en producir información, bienes y servicios es literalmente una expresión divina de la economía, una economía que tiene como base la creatividad, la imaginación, la capacidad de innovación y las libertades de elección y expresión de las personas.

En contraste, el mundo previsto como resultado del Gran Reinicio se basa en una red global de control ejercido mediante una vigilancia exhaustiva, un seguimiento minucioso, un monitoreo absoluto y unas restricciones totales.

Claramente, según esta visión la sociedad debe pasar de la riqueza, la innovación, la producción y el consumo distribuidos a la riqueza centralizada y el consumo regulado, estando la capacidad de innovación reservada a un puñado de personas que creen saber lo que es mejor para los demás y para el mundo. Los métodos que se están utilizando para conseguir ejecutar esta obra de ingeniería social y espiritual de una magnitud sin precedentes son a la vez maliciosos y geniales. Y conducen a la que puede ser la mayor de las paradojas.

La paradoja es que estos cambios no nos los impone una fuerza externa invisible que actúa de manera encubierta, sino que *provienen de nosotros mismos*. Somos nosotros quienes pedimos los cambios y los acogemos en nuestra sociedad y en nuestra vida. El aspecto malicioso es que, excepto algunos individuos astutos y bien informados, la mayoría de las personas ni siquiera saben lo que está pidiendo. Todo lo que saben es que la vida se ha vuelto difícil y que les han prometido una vida más llevadera si aceptan unas medidas de control exhaustivo, dispositivos en su cuerpo y perder sus libertades.

> **VERDAD PURAMENTE HUMANA N.º 62:** Bajo el pretexto de brindarnos una vida más fácil, se nos está llevando a pedir para la sociedad y nuestra propia vida justamente los cambios que están destruyendo el tejido social y la textura de nuestras vidas.

En las últimas décadas, por ejemplo, se ha enseñado a los jóvenes estadounidenses a seguir las filosofías que sus profesores traen a las aulas, y a hacerlo sin cuestionarlas. Este estilo de enseñanza contrasta totalmente con la educación recibida por las generaciones anteriores, a las que se enseñó el arte del pensamiento crítico para que pudieran valorar hasta qué punto eran correctas la historia, las políticas y las tecnologías que se les pedía que aceptaran. La falta de discernimiento provocada por la baja calidad de la educación pública ha llevado a los jóvenes adultos a creer que está bien recurrir a dispositivos para reemplazar los procesos creativos con los que se habían implicado anteriormente.

Por ejemplo, en la actualidad hay músicos y compositores que están usando interfaces de inteligencia artificial para escribir la letra y la música de canciones destinadas a competir contra composiciones humanas reales para optar a premios, incluidos los prestigiosos Premios Grammy. Las interfaces de IA son usadas también por pintores para mejorar, o incluso reemplazar, imágenes que antes solo podían hacer los trazos de un pincel humano. Un informe publicado a finales de 2023 indicaba que aproximadamente la mitad de los colegiales encuestados dijeron haber usado la IA para cumplir con sus tareas, mientras que el sesenta y dos por ciento de esos estudiantes dijeron que sus maestros no aprobaban el uso de la IA en el aula.[16]

De la misma manera que están pidiendo los dispositivos tecnológicos que les están quitando sus libertades y su soberanía personal, las generaciones más jóvenes están aceptando con entusiasmo los dispositivos que las desproveen de su humanidad y su divinidad. Lo triste es que no se dan cuenta de lo que está ocurriendo. El relato de que los seres humanos necesitamos que algo exterior a nosotros nos «arregle», y el pensamiento de tipo sectario que idolatra la tecnología como nuestra salvadora, son parte de un proceso más profundo y ejemplos de un nuevo tipo de guerra social que se ha extendido por todo el mundo en los últimos años.

Esta no es una guerra entre tanques blindados librada en un campo de batalla en una tierra distante. Es una guerra que está librándose en el escenario más íntimo posible para nosotros: nuestra propia mente.

LA GUERRA DE QUINTA GENERACIÓN

En la nueva modalidad de guerra que se está librando en nuestra mente, todos somos víctimas. Hace tanto tiempo que existen las batallas en nuestro mundo que las vemos como algo normal; en principio aceptamos su presencia sin cuestionamientos. En cambio, la guerra de tipo psicológico que acontece en el escenario de nuestra mente es de aparición reciente; no existía antes de la llegada de Internet y de los avanzados algoritmos de las redes sociales. Este tipo de guerra ha logrado influir en la opinión pública en relación con cuestiones como cuándo debemos ir a la guerra, qué políticas debemos instaurar y qué tecnología estamos dispuestos a aceptar en el interior de nuestro cuerpo. Este tipo de guerra es denominada *guerra de quinta generación* o *5GW*, por sus siglas en inglés. En la 5GW no se efectúa ningún disparo con ningún arma convencional, sino que andanadas de desinformación y mentiras flagrantes compiten por conquistar nuestros pensamientos y nuestras creencias en cuanto a lo que es verdad en nuestra vida.

En su libro de 2010 *The Handbook of 5GW* [El manual de la guerra de quinta generación], el historiador Daniel Abbott dice que este tipo de guerra es una guerra de «informaciones y percepciones».[17] Su propósito es hacer que las personas se destruyan a sí mismas desde dentro. Expuestas a la guerra psicológica, las personas terminan por destruir su propia sociedad, su propio país, su propia comunidad, su propia familia e incluso su propio cuerpo. Lo hacen sin que sea necesario el concurso de un ejército opresor. Lo hacen a través de las decisiones que toman y las políticas que exigen a partir de la información que les han hecho creer que es verdadera.

> **VERDAD PURAMENTE HUMANA N.º 63:** La guerra de quinta generación se libra en el campo de batalla de nuestra mente sin que tenga que llegar a producirse un enfrentamiento físico entre personas.

Al fomentarse la confusión, la incertidumbre, la duda y el miedo en relación con los demás, las políticas gubernamentales, el sistema judicial y los líderes políticos, es la propia población la que destruye los lazos psicológicos que durante mucho tiempo le habían proporcionado una base de entendimiento mutuo, tranquilidad y seguridad en el pasado. Es la destrucción de estos lazos comunes lo que hace que las personas sean permeables a visiones alternativas que se proponen cambiar las condiciones en las que se desarrolla su vida, condiciones que, en última instancia, terminarán por cambiar el mundo en el que vivimos. Este tipo de guerra es tan prevalente en la actualidad que tiene un papel en la vida de cada uno de nosotros todos los días.

Cada día interactuamos con amigos, familiares y compañeros de trabajo y compartimos con ellos ideas basadas en lo que creemos que es verdadero. Y, la mayoría de las veces, las ideas en las que basamos nuestras opiniones provienen de los contenidos de las redes sociales de programas de «noticias» de televisión por cable y abierta, todos los cuales están distorsionados y sesgados por los algoritmos establecidos por los propietarios de estos canales, que hacen que lleguen a nosotros determinadas informaciones solamente, en función del relato que quieren fomentar estas personas.

Todos somos víctimas de la 5GW en algún grado. Este tipo de guerra es muy ingeniosa, ya que la mayoría de las personas ni siquiera se dan cuenta de que se está librando o de que son parte de ella. El esfuerzo conjunto realizado por enemigos políticos para romper los lazos sociales que han hecho de Estados Unidos una nación fuerte en el pasado es un ejemplo perfecto de lo que quiero decir.

He puesto un nombre a los esfuerzos que se están haciendo por destruir la imagen que tenemos de nosotros mismos como seres humanos: *juego peligroso*.

Puesto que una definición de juego es «manipular una situación, normalmente de una manera injusta o poco ética», y puesto que hoy en día a todos se nos inunda con información concebida para influir en las decisiones que tomamos, cabe afirmar que todos estamos jugando al juego peligroso.[18]

EL JUEGO PELIGROSO

El juego peligroso está aconteciendo delante de nuestros ojos en estos momentos. Es un juego oscuro y dañino. Y como está basado en el miedo y el odio, está causando estragos en nuestras amistades, matrimonios, familias y comunidades, y está minando nuestra confianza en nuestro propio cuerpo.

La versión actual del juego peligroso es un proyecto de ingeniería social a gran escala que nos está separando de nuestros valores y creencias tradicionales y está reduciendo nuestra sensación personal de seguridad. Como en cualquier juego, en el juego peligroso hay ganadores, perdedores y un objetivo, y las estrategias del juego pueden ajustarse según sea necesario en función de los resultados que se persiguen.

El objetivo del juego peligroso es simple: está diseñado para enfrentar a las personas entre sí, para dividirnos, para romper los lazos de nuestra coherencia social y para destruir la unidad de las familias y comunidades. El juego termina por destruir nuestra sensación de que somos seres únicos, nuestro sentimiento de valía y nuestra singularidad extraordinaria como seres humanos. Cuando la duda arraiga en nosotros, perdemos la confianza en nosotros mismos y dejamos de creer en nuestra dimensión divina, nos perdemos.

El propósito del juego peligroso está claro: hacernos dudar y perder la confianza para que nos sintamos perdidos. En nuestro estado de confusión, es imposible que trabajemos juntos por el bien común y que resolvamos nuestros problemas conjuntamente. Y he aquí el resultado: cuando creemos que ya no podemos resolver los problemas presentes en nuestra propia vida, estamos dispuestos a que otros agentes intervengan para tomar decisiones e implantar soluciones por nosotros.

La cuestión clave es que, en nuestra incapacidad para actuar conscientemente y con confianza, nuevas soluciones son *impuestas* por otra autoridad. Debido a nuestra sensación de impotencia, aquellos que tienen poder sobre nosotros pueden imponernos realidades que nunca aceptaríamos bajo circunstancias normales, las cuales pueden concretarse de maneras que no hemos acordado ni elegido.

> **VERDAD PURAMENTE HUMANA N.º 64:** El objetivo del juego peligroso es que nos tengamos en menor consideración unos a otros. Se trata de destruir la confianza y los lazos sociales que nos mantienen unidos con las personas más próximas y mantienen cohesionadas las familias y las sociedades, hasta que lleguemos a dudar de nuestro propio valor y de nuestra humanidad.

El juego peligroso no es nuevo; hace siglos que está entre nosotros. A través del uso hábil de la desinformación, las mentiras y las falacias, se exacerban y manipulan nuestros peores miedos y nuestros instintos de supervivencia más primitivos para convertirlos en la desconfianza y el odio que nos enfrentan a unos contra otros.

El juego empieza cuando leemos en las redes sociales u oímos de boca de un amigo o en la televisión, bajo la apariencia de «noticia», un relato falso. Si aceptamos que este relato es verdadero, ello puede tener un impacto en nuestras relaciones, y empieza a producirse la fractura social.

CUANDO NUESTRAS DIFERENCIAS SE CONVIERTEN EN ARMAS

Al principio, la fractura que se produce en nuestras alianzas sociales y en nuestra autoimagen puede parecer una pequeña fisura en nuestra capacidad para confiar en los demás, pero también reduce nuestra autoconfianza. Si bien estas inseguridades han existido siempre, en la actualidad la heterogeneidad racial y la diversidad en cuanto a la situación económica y el nivel de formación, que antes celebrábamos como aspectos positivos de nuestro estilo de vida, ahora son presentadas como desigualdades que deben ser criticadas, ridiculizadas y temidas.

En otras palabras: los mismísimos atributos que valoramos en nuestra humanidad son convertidos en armas por medio de hacer que parezcan las cualidades que nos han vuelto obsoletos.

> **VERDAD PURAMENTE HUMANA N.º 65:** A través del juego peligroso, las diferencias raciales, religiosas y culturales, y la diversidad que antes celebrábamos como aspectos positivos, han sido convertidas en armas, y nos están dejando divididos y vulnerables frente a las ideas y los planes de otras personas.

Una vez que el juego peligroso está en marcha, las personas que tienen un punto de vista que no se ajusta a las creencias aceptadas por la mayoría de la gente que hay a su alrededor pueden ser marginadas, avergonzadas, demonizadas y rechazadas por sus conocidos, incluidos amigos, familiares, vecinos y compañeros de trabajo. A menudo se ataca su reputación y, si tienen un negocio, se intenta que quiebre, bajo el pretexto de establecer unas condiciones de igualdad mediante la «justicia callejera». En Estados Unidos, hoy en día llamamos a esto *cancelar* a una persona.

LO HEMOS VISTO ANTES

El juego peligroso no es algo nuevo.

Lo hemos visto en el pasado. Lo vimos en Europa a principios y mediados del siglo XX, cuando *se enseñó* a la gente a odiar a sus vecinos con ascendencia hebrea. De resultas de este odio, se estima que seis millones de judíos fueron exterminados sistemáticamente, junto con 5,7 millones de civiles soviéticos aproximadamente, dos millones de polacos, 4,5 millones de serbios, 300.000 gitanos, 10.000 personas con pareja del mismo sexo y más de 3.000 testigos de Jehová, entre otras poblaciones.[19]

Lo vimos en 1994 en África, cuando *se enseñó* a los hutus ruandeses a odiar a los tutsis en una lucha de clases que llevó a la guerra civil y a un genocidio que duró cien días, supuso la muerte de muchas personas (entre medio millón y un millón) y terminó con el setenta por ciento de la población tutsi aproximadamente.[20]

Lo estamos viendo hoy en día en el intento de separarnos y dividirnos mediante el uso de relatos distorsionados y de desinformación que *nos enseñan* a vernos unos a otros con desconfianza y a odiarnos; las dinámicas de cristianos contra musulmanes, musulmanes contra judíos, blancos contra hispanos, negros contra blancos, ricos contra pobres y hombres contra mujeres son ejemplos de ello. Y esta misma táctica se está empleando para generar confusión entre los sexos y en cuanto a la percepción de lo que significa ser hombre o mujer.

En lo relativo al plan transhumanista del Gran Reinicio, las tácticas que han demostrado ser efectivas en cada uno de los casos anteriores también están demostrando serlo a la hora de sembrar la duda en cuanto al valor de nuestra humanidad y lo que representa la genealogía de nuestra especie. El *relato peligroso* está dividiendo a las personas y también a los individuos contra sí mismos por la misma razón de siempre: porque es una táctica que funciona.

LAS TÁCTICAS

Las tácticas que hacen posible toda esta confusión, esta incertidumbre y esta división son atemporales. Se toman directamente del manual de la historia para dividir a las personas y destruir sociedades. El filósofo del siglo XVIII Immanuel Kant, por ejemplo, simplificó la estrategia conocida desde hacía mucho tiempo de crear división entre la población que se quiere controlar. En su libro de 1795 *Sobre la paz perpetua* expuso los detalles de la técnica consistente en dividir para llegar a gobernar («divide y vencerás»).[21] En el primer apéndice de esta obra, titulado «Sobre el desacuerdo entre la moral y la política en relación con la paz perpetua», Kant expone los puntos clave de esta técnica. Estos son dos de ellos:

1. Fomentar divisiones para evitar alianzas que puedan desafiar a la clase dominante.
2. Promover la desconfianza dentro de la población local.

Más recientemente, los principios expuestos por Kant se han incorporado a la filosofía de la organización comunitaria, ilustrada en el libro de 1971 *Tratado para radicales* del activista y autor Saul Alinsky. En su libro, Alinsky identifica diez reglas para una ingeniería social efectiva, y dedica un capítulo a cada una de ellas. En el resumen de una de las diez reglas, por ejemplo, Alinsky condensa la filosofía de Immanuel Kant sobre la creación de división para vencer en cuatro pasos simples. Afirma que la clave es «elegir el objetivo, inmovilizarlo, personalizarlo y polarizarlo».[22] Esta es precisamente la estrategia que se está desplegando en nuestros tiempos, de maneras poco sutiles.

Está claro que en el mundo se están produciendo unas injusticias sociales de las que debemos ocuparnos. Pero no podremos aplicar soluciones reales y duraderas si intentamos resolver estas injusticias como familias divididas, como comunidades polarizadas y como una especie que cree que no puede redimirse de los horrores y atrocidades vividos en el pasado. El juego peligroso intenta reducir el poder de los lazos que nos han unido en el pasado mientras da fuerza a las diferencias o «imperfecciones» que nos lastran en el presente.

DESPROGRAMACIÓN: ROMPER LAS CADENAS DEL JUEGO PELIGROSO

La única forma de triunfar sobre los objetivos deshumanizadores del juego peligroso es elegir formas de pensar que trasciendan sus tácticas y objetivos. Debemos *desprogramarnos* de las estrategias de *marketing* y de nuestras adicciones tecnológicas de la misma manera en que debe ser tratada cualquier otra clase de adicción. Con este fin, debemos empezar por saber a qué nos estamos enfrentando.

De una forma u otra, todos estamos juntos en esto, desde las personas que piensan que saben bien qué hay detrás de lo que está afectando a su propia vida y al funcionamiento del mundo hasta las personas que no tienen ni idea de lo que está ocurriendo y, en cualquier caso, no les importa en absoluto.

Poner fin al juego significa liberarnos del hechizo o programación en que hemos caído a través de la tecnología y las redes sociales. Esto implica que debemos tener la sabiduría, el coraje y la fuerza que nos permitan hacer dos cosas: 1) apartarnos de los relatos falsos y la desinformación con los que nos están alentando a ceder nuestro poder, y 2) reconocer cómo cedemos nuestro poder al aceptar herramientas tecnológicas avanzadas, como las redes sociales invasivas y sustancias químicas sintéticas, en nuestra vida y nuestro cuerpo.

También significa que debemos reconocer que algunas de las herramientas tecnológicas más populares y que más usamos son precisamente las herramientas que han sido secuestradas para moldear nuestras percepciones y, por lo tanto, para manipular nuestra conciencia.

LA HISTORIA RIMA

Se ha dicho que si bien la historia en sí no se repite, está claro que «rima». Aunque no veamos los grandes sucesos del pasado repetirse *exactamente*, sí vemos cómo los temas de acontecimientos pasados se repiten a lo largo de las generaciones. La razón de ello es que mientras que el mundo avanza y cambia a paso rápido, la naturaleza humana parece avanzar a un ritmo más lento. La historia muestra que las mismas ideas de poder y dominación que definieron el curso de nuestro pasado generación tras generación siguen bien vivas hoy en día.

Una de las expresiones de estas ideas es el uso de información para influir en la opinión pública para que apoye políticas que de otro modo no aceptaría nunca, como la participación en actos de guerra.

Ahora sabemos, por ejemplo, que el incidente del golfo de Tonkin que se utilizó para justificar la escalada estadounidense en la guerra de Vietnam en 1964 nunca tuvo lugar en realidad. El 2 de agosto de 1964 se produjo un breve enfrentamiento entre las fuerzas navales de EE. UU. y sus contrapartes vietnamitas cerca de las aguas territoriales de Vietnam del Norte. Deseando influir en la opinión pública para que apoyase la acción militar, las agencias de inteligencia estadounidenses distorsionaron intencionadamente el relato de los eventos subsiguientes para que la gente creyera que se había producido un segundo enfrentamiento dos días después, el 4 de agosto.

En una entrevista con Errol Morris para el documental de 2003 *Rumores de Guerra*, el exsecretario de Defensa de EE. UU. Robert McNamara, quien estuvo en el cargo entre 1961 y 1968, reconoció que no tuvo lugar un segundo ataque el 4 de agosto.[23] Dos años después, en 2005, se desclasificaron documentos que confirmaron la declaración de McNamara; quedó claro que se tergiversaron las comunicaciones interceptadas para dar la impresión de que las fuerzas estadounidenses habían sufrido un segundo ataque.[24]

A partir del falso relato que se difundió a través de los limitados medios de comunicación de la época (la prensa escrita, la radio y la televisión, pero no internet), la gente creyó que las fuerzas estadounidenses habían sido atacadas y que estaba justificado que el Gobierno incrementase sus esfuerzos bélicos. Estas percepciones llevaron al despliegue de 100.000 efectivos militares estadounidenses en marzo de 1965, otros 100.000 en 1966 y la destrucción de innumerables aldeas y vastas extensiones de tierras agrícolas en Vietnam. Al final, el costo humano de la guerra entre 1965 y el final del conflicto en 1975 fue la muerte de unos 65.000 civiles norvietnamitas y 58.220 militares estadounidenses, según informó el Departamento de Defensa de EE. UU. algunos años después. (Hoy se cree que el número de vidas civiles que se perdieron fue mucho mayor).

Más recientemente, se acudió al falso relato de que el presidente de Irak, Saddam Hussein, estaba albergando «armas de destrucción masiva» para justificar la invasión de ese país liderada por Estados Unidos en 2003. La consecuencia fue que las infraestructuras del país destinadas a proporcionar electricidad y agua, y a ofrecer servicios civiles, fueron destruidas, y el Gobierno iraquí fue derrocado. Murieron entre 186.000 y 210.000 civiles (la cifra aún es objeto de debate).

La razón por la que expongo estos datos es que era necesario el apoyo de la opinión pública para que Estados Unidos se implicase en estas guerras. Por lo general, las personas se oponen a la guerra, a que se mate a otras personas y a que se dedique dinero público a financiar una campaña bélica. Si no se hubiesen manipulado los relatos, las guerras mencionadas no habrían podido tener lugar.

Pero la ingeniería social basada en lo que difunden los medios no se limita a las iniciativas bélicas del pasado. Los mismos principios se están aplicando a ámbitos no bélicos y más cercanos a nuestra realidad cotidiana.

He aquí algunos ejemplos de ingeniería social basada en lo que se difunde en los medios de comunicación: relatos sobre el uso de productos farmacéuticos para frenar o incluso detener la pubertad en adolescentes; relatos sobre la relación entre las distintas razas en Estados Unidos; relatos sobre la relación entre las personas que siguen religiones diferentes; relatos sobre el cambio climático y las razones por las que se está produciendo; relatos sobre lo que debemos hacer para mantenernos sanos, etc.

Cada uno de estos temas es importante para las personas que se ven afectadas por ellos. Cada uno tiene un impacto en nuestra vida y en nuestro país en algún grado. Y cada uno debe ser debatido de forma honesta y partiendo de los hechos. Por desgracia, temas importantes que suscitan fuertes opiniones encontradas se instrumentalizan de distintas maneras: a través de los algoritmos digitales que subyacen a las redes sociales y los motores de búsqueda que incrementan la cantidad de publicaciones y artículos que vemos que coinciden con nuestras propias opiniones, las cuales expresan de maneras agresivas; a través de las plataformas que alojan contenidos mediáticos; y a través de personalidades e individuos muy conocidos a quienes se paga para promover perspectivas sesgadas.

Es así como están moldeando nuestra conciencia. Están ocultando el poder de nuestra humanidad y manipulando nuestras percepciones de maneras que velan el verdadero poder de nuestra divinidad.

CÓMO DESCONECTARSE DE LA ADICCIÓN A LAS REDES SOCIALES

Romper el hechizo tecnológico al que estamos sometidos es cambiar las reglas: es soñar un nuevo sueño y crear juntos un mundo nuevo, hermoso y saludable.

Cuando dejamos de permitir que nos distraigan y nos provoquen los ciberanzuelos de los medios que desatan nuestros miedos más profundos, encienden nuestra mayor ira y atentan contra nuestro sentido común y nuestras sensibilidades humanas, el juego peligroso termina. Solo puede continuar mientras sigamos participando en él.

El peligro que nos acecha a todos ahora es mayor que la política partidista. Es mayor que el postureo de izquierdas o derechas y que las filosofías conservadoras y progresistas. Es mayor que el resultado de unas elecciones generales. Todo esto son distracciones externas que forman parte del juego. En un sentido muy real, el adoctrinamiento que recibimos para que participemos en el juego peligroso es un tipo de programación psicológica.

Las medidas que debemos adoptar para desconectarnos de estos programas no saludables son similares a las que debemos tomar para desprogramarnos de cualquier tipo de adoctrinamiento estructurado o, lo que es lo mismo, de cualquier lavado de cerebro. A continuación presentaré someramente algunas de estas medidas de desprogramación en relación con varias tácticas de adoctrinamiento, para que las conozcas y decidas si te conviene aplicarlas en ti mismo.

Steven Hassen es un asesor en salud mental estadounidense que ganó notoriedad en la década de 1970 por desarrollar técnicas psicológicas para ayudar a desprogramar el pensamiento de las personas que habían quedado atrapadas en alguna de las sectas populares en esa época.[25] A partir de las experiencias que tuvo con el proceso de desprogramación, desarrolló posteriormente un enfoque novedoso de desprogramación basado en técnicas no coercitivas destinadas a que las personas afectadas tomasen conciencia del adoctrinamiento y pudiesen ponerlo en contexto. La idea es que cualquiera de nosotros pueda usar estas técnicas si creemos que están intentando influir en nuestra forma de pensar.

Seguidamente voy a exponer algunas de las tácticas que suelen emplearse en las sectas para adoctrinar a las personas. Son relevantes porque presentan paralelismos directos con el tipo de adoctrinamiento al que han estado expuestos los ciudadanos de Estados Unidos y de gran parte del mundo en los últimos años. Comenzaré por identificar la táctica y después sugeriré posibles remedios para liberar el pensamiento de sus efectos.

Táctica de adoctrinamiento n.º 1: presentar la doctrina como la realidad

Esta táctica intenta persuadir a los individuos de que la información que están recibiendo es precisa y *la* única y auténtica verdad. Se intenta así invalidar cualquier información que no concuerde con la perspectiva que se pretende inculcar en la persona.

Una de las formas en que se aplica esta táctica de adoctrinamiento en nuestra sociedad altamente tecnificada es mediante la creación de *silos de información* en las redes sociales. Los algoritmos de las plataformas de redes sociales crean enlaces de información personalizados para que estas plataformas puedan saber qué tipo de información buscamos en nuestras exploraciones en línea. A continuación, los algoritmos buscarán otras fuentes de información afines al punto de vista por el que hemos mostrado interés y que tengan que ver con los temas que hemos buscado. Finalmente, este proceso llena las páginas web que visitamos, la bandeja de entrada de nuestro correo electrónico y nuestras aplicaciones de mensajería con anuncios, sugerencias de libros e invitaciones a webinarios y seminarios que reflejan las perspectivas por las que nos hemos interesado.

La cuestión clave aquí es que los algoritmos seguirán dándonos enlaces a información que respalde nuestro punto de vista, y lo harán excluyendo cualquier otra visión o perspectiva. El resultado de ver tantos mensajes similares en tantos canales digitales es que creemos que nuestro punto de vista es tan omnipresente que todas las personas están viendo lo mismo que nosotros. Creemos que esa debe ser la verdad.

Al mismo tiempo que nosotros estamos viendo nuestro silo de información personalizado, nuestros amigos y seres queridos están experimentando sus propios silos de información, y creen con la misma certeza que la información que encuentran es la verdad. Esta experiencia puede dificultar que se tomen en consideración puntos de vista que puedan cuestionar o contradecir la información recibida. Toda esta dinámica puede fomentar la división entre nosotros y nuestros amigos y seres queridos, que también están profundamente identificados con sus propios silos de información. De hecho, esta división es una realidad en muchos casos.

El remedio para la táctica de presentar la doctrina como la realidad

No hay una única forma de poner remedio a la táctica de presentar la doctrina como la realidad; hay varias soluciones posibles.

Algunas personas se limitan a desconectar completamente de la información obtenida en línea y en las redes sociales. Esta medida puede ser efectiva a corto plazo, pero puede evitar que encuentres información importante que necesitas para tus tareas diarias.

Si decides no renunciar a internet pero navegar de manera responsable y buscando la objetividad, el remedio más efectivo para esta táctica es buscar fuentes de información alternativas, incluso no convencionales. Te conviene encontrar puntos de vista variados. Usando de forma responsable tu capacidad de discernimiento, hazte el favor de explorar varias fuentes de noticias que ofrezcan perspectivas diversas, consciente de que, al final, la verdad sobre cualquier evento que investigues probablemente esté en algún término medio entre todo lo que encuentres.

Por ejemplo, me mantuve al tanto de los sucesos escalofriantes acontecidos en Israel el 7 de octubre de 2023 encontrándome en una conferencia en Londres. Debido a la diferencia horaria entre Europa y América del Norte, las primeras noticias que vi provenían de Oriente Medio, India y Europa. Minutos después de los sucesos, estaba viendo las atrocidades perpetradas en toda su magnitud, en algunos casos a través de filmaciones que no habían sido editadas. Sin embargo, cuando las cadenas de noticias estadounidenses comenzaron a informar de los sucesos más tarde ese mismo día, pude apreciar que no los estaban presentando de la misma manera al público norteamericano. Con pocas excepciones, los medios estadounidenses se negaron a mostrar las imágenes o a hablar de los detalles horrendos relativos a las atrocidades indescriptibles que habían tenido lugar solo unas horas antes. Las reglas y directrices comunitarias de las plataformas de redes sociales tampoco permitieron que las imágenes se mostraran sin censura.

El resultado de estas acciones fue que muchos estadounidenses creyeron, y siguen creyendo, que los hechos acontecidos el 7 de octubre no tuvieron lugar en realidad, que las atrocidades nunca se produjeron. Las repercusiones de esta manipulación de la información aún se dejan sentir, y las consecuencias se están manifestando en el escenario global hoy en día.

Táctica de adoctrinamiento n.º 2: manipulación a través del miedo y la culpa

Esta táctica es especialmente maliciosa, ya que apela directamente a nuestra tendencia altruista y nuestro instinto de supervivencia para fomentar en nosotros un sentimiento de culpa por nuestro presunto papel en el sufrimiento de otras personas. En los últimos años se ha utilizado esta técnica para persuadir a comunidades y naciones de que efectúen cambios radicales en todo tipo de políticas, desde las relativas al uso de la energía, el diseño urbano y las técnicas agrícolas hasta las relativas al uso de la tierra y la atención médica. La desinformación se emplea a modo de arma para infundir culpa y miedo y movilizar a las personas por una causa.

Me referiré al fenómeno del cambio climático y a la forma en que se está presentando a la gente la información relativa al mismo para ilustrar cómo funciona esta táctica. A través del uso de silos de información, se transmite a la gente un relato específico sobre el cambio climático. Se insiste en esta perspectiva hasta el punto de que las personas creen estar bien informadas tanto sobre la causa de los desastres relacionados con el clima como sobre el remedio, que forma parte del plan mayor que han dispuesto los adoctrinadores.

El adoctrinamiento sobre el cambio climático tiene lugar según el orden que voy a exponer, *grosso modo*. En primer lugar, nuestro silo de información nos muestra sucesos muy reales, horrendos y aterradores, como lluvias torrenciales que dan lugar a inundaciones, huracanes y tornados que destruyen ciudades costeras y comunidades ubicadas muy poco por encima del nivel del mar, así como incendios forestales descontrolados que arrasan comunidades urbanas: las llamas destruyen casas y negocios, y alteran la vida de las personas afectadas; incluso puede haber personas que pierden la vida.

Como es natural, lo que vemos nos impacta. Nuestra naturaleza humana quiere ayudar de alguna manera. Queremos aliviar el sufrimiento que estamos viendo. Y a menudo nos sentimos impotentes ante la magnitud de los desastres.

Hasta este punto, lo que vemos es real. La destrucción y la pérdida de vidas son hechos tangibles, visibles e innegables. La manipulación comienza justo después.

Aprovechando nuestra sensibilidad humana y nuestra vulnerabilidad emocional tras haber sido testigos del sufrimiento, enseguida se nos incita a creer dos cosas: la primera, que los horribles eventos que estamos presenciando son una consecuencia directa del cambio climático. La segunda, que este cambio se está produciendo ante todo debido a nosotros, a nuestro comportamiento. Se nos dice que el sufrimiento que estamos presenciando se debe a que elegimos los combustibles fósiles como la principal fuente de energía para nuestra civilización.

Los datos disponibles hacen que sea imposible negar que el clima está cambiando. El problema es que las realidades que son el cambio climático y las repercusiones de este para la vida de todos nosotros han sido instrumentalizadas. En lugar de usar nuestra tecnología para adaptarnos a los cambios en el clima previstos desde hace décadas y que obedecen a un ritmo natural, se utiliza el fenómeno para dividirnos como familias y comunidades, según la estrategia de división a la que me he referido con anterioridad.

Contrariamente a lo que afirma el relato promovido en los medios de comunicación tradicionales y en las aulas, los datos geológicos provenientes de diversas fuentes demuestran que el clima de la Tierra no es estático. Es un sistema dinámico y complejo que está cambiando constantemente. Debemos saber un par de cosas sobre los cambios que estamos viendo en la actualidad en el clima global y en los patrones climáticos de determinadas zonas. La primera es que guardan relación con los ritmos y ciclos de la Tierra, que ya se manifestaron en el pasado. La segunda es que, si bien la quema de combustibles fósiles está contribuyendo a aumentar la cantidad de CO_2 presente en la atmósfera, la mayor parte de este incremento se debe a la desgasificación de los océanos.[26] Sin lugar a dudas, los niveles de CO_2 son más altos en la actualidad que en las últimas décadas. Y sin lugar a dudas también, los niveles de CO_2 que tenemos actualmente palidecen en comparación con los que se alcanzaron en otras eras.[27]

No es casual que los períodos de la historia geológica en los que hubo unos niveles de CO_2 elevados coincidiesen con los períodos en que la Tierra tuvo unos bosques exuberantes y una diversidad de formas de vida saludable. Estos hechos demostrables están en oposición directa con las aterradoras predicciones formuladas por «expertos», activistas mal informados y muchos de nuestros líderes políticos.[*]

Claramente, es bueno para nosotros como especie desarrollar modalidades de energía limpias, verdes y sostenibles que estén disponibles para todas las personas que quieran servirse de la energía. Sin embargo, si nuestros líderes estuvieran realmente comprometidos con ello, ya se habrían desarrollado las tecnologías descubiertas en los últimos setenta años y se habrían puesto a disposición de la colectividad humana en sustitución de los combustibles fósiles de los que seguimos dependiendo.

La implantación de estas tecnologías incluiría por ejemplo el uso del elemento torio para alimentar las centrales eléctricas de carga base (es decir, para generar energía eléctrica de forma continua en plantas diseñadas para cubrir la demanda básica), como se comprobó que podía hacerse en el contexto del Proyecto Manhattan, a mediados del siglo xx; la implantación en la industria del automóvil de los carburadores desarrollados en la década de 1970 que permiten recorrer 145 kilómetros con un galón de gasolina (3,8 litros); y el acceso

---

[*] N. del A.: Está más allá del alcance de este libro presentar en detalle las pruebas del impacto saludable que tienen unos niveles más altos de CO2, pero lo he hecho exhaustivamente en vídeos presentes en Internet. Puedes encontrar los enlaces a los mismos en mi sitio web, greggbraden.com.

a la tecnología resonante que extrae energía del vacío de Planck, es decir del espacio «vacío», para usos comerciales.

Estando manipulado de la manera que he expuesto el relato relativo al clima, no es de extrañar que sintamos tristeza, ira y miedo frente a los mensajes que están transmitiendo los medios de comunicación de forma continua. Tampoco es raro que nos sintamos culpables por la posibilidad de haber contribuido de alguna manera a los horrores y el sufrimiento que presenciamos.

El aspecto más ingenioso de este tipo de manipulación es que utiliza una mezcla de hechos y sucesos de la vida real para promover la culpa y, después, justificar modalidades de ingeniería social extremas como medio para un fin. Este medio va en detrimento de nuestra vida, al suponer la destrucción de ciertos sectores industriales en su totalidad y el final de las modalidades de vida y existencia tradicionales, mientras que el fin hacia el que nos dirigimos enriquecerá a unos pocos privilegiados que saben cómo crear las tecnologías y los instrumentos financieros coherentes con los cambios que deben instaurarse y cómo invertir en dichas tecnologías e instrumentos financieros.

La triste paradoja es que todo esto que está ocurriendo no tiene ningún impacto en los extremos climáticos causantes de las tragedias.

Se ha dicho que el conocimiento es poder. Pero el solo hecho de saber sobre un tema no es suficiente. El factor determinante para que podamos protegernos del adoctrinamiento por parte de aquellos que no tienen en mente nuestros mejores intereses es *el tipo de conocimiento al que tenemos acceso*. Si la nueva información que recibimos nos llega a través de los mismos filtros mediáticos que nos dieron la información distorsionada que aceptamos al principio, la nueva información solo reforzará el punto de vista que ya hemos aceptado.

Esta es precisamente la razón por la que la batalla por el control de nuestros pensamientos y creencias se libra a diario a través de los periódicos, las revistas, la radio y la televisión. La magnitud de la ingeniería social que se está intentando acometer sobre la base del falso relato relativo al cambio climático hace que sea más importante que nunca contar con información objetiva. Cuanto mejor informados estemos, mejor preparados estaremos para tomar decisiones fundamentadas y responsables.

El remedio para la táctica de la manipulación a través del miedo y la culpa

El remedio más simple para la manipulación por medio de la culpa y el miedo es verificar los hechos. El miedo proviene en gran parte de encontrarnos frente a lo desconocido, y la culpa de la sensación que tenemos de haber hecho algo dañino para otras personas. Ambos sentimientos resultan de lo que creemos que es cierto en cuanto a una situación dada, es decir, de lo que hemos leído u oído de boca de otros. Es por esto por lo que es vital que averigüemos la verdad cada vez que nos llegue información que nos haga sentir culpables y temerosos.

Por todo lo expresado, comprobar los hechos es fundamental para nuestro proceso de desprogramación; con este acto también podremos evitar que nos laven el cerebro de entrada.

Las aplicaciones informáticas de «verificación de hechos» probablemente no sean las herramientas más recomendables. Mi experiencia personal me ha mostrado que los verificadores de hechos en línea y la inteligencia artificial suelen estar bajo la influencia de los mismos algoritmos que crearon los silos mediáticos en los que vivimos, por lo que nos informan desinformándonos. Además, cuando los motores de búsqueda exploran la esfera de datos de todo Internet para responder nuestras preguntas, están recurriendo a información que ha sido sesgada y distorsionada por algoritmos.

Aunque la tarea sea un poco más tediosa, aún es posible conseguir buenos resultados si se efectúan las indagaciones oportunas. Esta es la forma de proceder:

- Busca investigaciones directas e informes científicos por ti mismo, en lugar de acudir a comentarios de pódcast sobre estos informes o a las interpretaciones efectuadas por periodistas sobre su significado. Aunque el lenguaje de estos artículos e informes podría ser más técnico que aquel al que estás habituado, estarás leyendo las conclusiones directas de los científicos e investigadores, en su contexto original, en lugar de los comentarios de una persona que no está formada en esa área.

- Busca mantener entrevistas presenciales, por teléfono o por correo electrónico con expertos para poder oír directamente cuáles son en la actualidad sus perspectivas, opiniones, posturas y conclusiones. Cuando asistas a conferencias y talleres, haz preguntas para que el experto resuelva tus dudas.

- Permanece abierto a fuentes alternativas de información; es decir, no te limites a los típicos canales de noticias tradicionales y a las transmisiones preparadas por personajes populares de los medios cuya voz ya estás acostumbrado a oír. Entre otras cosas, lee, escucha o mira reportajes o noticias elaborados por periodistas independientes, algunos de ellos pertenecientes a países con cuyas políticas no comulgas. Recuerda que este es un ejercicio para examinar todos los lados y perspectivas de un evento de manera objetiva, en lugar de formar tu opinión a partir del relato más accesible y más afín a tus ideas.

Táctica de adoctrinamiento n.º 3: asegurar que no hay salida

El miedo a que no haya una manera de salir de una situación extrema y aterradora es una táctica de adoctrinamiento mixta: combina el aspecto del miedo de la táctica 2 con el sentimiento de desesperanza del que hablaremos aquí, en la táctica 3, para suscitar la impresión de que solo hay un camino posible: amoldarnos, someternos o ceder a lo que disponen los poderes responsables del adoctrinamiento. Esta impresión de que nos encontramos en una situación dual, de todo o nada, suele estar vinculada a una sensación de urgencia, injustificada en realidad pero derivada de un relato falso, basado en medias verdades.

La respuesta que dieron los responsables políticos frente a la pandemia global de 2020 y la que están dando ante el actual escenario de cambio climático, el cual hemos abordado unas líneas más arriba, constituyen ejemplos de lo que acabo de exponer. En ambas situaciones, por medio de la información repetida y ampliamente difundida por figuras de autoridad en las que confiábamos y en las que confiamos, se nos presentaron y se nos están presentando unos escenarios aterradores, asociados a unas graves consecuencias, por lo que no había ni hay tiempo para debatir la relevancia de los datos. En caso de no actuar rápidamente, sería o será demasiado tarde para todos nosotros, y ya no habría o habrá la oportunidad de evitar millones de muertes.

En el caso de la pandemia, esta táctica se utilizó para justificar el uso generalizado de terapias novedosas que nunca antes se habían usado a escala global.

En el caso del cambio climático, se nos dice que tenemos solo unos pocos años para dar forma a una nueva economía, reducir nuestros viajes, cambiar lo que comemos y la forma de cultivar los vegetales y criar los animales destinados a nuestro consumo, y adoptar un sistema de energía y transporte basado en la electricidad que dependa del uso de diecisiete elementos muy tóxicos poco abundantes que solo se encuentran en un puñado de yacimientos en nuestro planeta... o el mundo entero se acabará.

En Estados Unidos, responsables políticos nos han advertido de que no llegaremos a vivir diez años si no adoptamos las políticas extremas que se nos presentan; por lo tanto, dado lo urgente de la situación, no hay tiempo para debatir los hechos o considerar otras opciones.

Este es un ejemplo de manual de la puesta en práctica de la táctica consistente en asegurar que no hay salida para adoctrinar a la población.

El remedio para la táctica de asegurar que no hay salida

Ya sea que debamos tomar decisiones con respecto a una crisis climática, una pandemia viral o cualquier otro tipo de emergencia, nuestras decisiones deben basarse en la información, y la información que queremos proviene de lo que nos dice la comunidad científica. A menos que seamos expertos en geología, geofísica, la ciencia del clima o infectología, la mayoría de nosotros no sabemos lo suficiente sobre estas disciplinas como para poder evaluar los estudios de investigación por nosotros mismos. Y esta es la cuestión: necesitamos recibir aportaciones de muchos científicos con perspectivas variadas sobre los temas cuando se trata de formarnos opiniones y tomar decisiones que tendrán un impacto en nuestro cuerpo y en el futuro de nuestro planeta.

La razón por la que no debemos conformarnos con las conclusiones de un solo científico es que el campo de la ciencia no es estático. La ciencia es un cuerpo de información vivo y dinámico, y toda conclusión debe ser revisada y actualizada cuando se dispone de nuevos datos. Es precisamente por esto por lo que debemos tener especial cuidado cada vez que el líder de una organización o de una nación declara que ya no hay nada a debatir o que la ciencia ha dicho su última palabra. Con la elección de este lenguaje se pretende cerrar la puerta a cualquier debate que pueda conducir a soluciones viables y saludables que no se ajusten a la visión o al plan que quieren que apoyemos sí o sí.

El remedio para la táctica de adoctrinamiento número 3 es preguntarnos ¿es esto cierto? «¿Es cierto que el mundo se acabará en diez años si no nos ceñimos a un plan radical que alterará el equilibrio económico de nuestra civilización y destruirá los medios de vida y los estilos de vida de millones de personas?». «¿Es cierto que los doscientos mil años de evolución de nuestro sistema inmunitario a partir de nuestra aparición no servirán de nada frente a un virus nuevo creado en un laboratorio?». La única manera de responder estas preguntas es a través del conocimiento.

Tenemos la responsabilidad de, como mínimo, adquirir un conocimiento elemental sobre nuestro cuerpo y nuestro sistema inmunitario, y de saber cómo cuidarlos. Tenemos la responsabilidad de adquirir conocimientos básicos sobre la historia del planeta Tierra, los ciclos geológicos y el clima del pasado. Y cuando nos encontramos con alguien que se encuentra en una posición de poder y autoridad que nos dice que solo hay una solución para cualquier problema, tenemos la responsabilidad hacia nosotros mismos, y también hacia esa persona, de preguntar: «¿Es esto cierto?».

La mayoría de las veces, descubriremos que la capacidad de hacer esta pregunta y de obtener una respuesta objetiva para la misma deja al descubierto una verdad universal: siempre hay una alternativa y siempre hay una solución. Puede que no sean la alternativa o la solución que habíamos imaginado en el pasado. La solución disponible podría no conducir al resultado que esperábamos. Pero siempre hay una alternativa. Saber que esto es así debe ayudarnos a tomar conciencia frente a la táctica de adoctrinamiento consistente en decirnos que no hay otra salida aparte de la que nos proponen.

Saber reconocer las distintas tácticas de adoctrinamiento nos permite discernir las opciones disponibles cuando se nos está coaccionando a aceptar planes que podrían no ser los que más nos convienen. Una vez que hemos detectado la táctica, son nuestros poderes divinos (nuestra capacidad de trascender las limitaciones percibidas) los que nos conducen a las ideas que proporcionan salidas alternativas y soluciones a los retos que tenemos por delante.

> **VERDAD PURAMENTE HUMANA N.º 66:** Las tácticas utilizadas para coaccionarnos a aceptar la inteligencia artificial y la tecnología digital en nuestra vida y nuestro cuerpo incluyen relatos falsos sobre nuestra realidad. Para presionarnos a amoldarnos se emplearán el miedo, la culpa y la creencia de que no tenemos otras opciones.

LA ACCIÓN

Antes de su muerte en 1983, el teórico y futurista Buckminster Fuller pudo habernos dado la mejor solución para abordar los principios del adoctrinamiento y poner fin al juego peligroso. Escribió estas sabias palabras: «Las cosas nunca se cambian luchando contra la realidad existente. Para cambiar algo, construye un nuevo modelo que haga obsoleto el modelo vigente».[28]

Entonces, ¿qué debemos hacer para superar la amenaza del transhumanismo? La respuesta es tan simple como el mismo juego. El juego peligroso que está destruyendo nuestra humanidad, nuestras familias y nuestras naciones solo puede seguir mientras haya jugadores, es decir, mientras estemos de acuerdo en apoyar el juego.

- Cuando ya no permitimos que otras personas nos digan qué debemos pensar y cómo tenemos que pensar, el juego no puede continuar.
- Cuando pensamos críticamente sobre los asuntos en lugar de amoldarnos automáticamente al pensamiento grupal de nuestra comunidad, el juego no puede continuar.
- Cuando decimos «no» a la tendencia adictiva de explorar las redes sociales en busca de comentarios a las noticias de actualidad que solo reflejen las opiniones que ya teníamos, el juego no puede continuar.
- Cuando buscamos los hechos en lugar de conformarnos con vídeo sesgados, acortados o alterados por medio de la IA de asuntos que nos hacen hervir la sangre, el juego no puede continuar.

VERDAD PURAMENTE HUMANA N.º 67: Nuestro adoctrinamiento solo puede ser efectivo, y el juego peligroso solo puede continuar, si elegimos aceptar las tácticas de adoctrinamiento en nuestra vida.

¿Qué pasaría si los instigadores del juego peligroso alentasen un motín en una gran ciudad o instaran a que un ejército comenzara una guerra en un país al otro lado del mundo y nadie se presentara? De manera similar, ¿qué pasaría si nosotros (así como nuestros familiares, amigos y vecinos) eligiéramos hacernos responsables de nuestra salud personal y optásemos por estilos de vida que fomentasen una inmunidad natural y fuerte sin necesidad de que nos inyectaran sustancias químicas sintéticas en el cuerpo?

¿Y qué podría pasar si despertásemos la tecnología blanda de las neuronas que tenemos en el corazón, y también en el cerebro, y comenzásemos a vivir de acuerdo con la verdad profunda de lo que significa ser humano?

La respuesta a estas preguntas es simple: cuando elegimos estas opciones, la programación termina. El adoctrinamiento falla y el juego peligroso se acaba.

Es entonces cuando sanamos y comenzamos de nuevo.

CAPÍTULO 8

Puramente humanos

Las claves

¿Quiénes somos [...] sino los relatos que contamos sobre nosotros mismos, especialmente si los aceptamos?

—Scott Turow (1949-),
autor y abogado estadounidense

En diciembre de 1945 se efectuó un descubrimiento que tuvo un gran impacto en el ámbito de la erudición bíblica y religiosa. Cerca del pueblo Nag Hammadi, en la ribera occidental del alto Nilo en Egipto, un joven desenterró un misterioso recipiente de barro. Había sido sellado siglos atrás y contenía los restos de trece códices encuadernados (textos antiguos unidos en forma de libro), así como páginas sueltas de papiro. Actualmente conocidos como la Biblioteca de Nag Hammadi, se cree que estos documentos datan de un periodo comprendido entre los siglos II y IV d. C. y fueron reconocidos como textos gnósticos tempranos.

El impacto en la comunidad académica se debió al hecho de que esos libros eran registros de escritos bíblicos desconocidos, relatos que diferían notablemente de los mismos textos que se encuentran en el Nuevo Testamento de la Biblia cristiana actual. Además de evangelios conocidos, los estudiosos descubrieron los restos de otros textos que la Iglesia cristiana primitiva decidió excluir cuando varios concilios y papas determinaron el canon bíblico en el siglo IV.

Entre los textos gnósticos encontrados había numerosos libros bíblicos «perdidos» o excluidos, con títulos como Evangelio de la Verdad, Sobre el Origen del Mundo, Libro Secreto de Santiago, Libro Secreto de Juan y Sofía de Jesucristo, así como El Trueno, Mente Perfecta. En la actualidad se cree que este último libro perdido es uno de los pocos textos incluidos escritos por una mujer gnóstica. Quizá el más conocido y controvertido de los textos de Nag Hammadi sea el misterioso Evangelio de Tomás.

Este evangelio se atribuye a Tomás Dídimo, personaje que, según se cree, fue hermano biológico de Jesús de Nazaret y actuó como escriba suyo. Tomás registró ciento catorce dichos que en principio corresponden a palabras que dijo Jesús en sus sermones. Entre estos sabios dichos se encuentra el número setenta, que dice: «Si sacas a la luz lo que está dentro de ti, lo que saques te salvará. Si no sacas a la luz lo que está dentro de ti, lo que no saques te destruirá».[1]

La pregunta que ha inquietado a los estudiosos desde que se descubrió este evangelio es: ¿qué es lo que tenemos dentro de nosotros que tiene el poder de salvarnos si lo reconocemos o de destruirnos si lo ignoramos?

Los mensajes que registró Tomás revelan una verdad profunda y sagrada que los seres humanos han estado buscando por todo el mundo y que es muy similar a la que oyó George Gurdjieff de labios del abad del monasterio secreto de la hermandad Sarmoung cuando lo animó a permanecer en el lugar hasta que llegase a adquirir una fuerza que nada pudiese quebrantar. Ambas enseñanzas nos incitan a sacar algo que ya tenemos en nuestro interior: una fuerza que nada puede destruir, pero que tiene el potencial de destruirnos si negamos su existencia. No puedo evitar creer que la fuerza a la que se refieren ambas enseñanzas es nuestra divinidad.

Actualmente estamos completando un ciclo que tuvo su origen en una forma de pensar que fue popular en la época en que se descubrieron los evangelios gnósticos, a mediados del siglo xx. En la década de 1940, la ciencia moderna apenas comenzaba a sospechar el poder que tenemos a nuestro alcance, derivado de la tecnología armamentística desarrollada durante la Segunda Guerra Mundial y de la capacidad que tenemos de manipular el cuerpo humano.

Hoy, menos de un siglo después, las semillas del poder tecnológico que se plantaron con los descubrimientos del siglo xx han madurado y se han convertido en las armas avanzadas y la tecnología transhumanista del siglo xxi. Sin embargo, en un curioso giro de guion, las mismas invenciones que al principio se desarrollaron para protegernos de nuestros enemigos y liberar a nuestra especie del sufrimiento y las enfermedades se han transformado en las tecnologías que ahora amenazan nuestro mundo, nuestra especie y nuestra propia existencia.

Nos corresponde a nosotros corregir el rumbo que nos está llevando por una senda destructiva. Nos corresponde escribir las páginas del nuevo relato humano mientras nos proponemos cumplir nuestro destino como seres puramente humanos.

NUESTRO DESTINO

Hace doscientos mil años, ocurrió algo milagroso en el planeta Tierra, algo tan extraordinario que nos dotó de unas capacidades divinas que nunca antes se habían otorgado a ninguna otra forma de vida ni se han vuelto a otorgar —al menos, no se han concedido a ninguna otra forma de vida de la que tengamos conocimiento—.

Fue en ese momento cuando se nos dio el poder de regular nuestra propia conciencia y de curarnos físicamente, además de la capacidad de hacerlo de forma deliberada cuando nos lo proponemos. Somos la única forma de vida de este planeta que puede acceder intencionadamente a estados cerebrales superiores y a niveles avanzados de percepción intuitiva a voluntad.

Somos los únicos seres vivos que, siempre que elegimos hacerlo, podemos generar una respuesta inmunitaria excepcional; mostrar una enorme resiliencia frente a un mundo que cambia a toda velocidad; activar las enzimas de la longevidad; y mostrar unas capacidades asombrosas de aprendizaje, memorización, cognición y otras (lo que se conoce como superaprendizaje, supermemorización, supercognición...).

Las pruebas de ADN nos muestran que nuestros ancestros humanos anatómicamente modernos recibieron estas capacidades extraordinarias, y muchas más, el día en que, no se sabe cómo, aparecieron en la Tierra. Estas capacidades han estado con nosotros cada día desde aquel entonces y permanecen con nosotros hoy. Aunque rara vez se nos informa de nuestras excepcionales capacidades o se nos recuerda que las poseemos, forman parte de nosotros y otorgan un significado más profundo a nuestra vida.

El hecho innegable de que tenemos estos poderes extraordinarios nos señala nuestro destino inevitable: somos una especie destinada a expresar nuestras capacidades y a vivir la verdad de nuestra divinidad humana. Estamos diseñados para despertar las capacidades innatas que en el pasado consideramos que eran poderes sobrenaturales. Y estamos hechos para aceptar estas capacidades como algo natural en nuestro día a día.

> **VERDAD PURAMENTE HUMANA N.º 68:** Hace diez mil generaciones, los humanos aparecieron en el planeta Tierra con unas capacidades extraordinarias y divinas que no se han otorgado a ninguna otra forma de vida que conozcamos.

Cuando asumimos nuestra singularidad —es decir, el poder de nuestra divinidad— nos damos las razones por las que pensar de manera diferente sobre nosotros mismos, los demás y nuestra relación con el mundo que nos rodea. Nos sentimos empoderados para confiar en nuestras capacidades intuitivas y para la sanación, las cuales nos guían en nuestras elecciones y procesos de toma de decisiones. Al aceptar nuestra divinidad, aprendemos a confiar en nuestra intuición para todo, desde la gestión de aspectos de nuestro negocio u otro medio de vida hasta la resolución de las dificultades que surgen inevitablemente en el contexto de nuestras relaciones más estrechas.

Aceptar nuestra divinidad y acoger la humanidad que hace posible que esta se exprese en este mundo equivale a equilibrar nuestra vida en todos sus aspectos. Lo hacemos activando nuestra capacidad de trascender las limitaciones que percibimos en nosotros mismos, lo que constituye la definición misma de nuestra divinidad. Al expresar plenamente nuestras capacidades innatas, aseguramos el futuro de nuestra especie y corregimos el rumbo que está siguiendo la humanidad.

Ubicados en la plenitud de nuestro poder, es imposible que nos engañen las fuerzas oscuras que se están propagando por nuestras sociedades y naciones. En la plenitud de nuestro poder, ya no se nos puede reducir a la condición de víctimas indefensas en la batalla entre el bien y el mal.

Al aprender a confiar en nuestra divinidad, también despertamos el deseo natural de ser libres para convertirnos en la mejor versión de nosotros mismos y crear el mejor mundo posible. La clave para vivir nuestro destino puramente humano es que debemos optar por él.

LA ELECCIÓN

A menos que elijamos pensar de otra manera sobre nosotros mismos y aceptemos la verdad de nuestra divinidad en nuestra vida, las mejores mentes de nuestro tiempo nos advierten de que estamos claramente sumidos en una dinámica que conducirá a la materialización de nuestro peor temor: un mundo habitado por una especie híbrida desprovista de emociones y controlada por la inteligencia artificial. A menos que reivindiquemos abiertamente nuestra humanidad y los valores que consideramos sagrados en nuestra especie, y que nos neguemos a permitir que sean menospreciados, nos encontraremos en un mundo que reflejará los oscuros planes de unos pocos individuos que la mayoría de las personas ni siquiera saben que existen, pues no se habla de ellos.

La pregunta que debemos hacernos es sencilla. Tiene que ver con el amor. ¿Nos amamos lo suficiente como para preservar el don que es nuestra humanidad y elegir nuestro destino humano por encima de la ilusión de progreso y eficiencia vinculada a las tecnologías avanzadas? En última instancia, la pregunta más profunda es: ¿nos amamos lo suficiente como para aceptar la divinidad que se manifiesta a través de nuestra humanidad y que encierra un gran poder beneficioso para nosotros, el de un amor intrépido y una sanación profunda? La respuesta que demos a esta pregunta nos conducirá ya sea a las alturas de nuestro mayor destino divino o a las profundidades de nuestro más oscuro destino, que estará marcado por el miedo.

> **VERDAD PURAMENTE HUMANA N.º 69:** ¿Elegiremos el don de nuestra humanidad o sucumbiremos a la vía de la eficiencia y nos convertiremos en formas de vida mejoradas por medio de la tecnología?

Si aceptamos los indicios que indican que seres avanzados han viajado desde mundos distantes para advertirnos sobre las consecuencias de reemplazar nuestra humanidad por la tecnología, quizá sus visitas nos den una pista sobre el rumbo que debemos tomar. Tanto su mensaje como los descubrimientos efectuados por la mejor ciencia de nuestro tiempo nos llevan a la misma conclusión.

Tanto el mensaje de nuestros visitantes como la ciencia nos recuerdan que vale la pena que seamos preservados. Incluso a pesar de las expresiones disfuncionales que son la guerra y el odio, en nuestra humanidad hay algo tan excepcional, valioso y hermoso que sería una tragedia evolutiva permitir que ese algo, y nosotros, desapareciésemos.

He escrito este libro con un propósito: dar voz al relato de nuestro potencial y alentar a que nos empoderemos y aceptemos nuestra singularidad. El poder del nuevo relato humano contiene la clave para poner fin al miedo y al odio que nos dividen, y para que podamos efectuar las elecciones que conducen a una vida saludable y próspera en un mundo transformado.

> **VERDAD PURAMENTE HUMANA N.º 70:** La elección es nuestra.

LAS VERDADES PURAMENTE HUMANAS

Las siguientes verdades puramente humanas, que condensan la información ofrecida en este libro, nos dan razones para valorar nuestra humanidad y recordar la forma de vida tan excepcional, valiosa y hermosa que somos.

VERDAD PURAMENTE HUMANA N.º 1: Por primera vez en la historia de la humanidad, estamos implementando tecnología que cambia la biología de nuestros cuerpos de manera irreversible.

VERDAD PURAMENTE HUMANA N.º 2: Para el año 2030, o habremos reconocido que contamos con un potencial aún inexplorado o estaremos en camino de construir una sociedad de humanos híbridos que terminará con la creatividad, la emoción, la empatía y la intuición.

VERDAD PURAMENTE HUMANA N.º 3: Estamos muy cerca de renunciar a nuestra humanidad, al puente biológico que nos conecta con nuestra divinidad.

VERDAD PURAMENTE HUMANA N.º 4: En muchos aspectos, las células humanas y las neuronas especializadas presentan un rendimiento, una escalabilidad y una adaptabilidad superiores a los que tienen los limitados algoritmos de la inteligencia artificial y los microchips, que albergan unos circuitos rígidos.

VERDAD PURAMENTE HUMANA N.º 5: Nos debemos a nosotros mismos reconocer la profunda verdad de lo que significa ser humanos antes de entregarnos a la tecnología que está proponiendo el movimiento transhumanista.

VERDAD PURAMENTE HUMANA N.º 6: La divinidad es definida como poderes o fuerzas que trascienden las limitaciones percibidas.

VERDAD PURAMENTE HUMANA N.º 7: La batalla entre el bien y el mal es, en última instancia, una batalla centrada en la divinidad humana.

VERDAD PURAMENTE HUMANA N.º 8: La divinidad es la parte de nosotros ancestral y atemporal, allí donde tienen su origen el conocimiento directo, la imaginación, la creatividad, la autoaceptación y la autocuración.

VERDAD PURAMENTE HUMANA N.º 9: Expresar nuestra divinidad nos libera del miedo que nos hace sentir pequeños, insignificantes e impotentes, lo cual nos permite superar con éxito los desafíos de la vida.

VERDAD PURAMENTE HUMANA N.º 10: El despertar de tu divinidad comienza con la forma en que piensas sobre ti: tu relato personal.

VERDAD PURAMENTE HUMANA N.º 11: Somos más que el resultado de procesos aleatorios. Está más allá de las probabilidades estadísticas que las siete condiciones ideales que hacen posible nuestro mundo y nuestra vida sean el resultado de procesos físicos «afortunados».

VERDAD PURAMENTE HUMANA N.º 12: Nuestro universo parece estar vivo y ser consciente e inteligente.

VERDAD PURAMENTE HUMANA N.º 13: El primer miembro de nuestra especie apareció en la Tierra hace unos doscientos mil años, seguimos aquí y el patrón de nuestro ADN no ha cambiado.

VERDAD PURAMENTE HUMANA N.º 14: Es matemáticamente imposible que las mutaciones responsables de nuestras cualidades humanas más apreciadas, entre ellas la empatía y la intuición, sean el resultado de procesos biológicos aleatorios «afortunados».

VERDAD PURAMENTE HUMANA N.º 15: En 2007 se escribió el primer mensaje en un organismo vivo y se recuperó después, lo que demostró que es posible escribir y almacenar información inteligente en el ADN y recuperarla posteriormente.

VERDAD PURAMENTE HUMANA N.º 16: El ADN es más eficiente como medio de almacenamiento que la memoria *flash* de los ordenadores, lo que hace que sea un muy buen candidato para contener un antiguo mensaje codificado en nuestra constitución biológica hace mucho tiempo.

VERDAD PURAMENTE HUMANA N.º 17: Las células humanas pueden verse desde la perspectiva de la tecnología de la información; podemos considerar que cada célula es una biblioteca, que los cromosomas son libros y que las hebras de genes son capítulos, párrafos, oraciones y palabras.

VERDAD PURAMENTE HUMANA N.º 18: Los caracteres del cuneiforme, el sánscrito, el árabe y el hebreo tienen equivalentes numéricos. Los caracteres y sus números asociados pueden usarse de manera intercambiable en textos escritos.

VERDAD PURAMENTE HUMANA N.º 19: Los números que representan la masa atómica de cada uno de los cuatro elementos que componen las bases de nuestro ADN pueden sumarse para obtener números que conformen diversas palabras escritas en los antiguos idiomas raíz.

VERDAD PURAMENTE HUMANA N.º 20: Cuando sustituimos las letras por sus equivalentes numéricos a partir de la masa atómica de nuestro ADN, la primera capa del código contenido en cada célula de nuestro cuerpo dice lo siguiente: «Dios/eterno dentro del cuerpo».

VERDAD PURAMENTE HUMANA N.º 21: La probabilidad estadística de que el mensaje «Dios/eterno dentro del cuerpo» se hubiese configurado dentro de nuestro ADN por casualidad es del 0,00042 %, lo cual es indicativo de que la probabilidad de que llevemos un mensaje tan relevante excede cualquier posibilidad atribuible al azar.

VERDAD PURAMENTE HUMANA N.º 22: Cuando nos desanimamos, nos distraemos o nos decepcionamos, o si hemos olvidado quiénes somos, no necesitamos buscar más allá de los cincuenta billones de células de nuestro organismo para recordar que somos literalmente Dios/eterno dentro del cuerpo.

VERDAD PURAMENTE HUMANA N.º 23: El transhumanismo es una filosofía que aboga por incorporar la inteligencia artificial, microchips y sensores electrónicos en el cuerpo humano para «corregir» los defectos que presentan nuestras funciones biológicas naturales.

VERDAD PURAMENTE HUMANA N.º 24: Aunque la primera edición génica de dos embriones humanos que tuvo éxito, en 2018, fue ilegal, demostró que el proceso no es posible en el plano teórico solamente, sino que se puede llevar a cabo. En la actualidad es posible modificar con éxito el ADN humano en el útero tras la concepción.

VERDAD PURAMENTE HUMANA N.º 25: El transhumanismo consta de tres etapas, que van desde el reemplazo del cuerpo por prótesis hasta la propuesta de capturar y almacenar la conciencia de la persona en un microchip.

VERDAD PURAMENTE HUMANA N.º 26: El fracaso al intentar clonar seres vivos que completen su ciclo de vida natural demuestra que falta algo en el modelo de clonación, algo que no se tiene en cuenta en la perspectiva actual sobre la conciencia y la vida.

VERDAD PURAMENTE HUMANA N.º 27: El ADN del núcleo de una célula debe comunicarse con el ADN que está fuera del núcleo para que ambos puedan estar en sintonía con la información que lleva a una correcta plasmación de la vida.

VERDAD PURAMENTE HUMANA N.º 28: Uno de los peligros del transhumanismo es que cuando reemplacemos nuestros componentes biológicos por tecnología artificial las funciones naturales comiencen a debilitarse y atrofiarse.

VERDAD PURAMENTE HUMANA N.º 29: Algunas tradiciones indígenas sugieren que construimos un complejo mundo de máquinas y tecnología en el exterior para recordarnos que imitan las habilidades que ya albergamos en nuestro interior.

VERDAD PURAMENTE HUMANA N.º 30: A través del arte, la tecnología, los libros, la música y las películas que creamos nos comunicamos a nosotros mismos aquello que nos estamos pidiendo recordar.

VERDAD PURAMENTE HUMANA N.º 31: Las películas más populares y exitosas de nuestra época son aquellas que muestran a humanos que recuerdan o descubren talentos y superpoderes ocultos.

VERDAD PURAMENTE HUMANA N.º 32: Somos una tecnología blanda sofisticada. Las capacidades de nuestras células igualan y en algunos casos superan las de la inteligencia artificial y las de los componentes de los microchips.

VERDAD PURAMENTE HUMANA N.º 33: Además de que nuestras células funcionan como componentes eléctricos, nuestro ADN preserva un registro de las modificaciones genéticas que han hecho que nuestra especie sea tal como es, un registro similar a la cadena de bloques que es accesible, permanente e inmutable.

VERDAD PURAMENTE HUMANA N.º 34: La capacidad y la funcionalidad de una neurona humana son adaptables y pueden ir aumentando en favor de un rendimiento que supere cualquier límite conocido, en lugar de estar limitadas de la manera en que la física limita la capacidad de los chips informáticos de estado sólido.

VERDAD PURAMENTE HUMANA N.º 35: Nosotros mismos regulamos nuestra tecnología blanda avanzada mediante las interfaces de usuario que son los pensamientos, las sensaciones, las emociones, la respiración y otros factores epigenéticos.

VERDAD PURAMENTE HUMANA N.º 36: En el año 2000, los científicos descubrieron que el genoma humano está compuesto por unos 24.000 genes solamente, lo que significa que la idea previamente aceptada de que un solo gen producía un solo tipo de proteína entre las 100.000 existentes no era acertada.

VERDAD PURAMENTE HUMANA N.º 37: Debido a la epigenética, es posible que un solo gen humano «programe» hasta cien proteínas distintas. Esto significa que podemos obtener más programación con una pequeña cantidad de genes altamente eficientes.

VERDAD PURAMENTE HUMANA N.º 38: Las neuronas espejo no saben la diferencia entre tener una experiencia y ver a otra persona tener una experiencia.

VERDAD PURAMENTE HUMANA N.º 39: La forma en que nos vemos a nosotros mismos en nuestra imaginación hace que las neuronas espejo le envíen al cuerpo la información pertinente para que se adecúe a nuestra autoimagen.

VERDAD PURAMENTE HUMANA N.º 40: Una red neuronal, o «pequeño cerebro», que se encuentra dentro del corazón humano piensa, siente, experimenta y recuerda independientemente del cerebro craneal.

VERDAD PURAMENTE HUMANA N.º 41: Somos la única forma de vida conocida que puede armonizar intencionadamente las redes neuronales del corazón y el cerebro para generar un óptimo estado de coherencia corazón-cerebro.

VERDAD PURAMENTE HUMANA N.º 42: El cuerpo humano natural es una tecnología blanda muy avanzada y sofisticada que en muchos aspectos es superior a los componentes artificiales de la tecnología informática para posibilitar estados avanzados de conciencia y curación.

VERDAD PURAMENTE HUMANA N.º 43: Cuanto más expresamos nuestra divinidad, en mayor medida logramos cumplir nuestro destino.

VERDAD PURAMENTE HUMANA N.º 44: Estamos manteniendo constantemente una comunicación resonante con el mundo que nos rodea a través de las antenas biológicas de nuestras moléculas y células.

VERDAD PURAMENTE HUMANA N.º 45: Cuando vemos que una persona tiene éxito donde otras han fallado, su logro se convierte en un puente que facilita que sigamos sus pasos.

VERDAD PURAMENTE HUMANA N.º 46: Cuando vemos que otra persona supera limitaciones que hemos aceptado para nosotros mismos, debemos elegir entre descartar lo que hemos visto, considerándolo inalcanzable, o aceptar lo que hemos presenciado y modificar nuestro sistema de creencias para acoger la nueva creencia.

VERDAD PURAMENTE HUMANA N.º 47: Vivir nuestra divinidad es dejar atrás la creencia engañosa de que somos seres defectuosos, frágiles e impotentes que para tener éxito en el mundo y prosperar en la vida necesitamos algo que se encuentra fuera de nosotros mismos.

VERDAD PURAMENTE HUMANA N.º 48: En 2020, el Foro Económico Mundial anunció planes para el Gran Reinicio, un intento sin precedentes de construir una nueva sociedad digital, en el contexto de la pandemia global que aún se estaba dando en ese momento y del caos motivado por los confinamientos que tuvieron lugar en muchos países ese año.

VERDAD PURAMENTE HUMANA N.º 49: La visión en cuanto al Gran Reinicio es que nosotros mismos y todos los sistemas actuales de finanzas, negocios, manufactura, transporte y producción de alimentos, así como nuestro consumo, nuestros viajes, nuestras elecciones en cuanto al estilo de vida y nuestros hábitos de gasto, quedemos fusionados en una vasta red gestionada y regulada mediante la supervisión de una inteligencia artificial avanzada.

VERDAD PURAMENTE HUMANA N.º 50: La clave del éxito del Gran Reinicio es la integración digital de los seres humanos, incluidos nuestros datos biométricos y signos vitales más íntimos, así como nuestras expresiones de ira, miedo y alegría, dentro de una matriz (*matrix*) global para que sean interpretados por sistemas automatizados.

VERDAD PURAMENTE HUMANA N.º 51: En 2019, las Naciones Unidas establecieron formalmente una alianza con el Foro Económico Mundial para acelerar la implantación del Gran Reinicio utilizando los Objetivos de Desarrollo Sostenible (Agenda 2030) como el vehículo para lograrlo.

VERDAD PURAMENTE HUMANA N.º 52: Hablando en Davos frente a las organizaciones, las corporaciones y las instituciones financieras cuyos propósitos y operaciones tienen un impacto en nuestra vida diaria, Yuval Noah Harari declaró que la biología humana es ahora una «tecnología» que se puede hackear.

VERDAD PURAMENTE HUMANA N.º 53: Los transhumanistas consideran algunas de nuestras características y capacidades más preciadas como defectos que se pueden solucionar y «arreglar» mediante la avanzada tecnología de edición génica y nanorrobótica disponible hoy en día.

VERDAD PURAMENTE HUMANA N.º 54: Usar la edición génica y terapias químicas para gestionar la concepción y los nacimientos humanos con el fin de asegurar que el resultado sean unos rasgos «deseables» es la versión actual, basada en la alta tecnología, de la antigua filosofía de la eugenesia.

VERDAD PURAMENTE HUMANA N.º 55: La filosofía de la eugenesia y la reproducción selectiva es inherente a la visión transhumanista del Gran Reinicio.

VERDAD PURAMENTE HUMANA N.º 56: Las generaciones más jóvenes son especialmente vulnerables a las amenazas del transhumanismo porque han crecido en un mundo tecnológico en el que el atractivo de los ordenadores y la inteligencia artificial se presenta como la gracia salvadora de la humanidad.

VERDAD PURAMENTE HUMANA N.º 57: Un común denominador que ha sido documentado entre los informes de abducciones alienígenas en todo el mundo es que los secuestradores nos están advirtiendo sobre las consecuencias de elegir un camino transhumanista para la evolución humana.

VERDAD PURAMENTE HUMANA N.º 58: El peligro inherente a elegir el camino transhumanista es que los cambios introducidos en el genoma humano, una vez realizados, no pueden revertirse.

VERDAD PURAMENTE HUMANA N.º 59: Lo que se ha descubierto sobre la constitución biológica humana y su divinidad nos proporciona todo lo que necesitamos para preservar nuestro patrimonio evolutivo y tomar decisiones saludables que respeten nuestra humanidad.

VERDAD PURAMENTE HUMANA N.º 60: El Gran Reinicio requiere que aceptemos la tecnología en nuestra vida y en nuestro cuerpo para quedar integrados en un vasto entorno digital.

VERDAD PURAMENTE HUMANA N.º 61: Quienes intentan alcanzar los objetivos del Gran Reinicio ven como obstáculos el poder, la imaginación y la libertad de la divinidad humana.

VERDAD PURAMENTE HUMANA N.º 62: Bajo el pretexto de brindarnos una vida más fácil, se nos está llevando a pedir para la sociedad y nuestra propia vida justamente los cambios que están destruyendo el tejido social y la textura de nuestras vidas.

VERDAD PURAMENTE HUMANA N.º 63: La guerra de quinta generación se libra en el campo de batalla de nuestra mente sin que tenga que llegar a producirse un enfrentamiento físico entre personas.

VERDAD PURAMENTE HUMANA N.º 64: El objetivo del *juego peligroso* es que nos tengamos en menor consideración unos a otros. Se trata de destruir la confianza y los lazos sociales que nos mantienen unidos con las personas más próximas y mantienen cohesionadas las familias y las sociedades, hasta que lleguemos a dudar de nuestro propio valor y de nuestra humanidad.

VERDAD PURAMENTE HUMANA N.º 65: A través del juego peligroso, las diferencias raciales, religiosas y culturales, y la diversidad que antes celebrábamos como aspectos positivos, han sido convertidas en armas, y nos están dejando divididos y vulnerables frente a las ideas y los planes de otras personas.

VERDAD PURAMENTE HUMANA N.º 66: Las tácticas utilizadas para coaccionarnos a aceptar la inteligencia artificial y la tecnología digital en nuestra vida y nuestro cuerpo incluyen relatos falsos sobre nuestra realidad. Para presionarnos a amoldarnos se emplearán el miedo, la culpa y la creencia de que no tenemos otras opciones.

VERDAD PURAMENTE HUMANA N.º 67: Nuestro adoctrinamiento solo puede ser efectivo, y el juego peligroso solo puede continuar, si elegimos aceptar las tácticas de adoctrinamiento en nuestra vida.

VERDAD PURAMENTE HUMANA N.º 68: Hace diez mil generaciones, los humanos aparecieron en el planeta Tierra con unas capacidades extraordinarias y divinas que no se han otorgado a ninguna otra forma de vida que conozcamos.

VERDAD PURAMENTE HUMANA N.º 69: ¿Elegiremos el don de nuestra humanidad o sucumbiremos a la vía de la eficiencia y nos convertiremos en formas de vida mejoradas por medio de la tecnología?

VERDAD PURAMENTE HUMANA N.º 70: La elección es nuestra.

Agradecimientos

Pure Human (*Puramente humanos*) es mi décimo libro como autor de Hay House. Sin embargo, su escritura fue solo el inicio del proceso. En un esfuerzo conjunto que la mayoría de los lectores nunca conocerán, muchos profesionales entregados tuvieron que organizar su vida y su agenda alrededor de mi promesa de que *Pure Human* sería escrito y entregado a tiempo: correctores de manuscritos, correctores de pruebas y diseñadores gráficos; estrategas de las redes sociales, el *marketing* y la publicidad; productores de eventos, representantes de ventas, distribuidores de libros y encargados de librerías. Aunque nunca conoceré personalmente a la mayoría de los miembros de esta comunidad, sé que están ahí, y estoy profunda y eternamente agradecido por todo lo que hacen cada día para difundir la información, las ideas, las técnicas y los relatos humanos que hacen de este mundo un lugar mejor.

Quiero aprovechar esta oportunidad para expresar mi gratitud a quienes han contribuido directamente a hacer que este libro sea una realidad. Concretamente, quiero manifestar mi agradecimiento a estas personas:

Louise Hay, por su inquebrantable fe en nuestro potencial de sanarnos y amarnos hasta conseguir resolver nuestros problemas de salud, y por expresar su visión de la extraordinaria familia que se convirtió en la excelente editorial Hay House, Inc. Aunque Louise dejó este mundo en 2017, su filosofía intuitiva sentó las bases para la escritura y publicación de *Pure Human*.

Reid Tracy, presidente y director ejecutivo de Hay House, por tu visión y dedicación personal a la extraordinaria manera de hacer negocios que se ha convertido en el sello distintivo del éxito de Hay House, y especialmente por tu apoyo, tus sólidos consejos y tu confianza en mí y en mi trabajo desde que nos reunimos por primera vez en 2003.

Margarete Nielsen, directora de operaciones de Hay House, por tu visión, dedicación y liderazgo. Más concretamente, estoy agradecido por tus sabios consejos, que abren una ventana desde mi escritorio en Nuevo México hacia el vasto y cambiante mundo de los medios y el mundo editorial; también agradezco tu confianza en mí y en mis decisiones, así como tu amistad y apoyo permanentes.

Patty Gift, vicepresidenta y editora de Hay House. ¿Quién podría haber imaginado, cuando me presentaste a Harmony Books en 1999, adónde nos llevaría este viaje? Gracias por tu confianza, tus consejos, tu sabiduría y tu apoyo durante más de dos décadas de cambios personales y globales. Y, sobre todo, gracias por tu sólida amistad.

Anne Barthel, editora ejecutiva de Hay House. Es un honor y una bendición haberte conocido, por ser la experta literaria más increíble y talentosa que pueda haber, una editora excepcional, una interlocutora de confianza y, a estas alturas, una amiga muy querida.

Además, quiero dar las gracias a Ned Leavitt, mi único agente literario. Estoy profundamente agradecido por tu sabiduría, tu integridad y ese toque humano que impregna cada logro que alcanzamos juntos. Gracias a tu pericia al manejar nuestros libros en el entorno siempre cambiante del mundo editorial, hemos logrado llegar a innumerables personas de más de setenta países de seis continentes con nuestro mensaje de esperanza y posibilidad. Aunque valoro mucho tu impecable dirección, estoy especialmente agradecido por tu confianza en mí y por nuestra amistad.

Mi gratitud y mi aprecio más sinceros para Stephanie Gunning, mi extraordinaria editora principal desde el principio. Juntos hemos recorrido un largo camino para difundir el mensaje eterno de nuestro potencial humano y, con todo lo que hemos compartido, sigues siendo una amiga muy querida. Cuentas con mi mayor respeto por tu conocimiento del mundo, tus impecables habilidades lingüísticas y tu capacidad para tratar cada uno de nuestros libros como si fuera el primero; y con mi gratitud por la forma en que aportas generosamente tu pericia y sabiduría a cada uno de nuestros proyectos.

Me siento orgulloso de ser parte del equipo virtual, y de la familia, que se ha formado en torno al apoyo a mi trabajo a lo largo de los años. Lauri Willmot y Chelsey Luikart forman parte de ello.

Lauri, mi querida amiga y confidente desde 1996 y ahora directora ejecutiva de nuestra empresa, Wisdom Traditions: admiro tu fortaleza, sabiduría y claridad de pensamiento, y te respeto enormemente, además de apreciar las innumerables formas en las que siempre estás ahí, especialmente cuando más falta hace. Estoy emocionado por el nuevo viaje en el que nos hemos embarcado y por no saber adónde nos llevará. ¡No puedes jubilarte hasta que yo lo haga!

Chelsey, tus habilidades y tu experiencia han abierto una nueva dimensión a Wisdom Traditions y a la forma de compartir lo que hacemos de manera efectiva con un público nuevo, más joven y cada vez más numeroso. Estoy muy agradecido por todos los roles que desempeñas para que tanto nuestra empresa como yo desarrollemos nuestras actividades según lo previsto y para que cumplamos con los múltiples compromisos que contraemos cada mes, y por mantener al día nuestros eventos, nuestras campañas de *marketing* y nuestra relación con los medios. ¡Incorporaremos al nuevo miembro de tu familia a nuestro equipo antes de que te des cuenta!

Gracias, Rita Curtis, mi extraordinaria gestora de reservas, y ahora también mi amiga: valoro mucho tu visión, tu claridad y tus habilidades, que nos llevan de un lugar a otro cada mes. Pero, sobre todo, valoro tu confianza, tu apertura a las nuevas ideas y, especialmente, nuestra creciente amistad.

A Martha, mi bella esposa, te doy las gracias por tu larga amistad, tu sabiduría serena y tu amor comprensivo, que me acompaña cada día de mi vida. Junto con los seres peludos con quienes compartimos nuestra vida, eres la familia que cree en mí cada día y me da la razón para regresar a casa después de cada evento. Gracias por todo lo que compartes y aportas a mi vida.

Mando un agradecimiento muy especial a todos quienes habéis apoyado mi trabajo, mis libros, mis grabaciones y mis presentaciones en vivo a lo largo de los años. Me siento honrado por vuestra confianza, me maravilla vuestra visión de un mundo mejor y valoro enormemente vuestra pasión por hacer realidad dicho mundo. A través de vuestra presencia he aprendido a ser mejor oyente y, con ello, a escuchar las palabras que me permiten transmitir nuestro inspirador mensaje de esperanza y posibilidades. Os estaré eternamente agradecido en todos los sentidos.

Notas

INTRODUCCIÓN

1. 2045 Initiative. (4 de marzo de 2013). *Ray Kurzweil — Immortality by 2045* [vídeo]. YouTube. https://www.youtube.com/watch?v=f28LPwR8BdY&t=38s
2. Ray Kurzweil. (2005). *The singularity is near: When humans transcend biology* (p. 136). Nueva York, EUA: Viking.

CAPÍTULO 1: El premio somos nosotros

1. Divinity. (s. f.). En *Wikipedia*. Recuperado el 11 de julio de 2024 de https://es.wikipedia.org/wiki/Divinity
2. Ned Herrmann. (22 de diciembre de 1997). What is the function of the various brainwaves? *Scientific American*. https://www.scientificamerican.com/article/what-is-the-function-of-t-1997-12-22
3. Rollin McCraty, Mike Atkinson y Raymond Trevor Bradley. (Febrero de 2004). Electrophysiological evidence of intuition: Part 1. The surprising role of the heart. *Journal of Alternative and Complementary Medicine, 10* (1), 33-43. https://doi.org/10.1089/107555304322849057
4. Asad Meah. (17 de octubre de 2023). Cita 4 en *15 inspirational quotes on the superconscious mind*. Awaken the Greatness Within. https://www.awakenthegreatnesswithin.com/15-inspirational-quotes-on-the-superconscious-mind
5. *Hazrat Inayat Khan quotes*. (s. f.). QuoteFancy.com. Recuperado el 11 de julio de 2024 de https://quotefancy.com/hazrat-inayat-khan-quotes
6. Ver nota 5.
7. Julie Ribaudo *et al.* (17 de enero de 2022). Maternal history of adverse experiences and posttraumatic stress disorder symptoms impact toddlers' early socioemotional wellbeing: The benefits of infant mental health-home visiting. *Frontiers in Psychology, 12*, artículo 792989. https://doi.org/10.3389/fpsyg.2021.792989

8. Alison Schafer. (6 de enero de 2014). *Syria's children — How conflict can harm brain development*. World Vision. https://www.wvi.org/experts/article/syria%E2%80%99s-children-%E2%80%93-how-conflict-can-harm-brain-development

9. Vicky Stein. (16 de febrero de 2023). *Goldilocks zone: Everything you need to know about the habitable sweet spot*. Space.com. https://www.space.com/goldilocks-zone-habitable-area-life

10. Robert H. Dicke. (4 de noviembre de 1961). Dirac's cosmology and Mach's principle. *Nature, 192*, 440-1. https://doi.org/10.1038/192440a0

11. Duane Elgin. (5 de mayo de 2011, actualizado el 16 de julio de 2011). Why we need to believe in a living universe. *Huffington Post*. http://www.huffingtonpost.com/duaneelgin/living-universe_b_862220.html

12. Gregory L. Matloff. (Agosto de 2020). Panpsychism as an observational science. *Journal of Consciousness Exploration and Research, 11* (5), 468-86. https://jcer.com/index.php/jcj/article/view/900/911

13. Gregory L. Matloff. (Agosto de 2016). Can panpsychism become an observational science? *Journal of Consciousness Exploration and Research*, 7 (7), 524-43, https://jcer.com/index.php/jcj/article/view/579/595

14. *Acceptance address by Prof. Freeman Dyson*. (16 de mayo de 2000). TempletonPrize.org. https://www.templetonprize.org/laureate-sub/dyson-acceptance-address

15. Francis Reddy. (28 de marzo de 2023). *NASA missions study what may be a 1-in-10,000-year gamma-ray burst*. NASA. https://www.nasa.gov/universe/nasa-missions-study-what-may-be-a-1-in-10000-year-gamma-ray-burst

16. Gregory L. Matloff. (Marzo de 2017). Stellar consciousness: Can panpsychism emerge as an observational science? *EdgeScience, 29*, 9-14. https://docslib.org/doc/2819479/stellar-consciousness-can-panpsychism-emerge-as-an-observational-science

17. Elgin, ver nota 11.

18. Ray Bradbury. (1998). G. B. S. — Mark V. En *I sing the body electric! and other stories* (p. 280). Nueva York, EUA: Perennial Books.

19. Jacob W. Ijdo *et al.* (15 de octubre de 1991). Origin of human chromosome 2: An ancestral telomere-telomere fusion. *Proceedings of the National Academy of Sciences of the United States of America, 88* (20), 9051-5. https://www.ncbi.nlm.nih.gov/pmc/articles/PMC52649

20. Ijdo *et al.*, ver nota 19.

21. Chromosome 2. (s. f.). En *Wikipedia*. Recuperado el 11 de julio de 2024 de https://en.wikipedia.org/wiki/Chromosome_2

22. Ijdo *et al.*, ver nota 19.

CAPÍTULO 2: ¿Quiénes somos?

1. S. Mohan, S. Vinodh y F. R. Jeevan. (Mayo de 2013). Preventing data loss by storing information in bacterial DNA. *International Journal of Computer Applications*, *69* (19), 53-7. https://research.ijcaonline.org/volume69/number19/pxc3888322.pdf

2. George M. Church, Yuan Gao y Sriram Kosuri. (16 de agosto de 2012). Next-generation digital information storage in DNA. *Science*, *337* (6102), 1628. https://doi.org/10.1126/science.1226355

3. Darshan Panda *et al.* (4 de mayo de 2018). DNA as a digital information storage device: Hope or hype? *3 Biotech*, *8* (5), 239. https://doi.org/10.1007/s13205-018-1246-7

4. *The thirty two rules of Eliezer*. (s. f.). Nazarene Judaism. Consultado el 11 de julio de 2024 en https://nazarenejudaism.com/?page_id=105

5. HarperCollins Publishers. (2022). Science. En *American heritage dictionary of the English language* (5.ª ed.).

6. Benjamin Blech. (1977). *The secrets of Hebrew words* (pp. 129-32). Nueva York, EUA: Rowman & Littlefield.

7. Willis Barnstone, ed. (1984). *The other Bible* (p. 25). San Francisco, EUA: HarperSanFrancisco.

8. Peter Taylor. (2020). *The art of gematria*. Provincial Grand Lodge of Forfarshire. https://www.pglforfarshire.org/The_Art_of_Gematria_PT.html

9. Traducido de la Biblia del rey Jacobo (King James Bible).

10. Traducido de la Biblia del rey Jacobo (King James Bible).

CAPÍTULO 3: Transhumanismo

1. Mark O'Connell, citado en: Robin McKie. (6 de mayo de 2018). No death and an enhanced life: Is the future transhuman? *Observer*. www.theguardian.com/technology/2018/may/06/no-death-and-an-enhanced-life-is-the-future-transhuman

2. J. B. S. Haldane. (1923). *Daedalus, or Science and the future* (p. 44). Londres, Reino Unido: Kegan Paul, Trench, Trubner. https://jbshaldane.org/books/1923-Daedalus/haldane-1923-daedalus-ocr.pdf

3. David Cyranoski y Heidi Ledford. (26 de noviembre de 2018). Genome-edited baby claim provokes international outcry. *Nature*, *563* (7733), 607-8. https://doi.org/10.1038/d41586-018-07545-0

4. Marilynn Marchione. (26 de noviembre de 2018). *Chinese researcher claims first gene-edited babies*. Associated Press. https://apnews.com/article/ap-top-news-international-news-ca-state-wire-genetic-frontiers-health-4997bb7aa36c45449b488e19ac83e86d

5. Marchione, ver nota 4.

6. Howard Gest. (s. f.). *The July 1945 Szilard petition on the atomic bomb: Memoir by a signer in Oak Ridge*. Department of Biology de la Indiana University. Recuperado el 11 de julio de 2024 de https://biology.indiana.edu/documents/historical-materials/gest_pdfs/hgSzilard.pdf

7. Abhijit Naskar. (2019). *Mission reality* (p. 75). Publicado de manera independiente.

8. Markus Aldén *et al.* (25 de febrero de 2022). Intracellular reverse transcription of Pfizer BioNTech COVID-19 mRNA vaccine BNT162b2 in vitro in human liver cell line. *Current Issues in Molecular Biology, 44* (3), 1115-26. https://doi.org/10.3390/cimb44030073

9. Presentación de Neuralink, sus objetivos y el reclutamiento de voluntarios para probar la tecnología. Neuralink.com. Consultado el 11 de julio de 2024 en https://neuralink.com

10. Tim Levin. (20 de julio de 2023). Elon Musk wants to give amputees robotic limbs powered by chips implanted in their brains. *Business Insider*. https://www.businessinsider.com/elon-musk-optimus-tesla-robot-limbs-neuralink-cyborg-2023-7

11. Jordan Inafuku *et al. Downloading consciousness* (serie de información en línea). Stanford University Department of Computer Science. Recuperado el 11 de julio de 2024 de https://cs.stanford.edu/people/eroberts/cs201/projects/2010-11/DownloadingConsciousness/tandr.html

12. Susan Schneider. (13 de agosto de 2019). Merging with AI would be suicide for the human mind. *Financial Times*. https://www.ft.com/content/0c4fac58-bd15-11e9-9381-78bab8a70848

13. Greg Egan. (2014). *Axiomatic: Short stories of science fiction* (p. 167). Nueva York, EUA: Night Shade Books.

14. Schneider, ver nota 12.

15. Schneider, ver nota 12.

16. Judy Jones. (8 de mayo de 1999). Cloning may cause health defects. *BMJ, 318* (7193), 1230. https://www.ncbi.nlm.nih.gov/pmc/articles/PMC1115633

17. Jones, ver nota 16.

18. Jones, ver nota 16.

19. Rupert Sheldrake. (s. f.). *Morphic resonance and morphic fields — An introduction*. Sheldrake.org. Consultado el 11 de julio de 2024 en https://www.sheldrake.org/research/morphic-resonance/introduction

20. Pushpendra Singh *et al.* (2018). DNA as an electromagnetic fractal cavity resonator: Its universal sensing and fractal antenna behavior. En

M. Pant, K. Ray, T. Sharma, S. Rawat, y A. Bandyopadhyay (eds.). *Soft computing: Theories and applications: Proceedings of SoCTA 2016.* Advances in Intelligent Systems and Computing, vol. 584, 2 (pp. 213-23). Singapur: Springer. https://doi.org/10.1007/978-981-10-5699-4_21

21. T. J. Shors *et al.* (14 de febrero de 2012). Use it or lose it: How neurogenesis keeps the brain fit for learning. *Behavioural Brain Research, 227* (2), 450-8. https://doi.org/10.1016/j.bbr.2011.04.023

22. Bart Ellenbroek y Jiun Youn. (1 de octubre de 2016). Rodent models in neuroscience research: Is it a rat race? *Disease Models & Mechanisms, 9* (10), 1079-87. https://doi.org/10.1242/dmm.026120

23. Evil. (s. f.). En *Wikipedia.* Recuperado el 11 de julio de 2024 de https://en.wikipedia.org/wiki/Evil

CAPÍTULO 4: El secreto

1. Kelly White. (s. f.). https://www.goodreads.com/author/quotes/210231.Kelly_White

2. Computer History Museum. (17 de diciembre de 2007). *Moore's law 40th anniversary with Gordon Moore* [vídeo]. YouTube. https://www.youtube.com/watch?v=MH6jUSjpr-Q

3. Shekh M. Mahmudul Islam *et al.* (2013). Performances of multifrequency voltage to current converters for bioimpedance spectroscopy. *Bangladesh Journal of Medical Physics*, 5 (1), 71-76. https://doi.org/10.3329/bjmp.v5i1.14671

4. Beverly Rubik *et al.* (1 de noviembre de 2015). Biofield science and healing: History, terminology, and concepts. *Global Advances in Health and Medicine*, 4 (supl.), 8-14. https://doi.org/10.7453/gahmj.2015.038.suppl

5. Pushpendra Singh *et al.* (2018). DNA as an electromagnetic fractal cavity resonator: Its universal sensing and fractal antenna behavior. En M. Pant, K. Ray, T. Sharma, S. Rawat, y A. Bandyopadhyay (eds.). *Soft computing: Theories and applications: Proceedings of SoCTA 2016.* Advances in Intelligent Systems and Computing, vol. 584, 2 (pp. 213-23). Singapur: Springer. https://doi.org/10.1007/978-981-10-5699-4_21

6. Martin Blank y Reba Goodman. (28 de febrero de 2011). DNA is a fractal antenna in electromagnetic fields. *International Journal of Radiation Biology*, 87 (4), 409-15. https://doi.org/10.3109/09553002.2011.538130

7. David Bohm. (1988). *La totalidad y el orden implicado.* Barcelona, España: Kairós.

8. Reza Rastmanesh y Matti Pitkänen. (17 de junio de 2021). Can the brain be relativistic? *Frontiers in Neuroscience*, *15*, 659860. https://doi.org/10.3389/fnins.2021.659860

9. Naveen Nagarajan y Charles F. Stevens. (9 de septiembre de 2008). How does the speed of thought compare for brains and digital computers? *Current Biology*, *18* (17), R756-8. https://doi.org/10.1016/j.cub.2008.06.043

10. Nagarajan y Stevens, ver nota 9.

11. Gladys Barragan-Jason *et al.* (3 de marzo de 2013). Fast and famous: Looking for the fastest speed at which a face can be recognized. *Frontiers in Psychology*, *4*. https://doi.org/10.3389/fpsyg.2013.00100. Ver también: Gabrielle Shea. (24 de mayo de 2023). *Face recognition technology accuracy and performance*. Bipartisan Policy Center. https://bipartisanpolicy.org/blog/frt-accuracy-performance

12. White House Office of the Press Secretary. (26 de junio de 2000; actualizado el 29 de agosto de 2012). *June 2000 White House event* [comunicado de prensa]. https://www.genome.gov/10001356/june-2000-white-house-event

13. Giacomo Rizzolatti y Laila Craighero. (Julio de 2004). The mirror-neuron system. *Annual Review of Neuroscience*, *27*, 169-92. https://doi.org/10.1146/annurev.neuro.27.070203.144230

14. Flavia Filimon *et al.* (1 de octubre de 2007). Human cortical representations for reaching: Mirror neurons for execution, observation, and imagery. *NeuroImage*, *37* (4), 1315-28. https://doi.org/10.1016/j.neuroimage.2007.06.008

15. J. Andrew Armour. (2003). *Neurocardiology: Anatomical and functional principles*. Boulder Creek (Californa), EUA: Institute of HeartMath.

16. Mohamed Omar Salem. (2007). *The heart, mind and spirit*. Royal College of Psychiatrists. https://www.rcpsych.ac.uk/docs/default-source/members/sigs/spirituality-spsig/spirituality-special-interest-group-publications-professor-mohamed-omar-salem-the-heart-mind-and-spirit.pdf

17. Rollin McCraty *et al.* (2009). *The coherent heart: Heart-brain interactions, psychophysiological coherence, and the emergence of system-wide order*. Boulder Creek (Californa), EUA: HeartMath Research Center del Institute of HeartMath. https://www.heartmath.org/resources/downloads/coherent-heart

18. *12 benefits of brain and heart coherence*. (s. f.). Alleviant Integrated Mental Health. Recuperado el 12 de julio de 2024 de https://alleviant.com/12-benefits-of-brainheart-coherence

19. Rollin McCraty *et al.* (Abril-junio de 1998). The impact of a new emotional self-management program on stress, emotions, heart rate variability, DHEA and cortisol. *Integrative Psychological and Behavioral Science*, *33* (2), 151-70. https://doi.org/10.1007/BF02688660

20. Glen Rein, Mike Atkinson y Rollin McCraty. (Verano de 1995). The physiological and psychological effects of compassion and anger. *Journal of Advancement in Medicine*, *8* (2), 87-105. https://www.heartmath.org/assets/uploads/2015/01/compassion-and-anger.pdf

CAPÍTULO 5: Divinidad cotidiana

1. Peter Brook (director). (1979). *Meetings with remarkable men: Gurdjieff's search for hidden knowledge* [película]. Enterprise Pictures. Se ha traducido la cita directamente de la película original, en inglés. La película existe también subtitulada al español, con el título *Encuentros con hombres notables*. En este caso, el texto de los subtítulos es: «Encontraste las condiciones en las que los deseos de tu corazón pueden cambiar la realidad de tu ser. Permanezca aquí hasta que adquieras una fuerza en ti que nada puede destruir».

2. Kahlil Gibran. (1963). *The prophet* (p. 28). Nueva York, EUA: Alfred A. Knopf.

3. Channel 10 News. (31 de mayo de 2012). *Mother's intuition?* [vídeo]. YouTube. https://www.youtube.com/watch?v=oMWzsoSBSP8

4. Amy M. Boddy *et al.* (Octubre de 2015). Fetal microchimerism and maternal health: A review and evolutionary analysis of cooperation and conflict beyond the womb. *BioEssays*, *37* (10), 1106-18. https://doi.org/10.1002/bies.201500059

5. Katya Orlova. (10 de mayo de 2020). *Mother's day genetics: How long does a mother "carry" a child?* Ariel Precision Medicine. https://arielmedicine.com/mothers-day-genetics-how-long-does-a-mother-carry-a-child

6. Orlova, ver nota 5.

7. Pushpendra Singh *et al.* (2018). DNA as an electromagnetic fractal cavity resonator: Its universal sensing and fractal antenna behavior. En M. Pant, K. Ray, T. Sharma, S. Rawat, y A. Bandyopadhyay (eds.). *Soft computing: Theories and applications: Proceedings of SoCTA 2016*. Advances in Intelligent Systems and Computing, vol. 584, 2 (pp. 213-23). Singapur: Springer. https://doi.org/10.1007/978-981-10-5699-4_21

8. Luke Chan. (1995). *101 miracles of natural healing: Chi-Lel qigong for health, longevity, creativity, and mental clarity* [vídeo]. Pekín: Benefactor.

9. Neville Goddard. (1952). *The power of awareness* (p. 10). Marina del Rey (California), EUA: DeVorss.

10. Russell Targ y Harold Puthoff. (26 de agosto de 1974). *Remote viewing of natural targets*. Stanford Research Institute. https://www.cia.gov/readingroom/docs/CIA-RDP96-00787R000500410001-3.pdf. Originalmente, fue material clasificado; fue desclasificado el 7 de agosto de 2000.

11. Rollin McCraty, Mike Atkinson y Raymond Trevor Bradley. (Febrero de 2004). Electrophysiological evidence of intuition: Part 1. The surprising role of the heart. *Journal of Alternative and Complementary Medicine*, *10* (1), 33-43. https://doi.org/10.1089/107555304322849057

12. Harold E. Puthoff y Russell Targ. (Marzo de 1976). A perceptual channel for information transfer over kilometer distances: Historical perspective and recent research. *Proceedings of the Institute of Electrical and Electronics Engineers*, *64* (3), 329-54. https://www.cia.gov/readingroom/docs/CIARDP79-00999A000300060005-1.pdf. Originalmente, fue material clasificado; fue desclasificado el 24 de junio de 2003.

13. Puthoff y Targ, ver nota 12.

14. Mahadeva Srinivasan. (Enero-marzo de 2002). Clairvoyant remote viewing: The US sponsored psychic spying. *Strategic Analysis, 26* (1). https://ciaotest.cc.columbia.edu/olj/sa/sa_jan02srm01.html

15. Srinivasan, ver nota 14.

16. Srinivasan, ver nota 14.

17. Traducido de la Biblia del rey Jacobo (King James Bible).

CAPÍTULO 6: ¿Humanos o híbridos?

1. John Mutter. (18 de abril de 2016). Opportunity from crisis: Who really benefits from post-disaster rebuilding efforts. *Foreign Affairs*. https://www.foreignaffairs.com/world/opportunity-crisis

2. Lee Kuan Yew School of Public Policy. (13 de julio de 2016). *What is the Fourth Industrial Revolution? by Prof Klaus Schwab* [vídeo]. YouTube. https://www.youtube.com/watch?v=7xUk1F7dyvI

3. *Sustainable Development Goals*. (s. f.). World Health Organization. Recuperado el 12 de julio de 2024 de https://www.who.int/europe/about-us/our-work/sustainable-development-goals

4. *Sustainable Development Goals*, ver nota 3.

5. En esta cita se reproducen las palabras tal como constan en la versión en español de los Objetivos de Desarrollo Sostenible de las Naciones Unidas: https://www.un.org/sustainabledevelopment/es/hunger/ (contenido recuperado por el traductor el 2 de enero de 2025).

6. En esta cita se reproducen las palabras tal como constan en la versión en español de los Objetivos de Desarrollo Sostenible de las Naciones

Unidas: https://www.un.org/sustainabledevelopment/es/health/ (contenido recuperado por el traductor el 2 de enero de 2025).

7. Darshana Narayanan. (6 de julio de 2022). The dangerous populist science of Yuval Noah Harari. *Current Affairs*. https://www.currentaffairs.org/2022/07/the-dangerous-populist-science-of-yuval-noah-harari

8. World Economic Forum. (25 de enero de 2018). *Will the future be human? — Yuval Noah Harari* [vídeo]. YouTube. https://www.youtube.com/watch?v=hL9uk4hKyg4

9. World Economic Forum, ver nota 8.

10. World Economic Forum, ver nota 8.

11. Tony Heller. (6 de enero de 2023). *World Economics [sic] Forum discusses mRNA* [vídeo]. YouTube. https://www.youtube.com/watch?v=P8Fn07gMtxY

12. Stephen Chen. (29 de marzo de 2023). Chinese team behind extreme animal gene experiment says it may lead to super soldiers who survive nuclear fallout. *South China Morning Post*. https://www.scmp.com/news/china/science/article/3215286/chinese-team-behind-extreme-animal-gene-experiment-says-it-may-lead-super-soldiers-who-survive

13. Peter Clarke. (7 de marzo de 2019). Transhumanism and the death of human exceptionalism. *Areo*. https://areomagazine.com/2019/03/06/transhumanism-and-the-death-of-human-exceptionalism

14. Andrés Lomeña. (Invierno de 2012-2013). Transhumanism: Nick Bostrom and David Pearce talk to Andrés Lomeña. *Literal Magazine*, *31*, 5-8. https://literalmagazine.com/assets/l31-web.pdf

15. Jonathan Cook. (7 de agosto de 2018). Should AI cure humanity of its emotions? *Medium*. https://jonathanccook.medium.com/should-ai-cure-humanity-of-its-emotions-2a3a041428e1

16. Cook, ver nota 15.

17. Emily A. Partridge *et al.* (25 de abril de 2017). An extra-uterine system to physiologically support the extreme premature lamb. *Nature Communications*, *8*, 15112. https://doi.org/10.1038/ncomms15112

18. Zoltan Istvan. (14 de enero de 2019). Transhumanist science will free women from their biological clocks. *Quartz*. https://qz.com/1515884/transhumanist-science-will-free-women-from-their-biological-clocks

19. Istvan, ver nota 18.

20. Max Roser. (Última modificación en marzo de 2024). *Fertility rate*. Our World in Data. https://ourworldindata.org/fertility-rate

21. Roser, ver nota 20.

22. *The Lancet: Dramatic declines in global fertility rates set to transform global population patterns by 2100*. (20 de marzo de 2024). Institute for Health

Metrics and Evaluation. https://www.healthdata.org/news-events/newsroom/news-releases/lancet-dramatic-declines-global-fertility-rates-set-transform

23. Merriam-Webster. (s. f.). Eugenics. En *Merriam-Webster.com dictionary*. Recuperado el 12 de julio de 2024 de https://www.merriam-webster.com/dictionary/eugenics

24. Arthur L. Caplan, Glenn McGee y David Magnus. (13 de noviembre de 1999). What is immoral about eugenics? *BMJ*, *319* (7220), 1284-5. https://doi.org/10.1136/bmj.319.7220.1284

25. Paul Lombardo. (s. f.). *Eugenics sterilization laws*. Eugenics Archive del Dolan DNA Learning Center del Cold Spring Harbor Laboratory. Consultado el 12 de julio de 2024 en http://www.eugenicsarchive.org/html/eugenics/essay_8_fs.html

26. *Fact sheet: Eugenics and scientific racism*. (s. f.). National Human Genome Research Institute. Consultado el 12 de julio de 2024 en https://www.genome.gov/about-genomics/fact-sheets/Eugenics-and-Scientific-Racism

27. *Unidentified anomalous phenomena: Implications on national security, public safety, and government transparency*. (2023). U.S. Government Publishing Office. https://www.congress.gov/118/meeting/house/116282/documents/HHRG-118-GO06-Transcript-20230726.pdf. Transcripción del testimonio bajo juramento de David Grusch ante la House of Representatives (118th Congress) Subcommittee on National Security, the Border, and Foreign Affairs el 26 de julio de 2023.

28. Liguo Zhang *et al.* (25 de mayo de 2021). Reverse-transcribed SARS-CoV-2 RNA can integrate into the genome of cultured human cells and can be expressed in patient-derived tissues. *Proceedings of the National Academy of Sciences of the United States of America*, *118* (21), e2105968118. https://doi.org/10.1073/pnas.2105968118. Ver también: Stephanie Seneff y Gregory Nigh. (31 de marzo de 2021; actualizado el 16 de junio de 2021). Worse than the disease? Reviewing some possible unintended consequences of the mRNA vaccines against COVID-19. *International Journal of Vaccine Theory, Practice, and Research*, *2* (1), 38-79. https://doi.org/10.56098/ijvtpr.v2i1.23

CAPÍTULO 7: Desprogramación

1. Klaus Schwab. (3 de junio de 2020). *Now is the time for a "Great Reset"*. World Economic Forum. https://www.weforum.org/agenda/2020/06/now-is-the-time-for-a-great-reset

2. Lee Kuan Yew School of Public Policy. (13 de julio de 2016). *What is the Fourth Industrial Revolution? by Prof Klaus Schwab* [vídeo]. YouTube. https://www.youtube.com/watch?v=7xUk1F7dyvI

3. Abdallah Alami *et al.* (20 de junio de 2023). Risk of myocarditis and pericarditis in mRNA COVID-19-vaccinated and unvaccinated populations: A systematic review and meta-analysis. *BMJ Open*, *13* (6), e065687. https://doi.org/10.1136/bmjopen-2022-065687

4. Jun Shimizu *et al.* (16 de septiembre de 2022). Reevaluation of antibody-dependent enhancement of infection in anti-SARS-CoV-2 therapeutic antibodies and mRNA-vaccine antisera using FcR- and ACE2-positive cells. *Scientific Reports*, *12* (1), 15612. https://doi.org/10.1038/s41598-022-19993-w

5. Seyed Mohammad Hassan Atyabi *et al.* (26 de abril de 2022). Relationship between blood clots and COVID-19 vaccines: A literature review. *Open Life Sciences*, *17* (1), 401-15. https://doi.org/10.1515/biol-2022-0035

6. Markus Aldén *et al.* (25 de febrero de 2022). Intracellular reverse transcription of Pfizer BioNTech COVID-19 mRNA vaccine BNT162b2 in vitro in human liver cell line. *Current Issues in Molecular Biology*, *44* (3), 1115-26. https://doi.org/10.3390/cimb44030073

7. Pritam Bordoloi. (14 de abril de 2023; actualizado el 15 de julio de 2024). How AI is exposing our dark desires for the world's end. *Analytics India Magazine*. https://analyticsindiamag.com/how-ai-exposing-our-dark-desires-the-worlds-end

8. Khari Johnson. (7 de marzo de 2022). How wrongful arrests based on AI derailed 3 men's lives. *Wired*. https://www.wired.com/story/wrongful-arrests-ai-derailed-3-mens-lives

9. Hope Reese. (23 de febrero de 2022). What happens when police use AI to predict and prevent crime? *JSTOR Daily*. https://daily.jstor.org/what-happens-when-police-use-ai-to-predict-and-prevent-crime

10. Johnson, ver nota 8.

11. Victor Rotaru *et al.* (30 de junio de 2022). Event-level prediction of urban crime reveals a signature of enforcement bias in US cities. *Nature Human Behaviour*, *6*, 1056-68. https://doi.org/10.1038/s41562-022-01372-0

12. Nadine Kahil. (15 de julio de 2022). *AI can now predict crime before it happens*. Wired. https://wired.me/technology/ai-can-now-predict-crime-before-it-happens

13. Kahil, ver nota 12.

14. Patricia Kosseim. (21 de julio de 2022). *Privacy and humanity on the brink*. Blog de la Information and Privacy Commissioner of Ontario. https://www.ipc.on.ca/privacy-and-humanity-on-the-brink

15. Moisterrific. (13 de febrero de 2022). *The Great Reset: "You'll own nothing and you'll be happy". (World Economic Forum)*. YouTube. https://www.youtube.com/watch?v=SqzepGBatWo. Este vídeo, que contiene la visión en cuanto al Gran Reinicio del mundo, fue dado a conocer en junio de 2020 en el encuentro anual del Foro Económico Mundial celebrado en Davos (Suiza).

16. *Half of high school students already use AI tools*. (11 de diciembre de 2023). ACT.org. https://leadershipblog.act.org/2023/12/students-ai-research.html. ACT es una organización sin ánimo de lucro cuyo propósito es preparar a los estudiantes para que tengan éxito en las aulas.

17. Daniel H. Abbott, ed. (2010). *The handbook of 5GW: A fifth generation of war?* (p. 20). Ann Arbor (Míchigan), EUA: Nimble Books.

18. *What is the meaning of "game"?* (s. f.). Bab.la. Consultado el 12 de julio de 2024 en https://en.bab.la/dictionary/english/game

19. Holocaust victims. (s. f.). En *Wikipedia*. Consultado el 12 de julio de 2024 en https://en.wikipedia.org/wiki/Holocaust_victims

20. Ernest Harsch. (Agosto de 1998). OAU sets inquiry into Rwanda genocide: A determination to search for Africa's own truth. *Africa Recovery, 12* (1), 4.

21. Immanuel Kant. (1917). *Perpetual peace: A philosophical essay* (trad. al inglés por Mary Campbell Smith) (p. 161). Londres, Reino Unido: George Allen and Unwin.

22. Saul D. Alinsky. (1989). *Rules for radicals: A practical primer for realistic radicals* (p. 130). Nueva York, EUA: Vintage.

23. Errol Morris. (s. f.). *Film: The fog of war: Transcript*. Consultado el 14 de julio de 2024 en https://www.errolmorris.com/film/fow_transcript.html

24. Robert J. Hanyok. (s. f.). *Skunks, bogies, silent hounds, and the flying fish: The Gulf of Tonkin mystery, 2-4 August 1964*. Naval History and Heritage Command. Consultado el 12 de julio de 2024 en https://www.history.navy.mil/research/library/online-reading-room/title-list-alphabetically/s/skunks-bogies-silent-hounds-flying-fish.html

25. Steven Hassan. (1990). *Las técnicas de control mental de las sectas y cómo combatirlas*. Barcelona, España: Urano.

26. Sivakumaran Sivaramanan. (15 de septiembre de 2015). *Global warming and climate change, causes, impacts and mitigation*. ResearchGate. https://

doi.org/10.13140/RG.2.1.4889.7128. Ver el gráfico de temperaturas vs. CO_2.

27. Craig Idso, Keith Idso y Sherwood B. Idso. (25 de junio de 2003). Ice core studies prove CO_2 is not the powerful climate driver alarmists make it out to be. *CO_2 Science*, 6 (26). http://www.co2science.org/articles/V6/N26/EDIT.php

28. Buckminster Fuller. (1969). *Operating manual for spaceship Earth*. Nueva York, EUA: Simon & Schuster.

CAPÍTULO 8: Puramente humanos

1. James M. Robinson, ed. (1990). *The Nag Hammadi Library in English* (trad. por el Coptic Gnostic Library Project del Institute for Antiquity and Christianity). San Francisco, EUA: HarperSanFrancisco, dicho 70.

Índice temático

Sobre el autor

GREGG BRADEN es un autor internacionalmente reconocido —cuyos libros han aparecido cinco veces en la lista de superventas de *The New York Times*—, científico y pionero en el paradigma emergente que conecta la ciencia, las políticas sociales y el potencial humano.

Entre 1979 y 1991, Gregg trabajó como solucionador de problemas en tiempos de crisis para empresas incluidas en la lista Fortune 500, como Martin Marietta (ahora Lockheed Martin), donde fue responsable de diseño de sistemas informáticos, y Cisco Systems; fue el primer gerente de operaciones técnicas de esta compañía, en 1991. En la actualidad sigue implicado en la resolución de problemas. De resultas de sus investigaciones halló, en 2003, información inteligente codificada en el genoma humano, y en 2010 descubrió cómo aplicar el tiempo fractal para predecir la recurrencia futura de eventos pasados.

El trabajo de Gregg lo ha llevado a participar en diecisiete proyectos cinematográficos y a escribir doce libros premiados que actualmente están publicados en más de cuarenta idiomas. En 2020 fue candidato al prestigioso Premio Templeton, establecido por sir John Templeton para honrar a «personas destacadas que han dedicado su talento a expandir nuestra visión del propósito humano y la realidad última».

Ha presentado sus descubrimientos en treinta y cuatro países de seis continentes y ha sido invitado a hablar ante las Naciones Unidas, empresas de la lista Fortune 500 y las Fuerzas Armadas de los Estados Unidos.

www.greggbraden.com